U0895236

本书为“中国博士后科学基金资助项目”（China Postdoctoral Science Foundation funded project）第58批面上项目(2015M581321)资助及山西大学马克思主义学院专项出版经费资助。

反哺与责任

解放以来上海支援全国研究

谢忠强 著

中国社会科学出版社

图书在版编目（CIP）数据

反哺与责任：解放以来上海支援全国研究／谢忠强著．—北京：中国社会科学出版社，2017.8

ISBN 978－7－5161－9932－9

Ⅰ.①反… Ⅱ.①谢… Ⅲ.①社会主义建设成就—上海 Ⅳ.①D619.51

中国版本图书馆 CIP 数据核字（2017）第 042102 号

出 版 人　赵剑英
责任编辑　赵　丽
责任校对　王佳玉
责任印制　王　超

出　　版　中国社会科学出版社
社　　址　北京鼓楼西大街甲 158 号
邮　　编　100720
网　　址　http://www.csspw.cn
发 行 部　010－84083685
门 市 部　010－84029450
经　　销　新华书店及其他书店

印　　刷　北京明恒达印务有限公司
装　　订　廊坊市广阳区广增装订厂
版　　次　2017 年 8 月第 1 版
印　　次　2017 年 8 月第 1 次印刷

开　　本　710×1000　1/16
印　　张　16.5
插　　页　2
字　　数　261 千字
定　　价　69.00 元

目　录

导　言

一　研究意义

1949 年 7 月 22 日至 8 月 15 日，在时任中央财经委员会主任陈云的主持下，上海财经会议召开，会议的主要议题是如何克服上海及全国解放区的财经困难。最终，在“统筹全局”与“重点突出”原则的指导下，陈云代表全会提出了“全国支援上海，上海支援全国”的发展策略，即首先集全国之力支援上海克服暂时的困难局面，而当上海的困难局势得以扭转后，则充分地发挥上海固有的工业、技术及人才等方面的优势力量，反过来去支援全国的经济建设。“全国支援上海，上海支援全国”是中华人民共和国史上上海与全国经济联动关系中相辅相成的两个趋向，从其概念的逻辑关系上讲是时间先后的承继，在其体制语境上则是新民主主义经济和计划经济时期党和国家对于社会资源的统一调拨。“全国支援上海，上海支援全国”的策略充分展现了新民主主义与社会主义经济发展过程中党和国家“统筹规划”与“重点突出”的发展智慧。

本书在考察解放后“全国支援上海”概况的基础上，重点以“解放以来上海支援全国”为研究对象，主要依据档案、报纸、口述史料等各种资料的相互印证，对解放后不同时期上海支援全国进行建设的历史史实做出实证性的梳理和研究，力争在完整梳理解放后上海支援全国发展过程的同时，探讨特定历史情境下新生人民政权团结和带领广大人民群众应对各种困难局面，着眼全局，引导各地区统一、协调发展的历史过程，并从中得出对于当今社会发展尤其是有关东部沿海和中西部地区协调发展的有益启示。

二 概念说明

“上海支援全国”是一个表征解放后上海与全国经济联动关系中“上海输出”的特定历史概念。从目标追求上而言，其所体现的历史含义是充分发挥和挖掘上海的资源及潜力以支援整个国家或者其他地区的发展，力争实现共同进步、协调发展的理想状态；从其实现途径而言，是在新民主主义经济和计划经济语境下，为了完成某项发展或建设任务，通过政府指令对资源（主要是人力、财力和技术设备等经济资源）进行调配或划拨的方式进行的。

在“上海支援全国”的具体开展过程中，随着不同历史时期实践的发展需要，还出现了一系列关联性概念，如“全国一盘棋”“经济协作”和“对口支援”等。“全国一盘棋”是一个在 1958 年“大跃进”背景下由上海首先提出后在全国推行的、旨在“强调在经济发展过程中要有大局观念”的理念。“经济协作”是表征不同地区“优势互补、共同发展”的经济发展模式的概念，上海与华东其他省市的经济协作最早是从 1957 年开始的。[①]“对口支援”则是改革开放后，在政府主导下，由发达地区对重点欠发达地区实施重点帮扶和援助的实践活动。早在 1979 年全国边防会议上，中央就要求上海等发达地区要对边疆少数民族地区进行对口支援。

三 研究现状

（一）已有成果介绍

截至目前，学术界对于解放后“上海支援全国”的研究，整体

---

① 中共上海市计划经济委员会：《上海市经计委关于上海市与各省、市、自治区经济协作资料》，上海市档案馆馆藏档案，档案号：B29－2－892。

上还处在成果统计上数量较少，研究内容上还有待于进一步拓展、丰富和补充的状态。下面，我们结合相关研究成果，对与解放后"上海支援全国"直接或有较大关联性者进行一些粗略的分类梳理和介绍，以期可以大致反映其研究情况。

1. "聚焦性"研究成果

截至目前，学术界直接以"上海支援全国"为主题的成果主要有李艺的《上海16家企业南迁始末》（《广西地方志》2001年第5期）与《上海支边企业与广西经济发展》（《广西社会科学》2001年第4期）两篇文章对20世纪50年代末、60年代初上海企业迁入广西，支援广西工业发展的相关概况进行了一定的梳理。袁武振、梁月兰、高喜平、柴云的《1950年代上海对陕西建设的支援》（《西安邮电学院学报》2008年第4期）一文对新中国成立后10年内上海支援陕西建设情形进行了研究，并对其历史意义进行了积极的评价。夏同济的《上海涂料工业支援三线建设回顾》（《中国涂料》1998年第2期）以三线建设的涂料行业为切入点，对上海支援全国建设情况进行了较为深入的梳理和回忆。祁宁宁的《20世纪50年代中期上海迁兰企业研究》（兰州大学2011年度硕士学位论文）对新中国成立后第一个五年计划时期上海支援甘肃地区工业发展的历史史实进行了较为深入的考察和分析。

除上述直接反映新中国成立初上海支援全国的学术论文外，由广西壮族自治区委员会党史研究室编辑的《上海支边企业在广西》（中共党史出版社2001年版）、由中共甘肃省委党史研究室编辑的《20世纪50年代上海支援甘肃建设》（2007年编印）与由上海市委党史研究室编辑的《上海支援全国：1949—1976（上、下卷）》（上海书店出版社2011年版）等三部资料集的问世为本书的研究提供了较大的启发。

2. 关联性研究成果

除了上述直接以"上海支援全国"为主题的研究成果外，还有一些与上海支援全国有相当关联性的学术成果，主要有以下几个方面。

其一，关于解放后“上海随军服务团”的研究。

虽然现有关于“上海支援全国”的内容研究与介绍中，均未将“南下服务团”和“西南服务团”纳入研究体系，但历史地考察上海支援全国的过程与线索，上海解放后为支援全国解放和建设，抽调青年学生参加福建及西南解放和建设的服务团不但开启了上海支援全国的序幕，更为以后上海支援全国的人才选择模式提供了重要的启示。由于对历史断代研究重要性的强调，史学界大多把 1949 年 10 月 1 日新中国成立作为当代中国史研究的起点，“但从历史的发展完整性上而言，我们最起码要把相关研究视野往前提一点，以便我们能够取得更加完整的历史认识”①。因此，无论是从历史真实性出发还是学术研究的完整性出发，我们都应该将“上海随军服务团”作为与上海支援全国有重要关联度的内容加以考量。

学术界目前关于两大服务团的研究成果主要是由当年的亲身参加者所撰写的回忆录，如汪民的《老西部志愿者杂记：1949 · 西南服务团》（中国国际文化出版社有限公司 2010 年版）、中共上海市委党史研究室主编的《南下服务团》（中共党史出版社 1999 年版）、沈芦的《中国人民解放军华东随军服务团研究》（厦门大学出版社 1995 年版）等。

从数量上来讲，这类成果数量较多，然从其内容分析，多为服务团团员的回忆和追述，而且从时间侧重上主要是他们到达目的地后的工作情况以及他们晚年的生活状态，而鲜见上海解放后到新中国成立前这一时间段内“上海随军服务团”从号召、组织到发动、成立的完整过程。

---

①　冯筱才：《跨过 1949：二十世纪中国整体研究刍议》，《社会科学》2012 年第 5 期。

其二，关于新中国成立初期上海市劳动人口外迁的研究。

新中国成立后上海市各类劳动人口的外迁也是上海支援全国内容的重要关联部分。目前学术界对于新中国成立后上海劳动人口外迁的研究主要集中在1955年开始的知识青年上山下乡运动。

主要成果有杜鸿林的《风潮荡落：中国知识青年上山下乡运动史（1955—1979）》（海天出版社1993年版）、章关培的《反思：上山下乡记录讨论》（中国戏剧出版社2006年版）、陈栎宇的《青春无悔：全国掀起知青上山下乡运动高潮》（吉林出版集团2010年版）、王剑鸣的《上山下乡：一场决定3000万中国人命运的运动之谜》（光明日报出版社1998年版）、顾洪章的《中国知识青年上山下乡始末》（人民日报出版社2009年版）等。

除了知青上山下乡外，新中国成立后上海市劳动人口外迁还包含更加丰富的内容。结合目前现有的学术研究成果来看，上海市劳动人口外迁还包括新中国成立初期社会改造后游民、妓女等闲散人员的内地安置以及失业工人的内地就业等。如张绪雄的《建国初期上海失业工人社会救济研究（1949—1952）》（上海师范大学2011年度硕士学位论文）、王雷的《五十年代中后期上海移民江西垦荒工作研究》（上海师范大学2011年度硕士学位论文）、阮清华的《上海游民改造研究（1949—1958年）》（复旦大学2008年度博士学位论文）等。

其三，经济学领域关于上海与全国经济互动关系的学术成果。

主要成果有姜光裕的《上海经济协作的回顾与展望》（《上海综合经济》1996年第1期），陈一川、丁仪、黄宝平的《做好上海服务全国的工作》（《上海综合经济》1998年第12期），陈慧中的《抓住西部大开发的机遇服务全国、发展上海》（《上海综合经济》2000年第3期），钟师的《对上海增强“服务全国”意识的几点思考》（《上海财税》2003年第7期），黄仁伟、金芳的《融入与创新：上海服务全国的战略路径》（《上海经济研究》2005年第3

期)，张文清、杜捷的《上海人民服务全国经济建设的历史经验(上)》(《上海党史与党建》2005 年第 10 期)，《上海人民服务全国经济建设的历史经验（下)》(《上海党史与党建》2005 年第 11 期)，邢邦志的《上海大都市依托全国、服务全国的战略思考研究》(《中国行政管理》2006 年第 9 期)，黄惠民、楼茜的《从对口支援到启动长三角一体化》(《探索与争鸣》2008 年第 1 期)，黄啸的《大跃进前后上海与各地的协作关系》（《上海党史与党建》2011 年第 5 期）等。

（二）今后加强研究的努力方向

如上所述，目前学术界关于解放后上海支援全国的研究虽已有一些成果，但总体来看无论是从数量上还是研究层次的提升上都还有待于后来者进一步的为之付出努力和心血。结合现有研究成果和前人研究实践，笔者认为要从以下几个方面去加强该课题的研究。

1. 加强理论建设

理论建设是当前学术界关于上海支援全国研究的一大缺失，同时也是未来加强相关研究发展的突破点。就目前学术界研究上海支援全国的理论视角而言，多从国家与社会关系的理论进行分析。而其实上海支援全国的过程也是促进全国现代化进程的重要体现，因此，我们在研究上海支援全国的过程中还应该从现代化的理论切入。

2. 拓展研究视野

研究视野的宽广与否直接决定和限制着研究者的行文思路。就目前关于解放后上海支援全国的研究成果而言，大多仅仅局限于上海对于内地的直接性支援，而没有从上海支援全国历史发展的完整线索出发，从解放后“上海支援全国”的概念入手，对其命题所涵盖的历史事件进行详尽的考证和梳理。因此，在今后的研究中，我们亦当在整体史观的关照下，从考证“上海支援全国”这一概念出处与厘定其内涵、外延的基础上，尽可能呈现出完整脉络。

除此之外，研究视野的拓宽不仅要体现在研究内容的完整性上，还应该体现于研究层次的提升上。目前学术界关于新中国成立后上海支援全国的研究大多是对于上海支援全国相关史实的描述，而没有将上海支援全国的历史过程作为一个有机的研究对象，深入地去探讨这一过程背后的动员机制、基本特征以及其历史经验和教训等内容。当然，现有研究成果的不足之处，也正是今后加强研究的着眼点。

3. 深入挖掘相关史料

毫无疑问，要想更好地推动历史研究的发展，进一步挖掘和利用史料是必不可少的。从目前现有研究解放后上海支援全国的成果所使用的历史材料看，还是存在着很大补充空间的。就目前笔者已经接触和掌握的材料而言，起码以下三种类型的资料还需要在今后的研究中发挥更大的作用。一是国家、各省市自治区、地级市、县档案馆馆藏的有关档案材料。二是当时各种报刊的相关报道。三是上海支援全国开展过程中，各级各类出版印刷机构出版印刷的关于各机关、企事业单位、个人的经验总结、理论汇编、学习材料等。在今后的研究中，只有深入地挖掘、占有并综合使用这些材料，才可能取得更实质性的突破和进展。

四　研究框架及内容的设定与说明

本书在框架结构上除了导言部分外共设五章及结语。第一章，主要对上海与全国经济联动关系的历史概况进行梳理。第二章，主要对1949—1957年间上海支援全国的开展情况进行考证和分析。第三章，主要对1958—1978年间上海支援全国的情况进行梳理和分析。第四章，则选取支援福建省为例，进行上海支援全国的个案研究。第五章，主要对改革开放以后上海对全国的支援情况进行一定的探讨。结语部分，主要在对全文进行总结与概括的基础上，对解放后上海支援全国的历史进行宏观的评价和分析。

五　研究方法

本书在具体研究过程中主要在历史学、社会学、政治学、经济学等综合、交叉的视野下采用实证分析、史论结合、系统研究、分类分析、口述采访等写作方法或处理方式。

六　其他需要说明的问题

（一）本书研究内容的选取原则

解放以来上海支援全国这一主题所涉及的历史史实非常丰富且异常琐碎，如将所有上海支援全国的具体史实或事例进行穷尽性的罗列是不可能的，即使实现了对相关史实的穷尽性搜索，碍于研究性论文内在逻辑的规定性以及梳理过程详略得当的原则要求，也不可能将所有关于上海支援全国的史实全部在文中展现出来。所以，本书的研究内容主要是本着将解放以来上海支援全国发展脉络梳理清楚的原则，选取不同历史时期上海支援全国的主要表现及重点事件按照分层、分类、分时段的方法进行研究，并非所有上海支援全国具体事例或统计数字的穷尽性罗列。

（二）本书研究所使用的资料

本书研究所使用的资料主要是上海档案馆馆藏的相关档案，《解放日报》《文汇报》《新民晚报》《人民日报》等相关新闻报道，口述材料，企业史志材料，上海地方志资料以及其他学者的研究性论文、著作等成果。

第一章

上海与全国经济联动关系的历史概况

上海是全国的上海，自近代以来上海与全国的经济联动关系就较为紧密。解放后，随着新民主主义经济的建立，在国家对于全国经济发展宏观调控不断加强的历史语境下，上海与全国的经济联动关系更加密切。上海的发展离不开全国的支援，而上海在计划经济背景下得到全国支援的同时也为全国的发展做出了巨大的历史贡献。“全国支援上海，上海支援全国”，这是在1949年上海财经会议上形成的发展策略。为了稳固上海形势，同时也希望上海得到稳定后可以在全国的经济发展中发挥重要的作用，中央提出既要“着眼当时的困难局面之解决，又要着眼全国经济后续之发展”①，从而号召加强上海与全国的经济互动与协作。上海在全国支援下克服解放初的困难局面并获得不断发展的基础上，也在不同历史时期对全国的发展进行了大力的支援。本章主要以解放以来上海与全国的经济联动关系为切入点，在“全国支援上海”和“上海支援全国”两个方向相互印证的基础上，为后面几章内容的展开提供历史背景和内在逻辑的铺垫。

---

① 姜华宜等主编：《中国共产党重要会议纪事：1921—2011》，中央文献出版社2011年版，第257页。

第一节　解放以来全国支援上海的发展过程

近代以来，上海在全国的经济体系中一直都处在一个较为特殊的地位。解放前，在上海经济地位崛起的过程中既有西学东渐的外来影响，也有其城市内部主观努力的原因，同时更离不开全国市场对上海的影响。解放后，由于国际局势紧张的影响及新民主主义经济和计划经济体制的内在要求，上海与全国的经济联系更加密切，上海的发展规划完全纳入严格的国家计划，因而其发展动力中全国支援的成分较为明显。本节主要结合解放前上海崛起的情况，尤其是解放以来上海发展的各个时期，就解放后上海发展过程中全国对上海的支援情况进行大致的梳理。

一　解放前上海崛起动力中的“全国性因素”

自1843年开埠之后上海经济就逐渐走上了快速发展的道路，到20世纪二三十年代上海作为全国经济中心的地位就已奠定，甚至还获得了“东方巴黎”的美誉。近代上海经济崛起的过程是由诸多因素共同作用的结果，其中的“全国因素”就非常明显。

上海是“全国的上海”，“上海的发展离不开全国的影响”①。在上海崛起的“全国性因素”中首先不能忽视的是来自全国各地的移民对于上海经济发展的巨大贡献。毕竟“历史曾不止一次地提醒人们，在人类社会发展的进程中，人口问题对社会的影响不容小觑，作为社会全息系统演化的机制之一，人口虽非社会发展的首要因素，却是一种重要前提”，而人口“这一深含于社会中的无序力，经常显示出其巨大的能量，它对世界历史进程的影响已经证明了它

---

①　唐振常主编：《上海史》，上海人民出版社1989年版，第4页。

绝不是处于无动力状态，它与经济结构相互依存互为因果”。[①] 而近代上海崛起的过程，也是全国各地外来人口大量涌入而使上海城市人口基数不断增大的过程。

近代以来全国各地外来人口的大量涌入直接为上海经济的快速发展做出了巨大的历史贡献。这种贡献“首先表现为大量高密度、异质性的青壮年移民为上海的现代产业及各行各业提供了源源不断的多层次人力资源”；其次，“大批移民的集中到沪，使上海人口迅速扩容，刺激了消费与生产，也加速了社会发展”。[②] 具体以20世纪二三十年代上海经济的繁荣为例，当时“上海正处于一个蓬勃发展的黄金时期，新设工厂如雨后春笋般不断涌现，劳力需求也随之增加”，“而农村剩余劳力大批进入并转化为产业工人，充分满足了这一需要”，据罗志如1932年编印的《统计表中之上海》统计，上海“从1914年到1928年的15年间共开设工厂1229家，及至30年代发展更快，仅1930年开设的工厂即达837家，工人总数达201265人，其中主要是移民”[③]。毫无疑问，来自全国各地的移民为上海经济的发展提供了所必需的劳动力。

除了劳动力主要来自各地移民这一“全国性因素”外，上海的发展也离不开与长三角地区乃至全国市场的经济联系。

到了清末，上海的工商业虽然已经有了长足的发展，继而上海也发展成为我国东南沿海地区的重要市镇，但就区域经济格局而言，当时整个东南地区的中心仍然是苏州，而就市面的繁荣程度而言，那时的上海还只是被称为“小苏州”而已。鸦片战争之后，上海则因为拥有作为对外通商口岸的地位和优越的地理位置，吸引着全国丝茶等对外出口商品的集中，逐步成为长三角地区乃至更加广

---

① 忻平：《从上海发现历史——现代化进程中的上海人及其社会生活（1927—1937）》，上海人民出版社1996年版，第36—37页。

② 同上书，第58、60页。

③ 罗志如：《统计表中之上海》，中央研究院社会科学研究所1932年印，第63页。

阔地区的商业埠际贸易中心。进入20世纪之后，上海和长三角一带的商品交往除了丝茶等出口商品外，还包括上海轻工业生产和居民日用所需的各种原料和农副产品以及从上海进口的国外产品和沪产的国货机器产品。换言之，长三角地区的绝大部分进入埠际贸易的农副产品都以上海作为终点市场，部分城市和集镇即使还保持着数额巨大的贸易量，也都是以中转市场的身份成为以上海为中心的城乡购销网中必不可少的一环。这样一来，上海也就从“小苏州”的都会城镇一跃而为长三角地区的中心城市，获得了“大上海”这一名声显赫的称号，而上海在全国经济体系中的地位也相应提升。

表1－1　　民国时期上海进出口总值占全国比重统计

（单位：1933年前为千海关两，1933年后为千国币元）

年份	上海进出口净值	全国进出口净值	上海占全国比重（%）
1912	368943	843613	43.73
1914	377381	925468	40.78
1916	412176	998204	41.29
1918	403708	1040776	38.79
1920	562458	1303881	43.14
1922	625788	1599942	39.11
1924	747201	1789995	41.74
1926	944968	1988516	47.52
1928	902078	2187324	41.24
1930	979269	2204600	44.42
1932	659486	1542236	42.76
1934	868745	1565398	55.50
1936	915369	1648336	55.53

资料来源：各年海关关册，转引自熊月之主编《上海通史》（民国经济卷），上海人民出版社1999年版，第37页。

由表1－1可见，在从民国建立至抗日战争爆发前的历史时期里，上海的进出口总值已经占了相当大的比重。其所占比重数量除了1918年的38.79%和1922年的39.11%外，基本都稳定在40%

以上，而其中1934年和1936年更是超过了55%以上。这充分印证了此一时期上海在全国经济体系中的重要地位。

如果说与长江三角洲地区的经济联动促成了近代上海从“小苏州”到“大上海”的跨越，那么“大上海”的经济地位从东南沿海逐渐走向全国则更彰显了上海在近代中国的崛起。在近代中国，长江沿线的都市经济在全国经济中占有非常重要的地位，据1936年的统计资料显示，全国最大的十五个贸易口岸中，仅长江流域就占了一半多，除上海外，还有埠际贸易量占第二位的汉口，占第七位的重庆，占第八位的长沙，占第九位的九江，占第十位的芜湖，占第十二位的宜昌，占第十五位的万县等，上海同这些长江腹地城市的贸易量，则几乎要占以上十五个大城市贸易总量的“百分之七十二”①。很明显，上海正是凭借长江流域这一我国最富庶地区的“聚合效应”才增强了其自身对于全国市场乃至世界市场的辐射能力。而相应的，在经济联系全国化的语境下，“大上海”的地位也逐渐成为一个全国性的概念，它的城市辐射范围已不仅仅局限于长三角地区，也不限于长江流域，而是覆盖了整个国家经济体。

表1-2　1936年全国各地区进出上海货值占该地总数比重统计

地区	输入比重（%）	输出比重（%）
长江流域	32.4	28.1
北方地区	52.8	59.8
南方地区	37.8	56.9

注：长江流域统计点主要包括重庆、万县、宜昌、沙市、长沙、岳州、汉口、九江、芜湖、南京、镇江、苏州、杭州、宁波、温州等地；北方地区统计点主要包括秦皇岛、天津、龙口、烟台、威海卫、胶州、安东、牛庄等地；南方地区统计点主要包括三都澳、福州、厦门、汕头、广州、江门、三水、梧州、南宁、雷州、琼州、北海、龙州、蒙自、拱门、腾越等地。

资料来源：郑友揆、韩启桐：《中国埠际贸易统计（1936—1940）》，中国科学院出版社1951年版，第14—15、24—25页。

---

① 上海研究中心编：《上海700年》，上海人民出版社1991年版，第144页。

从表1－2中相关内容我们可以看出，在1936年的全国埠际经济贸易中，上海已然处于了中心地位，无论是长江流域及南方地区，还是北方地区，都与上海有着大量的货物进出往来，这充分印证了上海作为贸易枢纽的辐射力度。当然，从中我们也不能忽略其数量比重的差异性：排在第一位的是北方地区，其输入、输出比重都达到了50%以上；排在第二位的是南方地区，其输入比重接近38%，输出比重接近57%；排在第三位的则是长江流域，其输入比重和输出比重分别为30%左右。

二　新中国成立初期全国支援上海克服困难局面

1949年5月27日上海获得解放，然而由于敌对势力的封锁禁运、资本外逃以及国民党蒋介石集团的武装轰炸等因素，解放后的上海面临着严重的困难局面。为了稳定上海，同时也是为了给整个全国局面的稳定与发展积累经验，在党中央的统一领导与指挥下，中央及全国各地在物资调运、反轰炸斗争以及救助失业工人等方面全力支援上海，最终帮上海克服了前所未有的困难局面。

（一）全国支援上海的基本生活物资供应

上海解放之初，全市经济形势相当严峻，其中粮食、棉花、煤炭等生活物资的紧缺最严重。为了缓解上海生活物资供应的困难局面，中央特派陈云同志组织中财部统筹处理。1949年7月10日、15日，“由于沪汉两地是全国经济要地，又是大军南进的经济基地，全国应以尽可能的力量支援沪汉”①，陈云同志以中财部名义向华东、华中、东北、西北四大财经委员会连发两封电报，召集上海财经会议并“希望在此次会议上找出一些支援战争与稳定沪汉经

---

① 陈云：《关于召开上海财经会议的两封电报》，载《陈云文集》（第一册），中央文献出版社2005年版，第685页。

济阵地的办法"①。

1949 年 7 月 22 日，在陈云同志的主持下，上海财经会议如期召开。"会上陈云同志作了《克服财政经济的严重困难》的讲话"，并针对上海的物资供应问题做出明确指示，"要千方百计打破帝国主义封锁，树立自力更生思想，面向国内，恢复和发展城乡物资交流，把农产品和工业原料从全国各地运进上海，把工业产品从上海运到全国各地，要搞活这个重要的工业城市。为此，向上海调进大米、棉花、煤炭，组织好交通运输，促进生产的恢复和发展"。②

1949 年 8 月 4 日，陈云同志为了实现"以全国之力克服上海大米难关"，又专门致电林彪、邓子恢等人，指出上海因为"洋米不能进口"，"早稻水淹"，"夏征大部是麦子"，"乡镇一般不用人民币而以米通货"，"许多工厂的工资计算仍单以大米为标准"等因素，造成"米价突出"，"影响了工业生产，又影响了物价、金融、财政"。所以，"为使八九月米价比其他物价的突出程度不再增加，以便度过秋季财政金融难关，冬季可以收购棉花及各种出口物资，由东北、华中全力运集大米应付上海。因为华中大米早熟，四野大军已南下，估计大部南下军队只能当地筹粮，因此务请研究可否由华中自八月至十月筹集四千万斤大米（二万吨）运沪，以便以全国之力克服上海青黄不接之大米难关"。除了华中的支援任务外，时任上海市人民政府副市长、华东财经委员会主任的曾山与时任中共江西省委书记的陈正人"商好，由华东协助在江西地区采购二千万斤"。③

1950 年 1 月，为了继续解决上海的粮食供应问题，陈云同志致

---

① 陈云：《关于召开上海财经会议的两封电报》，载《陈云文集》（第一册），中央文献出版社 2005 年版，第 686—687 页。

② 姜华宜等主编：《中国共产党重要会议纪事：1921—2011》，中央文献出版社 2011 年版，第 257 页。

③ 陈云：《以全国之力克服上海大米难关》，载《陈云文集》（第一册），中央文献出版社 2005 年版，第 690 页。

电饶漱石“要四川调米四亿斤东运”[①]，电令高岗在“已集中大米七千吨、稻子近十万吨”的基础上继续支援上海[②]，电令曾山要在“苏、浙、皖三省在阴历年前共运一亿斤米到沪”的基础上，“必须下决心在阴历年关前后保证上海存米四亿斤左右”。[③]

除了粮食之外，中央还从全国各地调剂棉花、煤炭等上海紧缺的生活、生产物资，而且“中共中央华东局也专门研究上海的物资供应问题，成立以傅秋涛为司令的华东军区运输指挥部，中央军委还派铁道部副部长吕正操来上海帮助疏通铁路干线，以确保物资运输。华东支前委员会除供给部队所需以外，又准备了供应上海市民的粮食1.44亿斤和食油700万斤”[④]。终于，在全国的支援下，到1949年底和1950年初，“困扰上海人民的生活物资供应”问题已基本得到了解决。[⑤]

（二）全国支援上海的反轰炸斗争

继1949年底在全国支援下克服生活物资困难之后，1950年前后来自国民党蒋介石集团的武装轰炸又给上海造成了极大的威胁。国民党飞机对上海的大轰炸，不仅造成了大量人员伤亡和财产损失，更给社会稳定和城市重建等方面带来了很大的破坏。无论是居民日常生活还是工业生产，甚至连教育事业[⑥]和闲散劳动力就业安置[⑦]等方面都受到了较大的影响。因此，从特定的历史情境出发，

---

① 陈云：《关于运粮济沪的一组电报》，载《陈云文集》（第二册），中央文献出版社2005年版，第75页。

② 同上书，第78页。

③ 同上书，第79页。

④ 李功豪：《上海崛起：从渔村到国家大都市》，上海大学出版社2010年版，第52页。

⑤ 马学新：《当代上海历史图志》（上），上海人民出版社2009年版，第68页。

⑥ 上海市教育局：《上海市教育局关于小型私教因美蒋机轰炸而引起困难和存在问题及一年来私立小学工作情况报告》，上海市档案馆馆藏档案，档案号：B105-5-286。

⑦ 上海市总工会：《上海总工会关于1950年2月6日轰炸上海后失业情况严重的报告》，上海市档案馆馆藏档案，档案号：C1-2-132-21。

如何采取得当的应对措施，在尽量减少轰炸损失的基础上，调动一切可能调动的力量最终取得反轰炸斗争的胜利，便不仅是摆在上海全体人民面前的一个严峻的军事、社会问题，更是一个关乎新生人民政权能否稳定秩序和树立建设信心的政治问题。

在上海人民的反轰炸斗争中，除了上海自身的努力之外，中央也从多方入手，对上海的反轰炸斗争给予了大力支援。1950 年 2 月 11 日，陈毅和粟裕签发上海市军管会公布令，“任命郭华若等组织防空治安委员会”①，并商讨防空疏散等事宜，同时将方案上报中央，请求给予上海反轰炸斗争提供军事技术方面的大力援助。对于上海被炸情形，中共中央一直十分关注。“二六轰炸”后，毛泽东在致刘少奇并转饶漱石的电报中即做了相关指示，称：“积极防空，保卫上海，已筹有妥善可靠办法，不日即可实施。上海工厂不要勉强疏散，尽可能维持下去。但对上述防空办法，务须保持秘密，以期一举歼敌。”② 1950 年 3 月 1 日，人民解放军成立上海防空司令部，加紧建立防空体系。此时适逢中苏两国在 2 月 14 日签订《中苏友好同盟互助条约》③ 后相关条款的落实期间，我国政府即商得苏联政府同意，请苏联派防空部队来我国协助保卫上海领空的安全。3 月，苏联空军巴基斯基中将率领一个由 3000 多人组成的混合

① 刘树发：《陈毅年谱》（上），人民出版社 1995 年版，第 596 页。

② 当代中国史研究所：《中华人民共和国史编年》（1950 年卷），当代中国出版社 2006 年版，第 150 页。

③ 关于苏联对华提供空中保护一款是作为《中苏友好同盟互助条约》的《补充协议》而签订的。1950 年初，台湾国民党飞机连续 8 次轰炸上海，5 次轰炸南京，2 次轰炸杭州，对浙江的宁波、海门、嘉兴、金华、衢州等地也进行了轰炸，使这些地方的交通运输、工业设施遭受到严重损失。我国要求苏联提供空军保护。斯大林提出，苏中要签订一个秘密协定，规定在苏远东边疆区和中国的东北、新疆，不向外国人提供租让权，不许第三国或其公民以直接或间接形式参与投资的工业、金融、商业和其他企业、公司和组织从事活动。毛泽东起初不肯签订，最后同意将其作为《中苏友好同盟互助条约》的《补充协议》。此后，斯大林表示要把东北的敌伪财产和在北京的苏联财产由中方接收，并答应向中国提供空中保护。

航空兵集团到达上海、徐州地区。苏军不但协助担负对空作战任务，而且还帮助我防空部队突击训练。从此，在上海便形成了一个由飞机、高射炮、雷达、探照灯相配合的比较严密的防空作战体系。在后来的两个月中，这个体系击退了国民党飞机的多次来犯。如5月11日夜，三架敌机袭击上海，第一架在浦东被击退，第二架窜入上海市区，立即被交叉的探照灯光咬住，“它笨拙地东扭西拐，依旧不能摆脱探照灯的交叉网”，“苏军歼击机随即升空将其击落，残骸落在浦东塘桥。第三架敌机仓皇而逃。上海市民亲眼目睹了这次战斗，兴奋不已。许多人还到浦东参观敌机残骸”。[①] 1950年5月19日，“中国人民解放军第三野战军解放舟山群岛”[②]，国民党从此失去了一个就近空袭上海的基地，上海的天空基本安宁了，上海人民的反轰炸斗争也最终在全国人民的支援下以胜利而告终。

（三）全国支援上海的工人失业救济

除在上海的生活、生产物资供应和来自国民党反动派的武装轰炸威胁之外，上海庞大的失业工人群体也是威胁上海稳定的重要因素。除了上海方面的努力外，中央及全国各地也在救济上海失业工人过程中给予了较大的支援。

1950年4月14日，针对上海等城市出现的大批工人失业问题，中共中央向各中央局、分局、各省市委及财经管理机关与工会党组发出《关于举行全国救济失业工人运动和筹措救济失业工人基金办法的指示》，指出：“最近几个月来，各地工商业由于物价稳定及其他种种原因，发生了相当严重的萧条现象，有不少工厂停工，商店倒闭，大大增加了工人的失业痛苦，特别上海因为受到敌人封锁和

---

① 熊月之主编：《上海通史》（第11卷），上海人民出版社1999年版，第28页。

② 当代中国史研究所编：《中华人民共和国史编年》（1950年卷），当代中国出版社2006年版，第364页。

严重的轰炸，失业现象最为严重。据不完全统计，上海最近三个月中新失业的工人将近12万人”，“对此问题，中央除在工商业政策及救济问题拟定若干办法外，全国总工会提议在本年五一的时候举行一次全国救济失业工人运动”，“除对上海拟作较长时期的救济外，其余各地均作一次的救济”。①

1950年4月19日，中共中央就救济工人失业问题致电上海市委并华东局，指出“现全总已号召全国工人捐献一天工资，人民解放军每个指战员捐助一斤米，机关工作人员每人捐助一两斤米，作为临时救济。除此之外，中央人民政府拟即颁布法令在各市劳动局中组织失业工人救济处与劳动介绍所，并规定统一办法，由政府及资本家与在业工人出钱对失业工人做必要的救济”②，同时指示还对上海的工人失业救济工作进行了具体的安排。

1950年4月20日，中华全国总工会发表《为救济失业工人告全国工人书》，特别对上海的工人失业救济进行全国范围的支援呼吁：“上海的工人兄弟姊妹处在困难的严重关头，失业工人有的靠豆饼、豆渣充饥”，“我们不能等待，对失业工人生活问题必须采取紧急措施”，“全国工人应立即行动起来，帮助失业工人”。③

1950年5月4日，刘伯承、贺龙、邓小平也联名发表文告，号召西南地区全体解放军支援上海失业工人。文告指出，上海的工人失业问题已相当严重，“为克服胜利和前进中的困难，摆在面前的失业工人的生活问题，必须迅速予以适当的解决”，“为此我们号召各部队的指战员、各机关的工作人员，高度地发扬阶级友爱、互助

---

①　当代中国史研究所编：《中华人民共和国史编年》（1950年卷），当代中国出版社2006年版，第271页。

②　同上书，第288页。

③　同上书，第299页。

互济的精神，节衣缩食捐助资金”①，以救济上海的失业工人。

在中央及各级领导的号召下，全国各地对上海的工人失业救助纷纷进行了一定的支援。如《甘肃日报》1950 年 4 月 25 日的报道便显示了全国对上海失业工人的救助情形。

> 救济上海失业工人的运动，已在全国范围内普遍展开。
>
> 东北地区：沈阳许多工厂的工人已开始捐助上海失业工人。锦州市锦州纺织厂、电业局、辽西陶瓷厂、合成炼油厂、锦兴企业公司五个工厂二千七百余名职工，一共捐献了东北币一亿七千七百余万元。辽西第一机械厂二百多名职工，除每人捐一天工资外，并有一百八十多名在厂里开伙的职工，从伙食里节省出三百七十斤高粱米来捐给上海失业兄弟。安东造纸厂全体职工，一致决议在本月三十日义务加工一天。该厂创造新纪录的聂忠义并另外捐出五天工资。齐齐哈尔市职工都分别召开了座谈会，工人们一致表示要尽一切力量来支援上海失业兄弟。此外，哈尔滨、承德等市工人，都纷纷响应捐助现款、实物和义务加工的运动。
>
> 华北地区：天津市电讯局职工，截至十九日为止，已捐出小米一万三千多斤。天津邮政局六百余名职工，共计捐献小米一万零三百多斤。天津电业局局内职工捐助玉米一万三千多斤。华北猪鬃公司职工捐助玉米五千斤左右。保定新中国面粉厂、河北印刷厂等处职工，纷纷捐献小米和义务加工所得。该市私营保记油厂二十五名工人，除捐助两天半的工资外，并另外捐出小米四百余斤。张家口自来水公司七十多名工人，捐献小米一千多斤。太原市育才炼钢机器厂、工矿建设公司、面粉

① 当代中国史研究所编：《中华人民共和国史编年》（1950 年卷），当代中国出版社 2006 年版，第 331 页。

第二厂、太原造纸厂、山西印刷厂等处全体职工，一致捐献一天工资。

华东地区：青岛市中纺第九厂全体职工一致决议，在本月三十日义务加工一天。皖南工会筹备委员会于二十日发出紧急通知，号召皖南各地职工于本月三十日义务加工一天。芜湖市总工会并已成立该市在业工人支援上海失业工人委员会。合肥市染业工人于二十日集会讨论援助办法，会上一致通过捐献一日工资的决议。杭州市电讯指挥局、上海铁路局杭州办事处闸口机务段、杭州新华剧院等处员工，都一致响应浙江省总工会筹委会的号召，捐助一天工资所得。福建省公路局除许多职工捐助一天工资外，其余许多供给制的人员也捐献了三天的菜金。

中南地区：广州军管会、兵工厂和若干银行的工友们，截至前日为止，共计捐款一千三百八十余万元。广西省农民协会筹备委员会、南宁市水电厂、电讯局、广西日报等单位职工，除每人捐助一天工资外，一共还捐献了折实单位五百二十九个和现款二百五十余万元。

西南地区：重庆市的在业工人继续展开支援上海失业工人运动，渝新纺织厂和中国标准铅笔厂重庆分厂二千余职工均决议“五一”加工一天，捐献一日所得。重庆电讯局及和源实业公司的许多职工捐出两天到五天的工薪。昆明市各企业职工，在十八、十九两日即普遍展开捐助一日工资运动。不少工厂职工甚至捐助两日以上的工资或十天、半月的菜金。此外，成都、泸县等地职工也正在进行支援上海失业工人运动。

西北地区：西安、兰州、迪化等地职工，都纷纷掀起捐献热潮。除西安市各业职工的捐献运动已见前讯外，兰州市中国石油公司营运处职工，截至二十日为止，已捐献了一百五十余个折实单位。该市西北军用汽车厂职工，在二十一日一天内捐献了一百余万元。迪化新疆日报印刷厂全体工人首先带头捐献。该厂仅在十九日半小时内，即有八十八人共捐助人民币四百万元左右。新疆日报并曾发表评论，号召全省工人行动起来，为援助上海受难兄弟而捐输。[①]

显而易见，新中国成立初期，全国人民在救济上海失业工人的问题上，真正体现了“一方有难八方支援”的互助精神。而据不完全统计，截至1950年7月22日，仅“东北六省、四直辖市及旅大地区总共捐款东北币960.25亿元，其中沈阳市即有250亿元，居各地捐款之首”[②]。最终，在全国人民的支援和帮助下，同时经过上海自身的救济努力后，上海失业工人的生活问题逐渐得到了好转。

三　新中国成立后上海经济发展动力中的“全国支援”

新中国成立初期上海的困难局面缓解后，在中央的统一领导和全国各地的大力支援下，上海经济得到了迅速的恢复和发展。然而，由于上海工业原料和生活、生产资料均不可能完全自给，所以在新中国成立后的上海经济发展过程中，全国各地对上海的支援力度有增无减。

（一）20世纪50年代及60年代初期，全国对上海的支援主要体现在为上海工业生产和人民生活提供必要的原料和物资上

据1960年的统计资料显示，“十年来全国各地对上海支援了大量的工业原料和人民生活必需的农副产品，从1950年到1958年通

---

① 佚名：《全国普遍展开捐献运动——救济上海失业工人》，《甘肃日报》1950年4月25日。

② 当代中国史研究所编：《中华人民共和国史编年》（1950年卷），当代中国出版社2006年版，第535页。

过商业部门调入上海的商品总值达210亿元"[①]。而且支援力度逐渐增加，"单是一九五八年从全国各地调进的农副产品和原料，就比一九五零年增加了六点四倍"[②]。"大跃进"开始之后，由于各地工业投资的蜂拥而上直接影响了上海工业原料和农副产品的原有供应，为了提高上海粮食、工业原料等方面的自足能力，在上海方面倡议的基础上，中央还特意通过扩大上海行政区域面积的做法，以增加对上海的支援力度。1958年1月，江苏省嘉定、宝山、上海3县划入上海市。同年7月，江苏省川沙县横沙乡划入宝山县。同年10月，撤销东昌区、东郊区，建立浦东县；撤销西郊区、北郊区，其中农业地区划入邻近的上海、嘉定、宝山3县，城市化地区划入邻近市区。同年11月，江苏省川沙、南汇、奉贤、金山、青浦、松江、崇明7县划入上海市。[③]

总之，在全国各地的支援下，同时也在上海人民的努力下，上海经济发展迅速。据统计，到1949年底，上海全年工业总产值仅为30.9亿元，新中国成立后，通过三年恢复时期，1952年上海的工业总产值就比1949年增加了93.7%；经过第一个五年计划时期，到1957年，上海工业总产值比1949年增加了两倍半。[④]在经济总量发展的同时，上海工业结构也得到了很大的完善和调整。解放前，上海工业的主要部分是轻纺工业，重工业很少，而且多数工厂规模极小，设备陈旧，只能修修补补、装配加工，缺乏独立制造的能力。而经过十年间的努力，新建和扩建了蕴藻浜、彭浦、桃浦、北新泾、漕河泾、吴泾、闵行等11个新工业区，增加了工业的新骨干，上海

---

① 上海市统计局编：《胜利十年：上海市经济和文化建设成就的统计资料》，上海人民出版社1960年版，第7页。

② 上海人民出版社：《伟大的十年》，上海人民出版社1960年版，第6页。

③ 参见《上海市人民政府志》的"行政区划"部分，见上海市地方志办公室网站（http://www.shtong.gov.cn/node2/node2245/node72907/node72912/node72927/node72947/userobject1ai85637.html）。

④ 柯庆施：《胜利十年》，上海人民出版社1959年版，第4页。

工业残缺不全的状况有了很大的改变。“在一九四九年，重工业占百分之十三点六，一般轻工业占百分之二十四，纺织工业占百分之六十二点四。到了一九五七年，重工业上升为百分之三十六点五。到了一九五八年重工业比重又上升为百分之四十五点六。”①

表 1－3　　1949—1958 年间上海工业结构的变化情况比较

（以总产值为 100，单位%）

年份	重工业	轻工业	纺织工业
1949	13.6	24.0	62.4
1950	15.7	22.8	61.5
1951	23.3	26.3	50.4
1952	22.9	24.9	52.2
1953	25.5	27.8	46.7
1954	26.4	26.7	46.9
1955	28.7	27.6	43.7
1956	32.7	26.2	41.1
1957	36.5	26.9	36.6
1958	45.6	21.9	32.5

资料来源：上海市统计局编：《胜利十年：上海市经济和文化建设成就的统计资料》，上海人民出版社 1960 年版，第 15 页。

如表 1－3 所示，在 1949—1958 年期间，上海的工业结构发生了明显的变化，其中重工业的比重逐年增加，由 1949 年的 13.6%迅速发展到了 1958 年的 45.6%；轻工业的比重则稳中有降，从 1949 年的 24% 调整为 1958 年的 21.9%；纺织工业比重则明显下降，就比例数值而言，1958 年的 32.5% 仅为 1949 年 62.4% 的一半左右，当然，这一结果主要是由上海纺织工业的大量外迁、调整所致。

① 柯庆施：《胜利十年》，上海人民出版社 1959 年版，第 5 页。

（二）“文化大革命”时期，全国对上海的支援重点体现在投资建设和物资保证上

进入“文化大革命”时期，由于受到极“左”思潮的影响和干扰，上海经济发展出现了几次波动，但全国在投资和物资供应上对于上海发展的支援仍持续不断。从十年动乱时期上海基本建设投资的总规模来看，由于中央要求上海在支内、援外、引进国外技术等建设中发挥基地的作用，因此增加了对上海的投资。从1967—1976年，投资总额达87.98亿元，年平均投资额比1953—1966年平均值增长68%。另外，中央还在上海兴建了一批规模巨大的建设工程。例如在工业方面，有上海石油化工总厂、相山铁厂等大型项目；在交通电信方面，有上海港口建设、铁路车站扩建，以及上海卫星通信地面站、中日海底电缆通信系统等项目；在城市建设方面，有第一条黄浦江越江隧道、上海体育馆；等等。在郊区农村，配合粮食高产稳产的需要，中央对农田水利增加了投资，“10年中农业基建总额达3.77亿元，平均每年投资规模比前14年扩大了1.3倍”①。

除了基本投资外，“文化大革命”期间物资供应也略有增长。物资供应部门经过广大职工的努力，在国务院和全国的支持和支援下，努力贯彻“在国家统一计划下，实行地区平衡，差额调拨，品种调剂”的原则，提高上海物资的自给率，物资供应量稳步上升。如1976年仅上海物资局系统的物资销售额就高达30.78亿元，比1966年增长93.4%。169种主要物资全市供应量达1776.5万吨，比1966年增长59.2%。其中燃料方面，煤炭供应量从1966年的670万吨增加到1976年的970万吨，燃料油供应量从1969年的20万吨增加到1976年的140万吨。其他物资的供应量也有不同程度

① 参见孙怀仁：《上海社会主义经济建设发展简史（1949—1985年）》，上海人民出版社1990年版，第509—510页。

的增长，如成立于1970年的上海市仪表电信局供应站，在实行产销合一的管理体制后，1976年的供应额达10847万元，比1970年的5388万元增长近一倍。[①]

（三）改革开放以后，全国对上海发展的支持侧重点体现在国家支持上海发展的特定优惠政策上

改革开放后，为了鼓励和推动上海的经济发展，国家为上海提供了一系列的优惠政策。以上海浦东开发为例，从1984年12月上海市政府和国务院调研组提出开发浦东的计划伊始就得到了国务院的肯定和支持。经过几年的论证和准备，1990年4月，时任国务院总理李鹏代表中共中央、国务院在上海宣布中央同意开发开放浦东；到1990年6月2日国务院正式批复上海市上报的《关于开发浦东、开放浦东的请示》，上海浦东开发项目正式启动。1992年10月，时任中共中央总书记江泽民在中共十四大的报告中提出：以开发开放浦东为龙头，进一步开放长江沿岸城市，尽快把上海建设成为国际经济、金融、贸易中心之一，带动长江三角洲和整个长江流域地区经济的新飞跃。

为了有利于加快浦东开发开放，中央给浦东提供了多项优惠政策。1990年6月2日，国务院批复同意上海的请示报告，在浦东新区实行经济技术开发区和某些经济特区的“十项优惠政策”。1992年1月，国务院又批准给予浦东开发“五项优惠政策”。而为了增加浦东开发的资金来源，中央决定给上海五项配套资金筹措权，明确在“八五”计划期间：“（1）允许上海每年发行5亿元浦东建设债券。（2）在原定每年给上海1亿美元的外汇贷款的基础上，每年再增加2亿美元的优惠利率贷款。（3）允许上海在原定额度外每年再发行1亿元股票，为浦东开发筹资。（4）允许上海每年发行1亿

① 参见熊月之主编：《上海通史》（第12卷），上海人民出版社1999年版，第118—119页。

美元B种股票。（5）在原定每年国家支持2亿元拨款的基础上，从1992年开始每年再增加1亿元拨款。”①

显而易见，以上海浦东新区开发为例，改革开放后在一系列国家优惠政策的大力支持下，在全国各地劳动力和物资供应的支持下，同时也是在上海人民共同努力的基础上，上海逐渐恢复了经济活力，并崛起为了一个世界瞩目的国际大都市。而此也恰恰印证了俞正声同志2008年所说的话：“上海是全国人民的上海，上海有今天的发展，得益于中央的政策，得益于全国人民的支持。”②

第二节　解放以来上海支援全国的发展历程

近代以来，尤其是解放以后，上海作为全国经济发展的中心地区，在其发展过程中与全国有着密切的联系。一方面，上海的发展离不开全国及其他各地区的支援和帮助；另一方面，上海也在自身发展的过程中为全国的发展发挥了重要的推动作用。解放前，上海自身发展的过程中就已积聚起了较为典型的国家意识，从而为解放后上海支援全国的历史实践提供了萌芽和基础。新中国成立前夕的上海财经会议上陈云同志提出在全国支援上海，帮助上海克服困难之后再大力发挥上海的潜力，以支援全国的发展策略又为上海支援全国的具体实施奠定了政策指导。20世纪五六十年代，上海支援全国主要表现在上海对全国工业建设的大力支援；20世纪六七十年代，由于国际局势的紧张，上海支援全国除了继续大量供应全国工业产品外，还重点体现在上海对于国防建设的支援上；改革开放

① 参见李功豪：《上海崛起：从渔村到国家大都市》，上海大学出版社2010年版，第186—187页。

② 参见缪毅容：《俞正声要求各级党委和政府全力以赴想想能为灾区做点什么》，《解放日报》2008年5月14日。

后，由于计划经济体制解体，上海对全国的支援主要表现在经济内联协作和对少数民族欠发达地区的对口支援上。

一　解放前上海“全国意识”的发育

“全国支援上海，上海支援全国”，这是解放后新生人民政权在新民主主义经济体系内的经济发展问题上，为应对困难局面而做出的旨在兼顾局部与整体的战略举措。在全国支援上海发展的基础上，上海也要充分发挥自身的能力支援全国的发展。其问题意识的内在逻辑既包含新民主主义及社会主义计划经济内部国家对于资源及社会产品的统一调配，更包含着上海属于全国、服务全国的大局观念。从“全国支援上海，上海支援全国”的内在逻辑的第一个方面而言，其起点无疑是从 1949 年 5 月 27 日上海解放开始算起，但上海人民属于全国、服务全国的意识则是在解放前就已长期存在的。而且在近代中国社会转型的特殊语境下，上海在自身发展过程中其“全国意识”就已经开始萌芽。

众所周知，近代上海是一个有着众多外来移民的城市，而外地旅沪移民在上海获得发展之后，随着其经济能力的提升，其对桑梓公益事业建设的关注和支援就日益频繁。外地旅沪移民及其同乡团体对于家乡的关注及支援虽起于乡土地缘情怀，但无论是从其经济能力的获得还是其自身早已融入上海城市的事实而论，外地移民对家乡发展的支援也在一定意义上代表了上海与全国各地的经济联动关系。

其实，几乎所有上海同乡组织的成立章程里面，都将同乡互助和关怀桑梓的宗旨看的非常重要。[①] 以近代上海的潮州会馆为例，几乎其家乡每逢灾荒，都会进行一定的支援和关注。如 1915 年 7

① ［美］顾德曼：《民国时期的同乡组织与社会关系网络——从政府和社会福利概念的转变中对地方、个人与公众的忠诚谈起》，《史林》2004 年第 4 期。

月份，“接连多次收到广东省官绅并广肇公所专函及抄电”，“骇悉三江暴涨被灾奇重，哀鸿遍野惨不忍闻”，西关又发生火灾“延烧铺户至千数百家”，火灾延续三十多小时，“大水之际继以大火，灾状之惨，流离之多，笔难尽述”，经董事会议决，“自当份任劝筹”，最终收取了捐册六本并参与其他捐款。①

而随着外地移民对于上海城市的不断融入，其同乡团体的慈善公益事业也逐渐冲出了地缘的局限，从而真正形成了对全国慈善公益事业的关注和支持。民国初年上海慈善组织中国救济妇孺会的成立就是一个典型的代表。中国救济妇孺会的创立最初是浙江旅沪同乡团体专为解救被拐卖的浙籍妇孺而发起。1912 年冬，绍兴同乡会因为常常发现从“外埠”送回来之被拐卖的“绍属妇孺”，“乃函请宁波、湖州各同乡会商议组织”，“初议仅就浙省各团体救济浙籍妇孺，嗣以范围不广，拟组全国妇孺救济会”。② 然而绍兴旅沪同乡会的一些董事认识到要想在较大规模和较广的范围内，组织一个较有影响的慈善机构就必须“结合大团体方能举办”，最终联合“旅沪绍兴、宁波、湖州、洞庭、东山等同乡会并广肇公所、复善、元济等善堂”共同加入，“嗣后陆续承认除七大团体之外另有一百六十人”。③

除了外地旅沪移民致力于桑梓公益事业所代表的上海与全国各地的联动关系外，上海人民在近代中国历史上参加历次维护国家主权的斗争中，其民族和国家的整体意识也在不断升华。

上海是中国近代民族主义和民主主义运动最早兴起的地区之一。1895 年中日甲午战争以前，上海人民反对西方侵略、维护国家主权的斗争，“以农民、手工业者、市民和爱国官兵为主体”；“中

① 郭绪印：《老上海的同乡团体》，文汇出版社 2003 年版，第 169 页。

② 中国救济妇孺会：《第五届中国救济妇孺会报告》，上海市档案馆馆藏档案，档案号：Y3－1－313。

③ 佚名：《妇孺救济会开会纪事》，《申报》1913 年 3 月 1 日。

日甲午战争以后，上海人民反帝反封建的斗争开始由新生的阶级力量即资产阶级、小资产阶级发动和领导，一些具有改良思想的士大夫、知识分子加入这些斗争，主要采用政党、政团、商会、学生会等组织形式进行，并往往同全国性的政治运动相呼应”。①

无论是在1903年的拒俄运动，还是在1905年抗议美国苛待中国劳工的运动中，上海人民的广泛参与都极大地升华了上海“属于全国”“服务全国”的整体意识。而1915年上海人民反对袁世凯签订《二十一条》的斗争过程，则更是将近代上海人民的“全国意识”之发展推向了高潮。

1915年1月18日，日本驻华公使日置益代表日本政府向袁世凯提出“二十一条”要求，企图独占中国。1915年5月7日，日本驻华公使日置义向北京政府外交部递交最后通牒，限48小时内完全接受“二十一条”最后修正案。日本帝国主义的咄咄逼人再一次激发了上海民众的爱国怒火，5月9日再次爆发数万人以上规模的大型集会抗议活动。据报载，“自日本政府向袁世凯北洋政府提出‘二十一条’并发出最后通牒以后，上海民众纷纷集会对此表示抗议，并敦促北京政府拒绝日方的无理要求。今日，就在最后通牒到期前几个小时，4万多民众在林荫路荒地召开国民大会，表示了誓死抵抗的决心。就在国民大会召开的同时，不久前成立的中华救国储金团也举行千人集会，并当场认捐70多万元。到傍晚6时，最后通牒期临之时，全体与会者手持储金券，高呼‘千万勿忘今时之5月9日6点钟’”②。

上海社会各界举行集会抗议的同时，也从上海作为工商大埠的城市特点出发，采取了一系列的经济斗争。1915年3月19日，上海人民群众自发地开展了抵制日货运动。许多群众聚集在公共租界

① 陈沂：《当代中国的上海》（上），当代中国出版社1993年版，第29页。
② 佚名：《日人最后通牒之抗议》，《申报》1915年5月9日。

内各日本商店门前，劝阻同胞入购日货。这些商店只得相继闭门。儿童们手持装有铁钩的竹竿，到处捣毁日货广告。沪宁车站前树立的日本仁丹大广告牌，也被人们破坏。市内到处有人散发抵制日货的传单。① 在各界群众的参与、推动下，上海抵制日货运动的影响逐渐扩大，短短一个月时间就得到了几乎所有商帮的响应与支持。据 1915 年 4 月 17 日《申报》统计，“本埠商界自提倡国货以来，积极进行，成效昭著。兹查各商号赞成维持国货者，计宁绍帮三千五百二十八家、广肇帮三千八百零五家、潮州帮二千一百一十六家、山东帮一千五百一十二家、福建帮一千二百六十家、杨镇帮一千九百八十四家、川帮（即东西两洞庭）九百零七家、苏帮八百六十六家，以上均已报告各帮公所及同乡会，此外未经报告者不知凡几也”②。在抵制日货运动的激励下，上海甚至还一度出现了国货公司。据 1915 年 4 月 18 日《申报》披露，“国货维持会为提倡国货起见拟召集股本二十万两组织一中华国货有限公司，专事贩卖国货及纺织物品，先设总公司于上海然后再设分公司于各省各埠”③。

虽然上海人民的抗议斗争最终没能阻止袁世凯出卖国权的无耻行径，但在此过程中，上海人民内心的民族和国家的整体意识却再一次得到了凝练和提升。而上海人民近代以来国家意识的后续成长又随着上海与全国各地经济联动关系的日益密切，潜移默化间共同推动了解放后中国社会历史变迁过程中“上海支援全国”意识的萌芽和发展。

二　上海财经会议与上海支援全国的角色定位

1949 年 3 月 5 日至 13 日，中国共产党七届二中全会在河北省平山县西柏坡村召开。全会决定，在全国胜利的形势下，党的工作

① 刘惠吾：《上海近代史》（下），华东师范大学出版社 1985 年版，第 8—9 页。

② 佚名：《提倡国货之成效》，《申报》1915 年 4 月 17 日。

③ 佚名：《组织国货公司之缘起》，《申报》1915 年 4 月 18 日。

重心由乡村转移到城市，全党必须用极大的努力去学会管理城市和建设城市，必须用极大的努力去学习生产技术和管理生产的方法，同时必须去学习同生产有密切联系的商业工作、银行工作和其他工作。陈云同志当时在沈阳，号召财经工作各方面的同志，认真学习七届二中全会的精神，并结合本身工作转变思想，努力学习提高管理和建设大城市的本领。紧接着，中央发出了向全国进军的命令。

然而，随着解放战争在全国范围的不断胜利，一方面因为敌对势力的武装封锁，另一方面因为全国城乡之间的交通还不顺畅，造成了物资供应不足，尤其是人民解放大军要挺进华南地区和西南地区，这就对全国的财政统筹工作提出了更高的要求。中国共产党中央委员会为了加强全国财政经济的统筹领导，同时解决暂时的财政困难，1949 年春决定由时任东北财经委员会主任的陈云同志着手组织可以担负统筹领导全国财政经济工作的中央财经委员会。1949 年 6 月 4 日，陈云依据中国人民革命军事委员会《关于建立中央财政经济机构大纲（草案）》，组成了中央财政经济委员会筹备班子。

中央财经委员会组建之后，首先需要解决的问题是如何克服全国暂时的困难局面。面对这一复杂而又艰巨的历史任务，陈云同志认为，现在和过去建设根据地的情况不同了，要治理几亿人口大国的经济，过去的经验和方法已不够用了，“在西北管财经工作是摆小‘摊子’，在东北主持财经工作是开‘商店’，现在要办大‘公司’了，各方面条件都不适应，需要重新试点，探索路子，先搞好典型”①。所以，他向中央提出申请，希望可以首先在上海这个全国最大的工商业城市，召开由当时全国各大解放区的财政经济主要负责人参加的财经会议，以期可以充分吸收他们在城市管理和财政经济领域的意见或建议，力争做到调查研究，摸清情况，共商大

---

① 李海、李惠贤、成丽英主编：《统一财经为新中国奠基立业：记全国解放前后两次重要的财经会议》，当代中国出版社 2008 年版，第 43 页。

事，拟订科学的管理方案。

解放之初，上海地区和全国其他省市的情况一样，都处在十分困难的境地。旧政权留下来的是一个烂摊子，资本外逃致使国库空虚，工商停歇，物价飙涨，百姓生活物资严重不足。而当时中华人民共和国还没有成立，人民解放大军解放全国的斗争正在不断前进，需要大量的后勤补给。所有这些都使得当时的全国财经工作困难空前。刚组建不久的中央财经委员会怎样才可以克服上海的困难局面，进而解决全国的财经困局，中央和全国人民均拭目以待。

经过一系列的调查研究，为了形成解决上海及全国财经困难的一致意见，在陈云同志的主持下，上海财经会议于1949年7月22日正式开幕。上海财经会议的参会人员除了中央财经委员会的工作人员外，还包括东北、华北、华东、西北、华中5个财经委员会的工作人员，同时也邀请了即将挺进华南、西南地区的作战部队代表列席。

大会先由全国各地解放区和上海方面汇总各自的财经现状，后将全体参会人员按财政、贸易、金融、综合分类4个小组展开主题讨论，并最终形成了名为《关于若干问题的共同意见》的决议文件。1949年8月8日，陈云同志在此前大会讨论和周密调查研究的基础上，向大会作了《克服财政经济的严重困难》的报告。1949年8月15日，在大会的闭幕式上，陈云同志又以“目前财经工作中应注意的问题”为题，对大会进行了全面的总结。

上海财经会议从1949年7月22日至8月15日，虽然持续时间不足一个月，但是大会经过认真讨论，形成了应对当时上海财经困境的办法，陈云提出“要千方百计打破帝国主义封锁，树立自力更生思想，面向国内，恢复和发展城乡物资交流，把农产品和工业原料从全国各地运进上海，把工业产品从上海运到全国各地，要搞活这个重要的工业城市。为此，向上海调进大米、棉花、煤炭，组织好交通运输，促进生产的恢复和发展”①。

上海财经会议所形成的一系列决议，为克服上海及全国财经工作的困境找到了正确的办法，具有非常重要的历史意义。而且上海财经会议上，陈云同志在协调上海与全国财经关系基础上所提出的“全国支援上海，上海支援全国”的号召，为上海与全国经济联动关系的良性开展定下了历史基调。② 为了稳住上海的形势，同时也希望上海得到稳定后可以在全国的经济发展中发挥重要的作用，中央提出既要着眼当时的困难局面之解决，又要着眼全国经济后续之发展，从而号召加强上海与全国的经济互助与协作。

陈云同志分析，从克服解放初期的困难而言，集全国之力重点解决上海的困难也是为了更好地解决全国的困难，毕竟上海的生产恢复和经济稳定，可以更好地发挥上海支援全国的作用。“首先是物价稳定，物资供应有保证，居民对人民币信用大为提高，从而人民币很快占领了上海大城市，并向新解放区城市流通，人民币成为名副其实的全国通用货币。随之，中央可以根据新区的扩大和急剧增加的军需民用以及恢复生产的需要，增加货币的发行量。为了减缓人民币过量发行引起通货膨胀，经中央批准，征得上海工商界同意，会议决定发行国家公债，使每月发行公债券相当于每月人民币发行数的半数，定期三年还本。经过数月准备，1949 年 12 月 2 日，中央人民政府委员会第四次会议通过《关于发行人民胜利折实公债的决定》，开始发行。由于工商界头面人物带头认购，顺利完成了公债发行任务，保持了人民币的稳定。其二，上海工商业的顺利恢复和发展，五金交电商品的增产和各种驰名全国的名牌日用工业品的大量生产，以及向全国各地的推销，帮助了内地和新区的建设，

---

① 姜华宜等主编：《中国共产党重要会议纪事：1921—2011》，中央文献出版社 2011 年版，第 257 页。

② 刘淑介：《中国工运历史人物传略：陈云》，中国工人出版社 2012 年版，第 166 页。

解决了城乡居民的需求。由于上海商品畅销，经营有利，国家财政税收也随之大幅度增加。当时计算，上海一个市的工商税收相当于五个天津市的税收。”①

另外，着眼全国经济后续发展而言，也要充分发挥上海的重要作用。毕竟，虽然上海在解放初期遇到了一些困难，但近代以来上海一直是全国的老工业基地之一。据统计，到 20 世纪 30 年代中期，“上海工业资产约占全国的 40%，职工约占全国的 43%，工业年总产值约占全国的 50%，成为中国工业最集中的地区”，到 1949 年，“上海工业企业有 2.03 万个（不包括个体手工业户），职工 53 万多人，工业固定资产 27 亿元，工业总产值 35.06 亿元（按现在的人民币计算），占全国工业总产值的四分之一”②。只有充分发挥上海老工业基地的历史作用，才能在克服暂时困难之后，使得全国经济得到良好的发展。而且，后续历史发展进程也表明，上海在全国支援下克服解放初的困难局面并获得不断发展的基础上，也在不同历史时期对全国的发展进行了大力的支援。从本质上分析，上海与全国的相互支援是一种政府主导下的发展交换，也是一种国家行为，其中既有需求，也不乏人性化，既体现了新生人民政权在发展规划上的大局观，又体现出了重点突出的发展智慧。

三　上海支援全国的全面开展

在上海的暂时困难得到克服以后，上海也在不同时期为全国的发展做出了巨大的历史贡献。上海市的工业生产，“承担着支援国家经济建设、国防建设和保障人民生活的光荣而艰巨的任务，所输出

---

① 李海、李惠贤、成丽英主编：《统一财经为新中国奠基立业：记全国解放前后两次重要的财经会议》，当代中国出版社 2008 年版，第 46—47 页。

② 陈沂：《当代中国的上海》（上），当代中国出版社 1993 年版，第 386 页。

的大量工业制品，几乎深入到全国各省、市、自治区广大城乡”①。

在第一个五年计划时期，出于“沿海紧缩战略”，上海未被列入国家重点投资建设范围，但上海作为全国最大的工业基地和工商业最集中的城市，不仅搞好了本地区的建设与发展，还积极地支援了全国经济建设。详细情况可见表1－4。

表1－4　　第一个五年计划时期上海支援全国概况汇总

类别	概况
1. 支援国家重点建设，为各地工业生产进行协作	五年中，上海为鞍钢协作生产78种装备；为长春第一汽车制造厂生产43种装备；为玉门油田生产400多种机械配件；为佛子岭、梅山、官厅水库等10余处水利工程，提供40套闸门和100多台启闭机等。还为外地发展纺织工业制造156万枚纱锭的细纱机和5.9万多台自动织布机，以及造纸、印刷、橡胶、制药、肥皂、牙膏等生产设备共1000多种。上海工业为全国提供的机械配套设备有电站用汽轮发电机56台、26.48万千瓦，交流发电机124.06万千瓦，矿山设备1.1万吨，机床1.89万台，汽车外胎49.9万套。此外，为支援全国农业，1956年上海突击生产了双轮带铧犁25万台。在抗美援朝中，上海担负26000多亿元（旧人民币）的军需生产任务。
2. 为全国市场供应大量商品	五年中，经过商业系统调往各地的工业品202.7亿元。主要商品调出量为卷烟643万箱、胶鞋2.24亿双、肥皂1025.82万箱、自行车93.57万辆、缝纫机48.24万架、棉布57.55亿米和收音机27.87万台等。全国约有1/3的棉纱、棉布、卷烟，一半以上的药品和日用百货，都由上海供应。
3. 为国家创造外汇	五年中，上海口岸出口商品总值62.8亿元，其中上海工业品出口28.4亿元，占45.2%，共换回外汇17.44亿美元。上海出口产品品种有轻工业品340种，纺织品40多种。
4. 为国家积累大量建设资金	五年中，上海各经济部门为国家积累资金189.4亿元，相当于全国“一五”基建投资总额的36%。上海工业企业上缴利润33.8亿元，是同期国家对上海工业投资的6倍。

① 尚思棣等编：《上海地理浅话》，上海人民出版社1974年版，第113页。

续表

类别	概况
5. 为国家输送大批建设人才	五年中，上海为国家培养大学毕业生 3.3 万人、中专毕业生 2.5 万人。支援外地建设 28 万人，其中专业工程技术人员 3.2 万人，熟练工人 13.8 万人。还陆续将 272 家轻工、纺织等工厂和一些商业迁往甘肃、河南、安徽等省，支援内地工业发展。

资料来源：上海市地方志办公室网站《上海计划志》"一五计划执行结果"部分，网址为 http：//www. shtong. gov. cn。

通过表 1 -4 我们可以发现，整个第一个五年计划时期，上海市在全国经济建设过程中，尤其是全国的工业化进程中发挥了重要的"基地"作用。其支援内容所涉较广，除了供应全国人民的工业产品和援助机器设备、建设人才外，还为国家创造外汇、积累资金。这一点充分说明了上海在全国第一个五年计划时期的重大作用。

在上海支援全国的同时，随着国家对于沿海与内地关系定位的重新调整，上海的发展也获得了历史转机。1956 年 4 月 25 日，毛泽东在中共中央政治局扩大会议上作了《论十大关系》的讲话，其中就沿海工业和内地工业的关系明确指出："沿海的工业基地必须充分利用"，"好好地利用和发展沿海的工业老底子，可以使我们更有力量来发展和支持内地工业，如果采取消极态度，就会妨碍内地工业的迅速发展"。①

根据毛泽东讲话的相关精神，中共上海市委和市政府分析认为，"上海工业设备利用率较低，大部分设备的利用率不到 80%；上海有 3 万多名技术人员、32 万名技术工人和熟练工人，技术水平较高，仿制能力较强；各工业部门工种较齐全、协作较方便；全市资本主义工业实行公私合营以后，生产力将得到更大发挥；有不少高等学校、科技研究机构，有利于提高生产技术、发展新产品等。

① 毛泽东：《论十大关系》，载《毛泽东选集》第 5 卷，人民出版社 1977 年版，第 270—271 页。

因此，上海具备充分利用工业潜力的有利条件。再加上上海交通运输方便、市政设施有一定基础，如进行适当改、扩建，可以收到投资少、效果大、速度快的效果"①。经过研究，党和国家提出了"充分利用上海工业潜力，合理发展上海工业生产"的方针。"充分利用、合理发展"工业方针的确定，是上海工业乃至整个经济发展的重大转折。全市经济部门特别是工业部门的积极性进一步提高。通过经济改组、技术改造和适当的改、扩建，生产力得到进一步发展。1956年，贯彻"充分利用、合理发展"方针以后，上海不仅扭转了1954—1955年生产下降和前三年经济发展速度落后于全国的局面，而且提前一年零三个月完成了"一五"规定的目标。这一方针的实施，"也成为上海以后较长时期经济发展的重要指导思想"②。

上海在工业得到发展的基础上，在第二个五年计划期间为全国发展继续做出贡献。"二五"时期，上海继续发挥工业基地的作用，支援全国工农业建设和出口援外，详细汇总情况可见表1－5。

表1－5　　　第二个五年计划时期上海支援全国情况汇总

类别	概况
1. 支援全国建设和市场需要	五年内，全市工业商品产值562亿元，其中调出约440亿元，占80%。其中生产资料调出220亿元，占生产量90%；生活资料调出220亿元，占生产量70%。主要工业产品调出量，以"二五"与"一五"相比较：钢材增长2.9倍，电站汽轮发电机增长8.3倍，交流电动机增长8倍，机床增长86%，汽车外胎增长2.8倍，自行车增长1.5倍，缝纫机增长2.1倍等。

① 参见上海市地方志办公室：《上海计划志》"第二节计划实施"部分，见上海市地方志办公室网站资料（http：//www. shtong. gov. cn/node2/node2245/node73963/node73968/node73980/node74006/userobject1ai88796. html）。

② 参见上海市地方志办公室：《上海计划志》"二五计划执行结果"部分，见上海市地方志办公室网站资料（http：//www. shtong. gov. cn/node2/node2245/node73963/node73968/node73980/node74006/userobject1ai88796. html）。

续表

类别	概况
2. 上海还向全国输送大量劳动力和一批技术力量	五年内，上海动员和组织支援外地工农业建设的劳动力约150万人。其中支援农业生产110万人，支援外地建设40万人，包括干部和工程技术人员4.5万人。同期，代外地培训18万名初级技术工人。支援外地工业企业282户。其中重工业104户、轻工业178户，随厂迁出职工1.7万余人。
3. 支援国防军工建设	五年内，为国防工业提供新型材料1956项，其中化工材料86项，金属材料1810项，元素60种；为“0”字军工单位提供专用非标准设备2039项、9.73万台件。
4. 支援出口援外	五年内，上海口岸出口总值约100亿元以上，比“一五”的58.8亿元增长70%。通过出口，为国家换回31亿美元外汇，比“一五”增长77.8%。同时，完成援外筹建项目16个，提供各种机械设备1万多吨，受助方包括越南、朝鲜等16个国家。
5. 上海为全国积累了大量建设资金	五年内，为国家积累资金430亿元，其中上缴中央369亿元，相当于同期全国基建投资总额的40%左右。

资料来源：上海市地方志办公室网站《上海计划志》“二五计划执行结果”部分，网址为http：//www.shtong.gov.cn。

如表1－5所见，在第二个五年计划时期，上海市依然在人力、财物和技术设备方面给全国的经济建设做出了很大的支援和贡献。由于1956年毛泽东同志《论十大关系》中重新调整了沿海与内地发展比重的关系，上海在注重自身发展的语境下，其发展定位由之前的“紧缩”和“控制”调整为了“充分利用、合理发展”，所以，与前述第一个五年计划时期上海对全国的支援情况相比较，整个第二个五年计划时期上海对全国的支援情况就有所不同了。

进入20世纪六七十年代，上海继续支援全国建设，其中尤以支援国家三线建设为典型代表。三线建设是20世纪六七十年代党和国家领导人鉴于复杂的国际局势而做出的一项重要决策。上海作为我国的老工业基地，具有科技和人才的优势。在三线建设中上海市积极响应国家的号召，既参加了大三线建设，又进行了小三线建设。

1964 年秋，中共中央和国务院决定大规模建设后方基地用以备战，“要求上海搬迁军工、基础工业和短线产品 342 个项目，涉及 458 个工厂”，“这些工厂一分为二，内迁部分设备和人员，在后方组建新厂，老厂任务仍要完成”，“上海职工以大局为重，奔赴内地山区”，从 1964 年秋至 1966 年“文化大革命”开始，先后共迁出“工厂 411 个、设备 2.6 万多台，输送干部、工人 9.2 万名”①。负有搬迁任务的工厂都配了领导干部、技术人员和技术工人骨干，保证新建厂能顺利生产。如上海大中华轮胎厂抽调领导干部和各工种工人 800 多人，配套去贵阳包建贵州轮胎厂；上海电器工业公司组织华通开关厂、人民电器厂职工 1000 多人，去遵义帮助建设遵义电器开关厂。1970 年，国务院在计划工作会议上要求狠抓战备，抓紧大三线建设。从 1970—1979 年，“上海又先后动员了 14.24 万名职工，去西南地区和云贵高原，支援三线工厂”②。

在按照国家计划任务进行支援大三线建设的同时，上海市还建立了生产后方和原料基地，称为“小三线”。按照“中共中央和毛主席的指示精神，上海市委、市人委对上海工厂搬迁和生产任务安排等问题作了多次研究，逐步形成了在皖南、浙西建设小三线的思路”③。后来为了进一步确定小三线建设的科学方案，上海市又先后进行了 6 次规划和调整，最终基本确立了建设方案。而从上海小三线建设的布局规划和最终建设实践看，上海市小三线建设主要分

---

① 陈沂：《当代中国的上海》（上册），当代中国出版社 1993 年版，第 250 页。

② 李家齐主编：《上海工运志》，上海社会科学院出版社 1997 年版，第 458 页。

③ 上海市化学工业局：《上海市化学工业局关于后方三线建设情况的汇报》，上海市档案馆馆藏档案，档案号：B76－4－925。

布在江西和安徽，分别形成了江西小三线和安徽小三线。

上海市的大、小三线建设历时 20 多年，所涉及行业门类较多，客观上为整个国防建设的发展和当地经济社会发展都做出了不可磨灭的贡献。

四　改革开放后上海支援全国的延续和发展

改革开放以后，虽然高度集中的计划经济被社会主义市场经济取代，“全国支援上海，上海支援全国”的体制语境消失，但上海服务全国的脚步没有停止。改革开放后，无论是“内联协作”“对口支援”还是在全国救灾过程中的无私援助，都很好地延续了计划经济时期上海支援全国的精神和内涵。

中共十一届三中全会以后，根据为全国四个现代化建设服务、为上海经济结构调整服务、为促进地区间经济技术交流服务的指导方针，上海同全国各地加强了横向经济联合。

从 1979 年起，上海市政府逐步批准恢复“文化大革命”中关闭的国务院各部、委和各兄弟省、市驻沪办事机构，为各地与上海的经济交往创造便利条件。改革开放以后，面对新的经济环境，根据 1980 年 7 月国务院《关于推动经济联合的暂行规定》精神，上海开始探索同兄弟省、市发展横向经济联合。1982 年 5 月，市政府决定撤销市计委协作办公室，成立市政府协作办公室。1983 年 4 月，时任市长汪道涵在市八届人大一次会议上所作的《政府工作报告》中提出要加强对内经济联合。1984 年 10 月，中共十二届三中全会通过《关于经济体制改革的决定》，强调各地区之间要互相开放，大力促进横向经济联系。当年，市政府先后批转《关于兄弟地区来本市开店办厂的暂行办法》《关于本市企业同兄弟地区企业经济技术合作若干问题的规定》。1985 年 2 月，国务院批准《关于上海经济发展战略的汇报提纲》。该提纲提出：“对内联合，上海要按三个空间层次有计划、有重点地展开。第一层次是上海经济区的江苏、浙江、安徽、江西等省、市的紧密联合；第二层次是长江流域包括武汉、重庆等城市的经济联合；第三层次是与全国各地开展的各种形式的经济技术联合与协作。开展内联，应当本着‘扬长避短，互通有无，平等互利，共同发展’的原则，采用经济办法，有计划地帮助各地发展生产，联合开发资源，组织交通运输，进行商品交换，开展对外经济贸易。”① 在《关于上海经济发展战略的汇报提纲》精神的指导下，1986 年之后上海与全国其他地区的内联协作发展更为迅速，从而为全国经济整体的发展做出了贡献。

除了加强内联协作带动和帮助其他地区的经济发展外，上海市还对一些需要重点扶持的地区进行了“对口支援”，其中先后对三峡工程移民及西藏、云南、新疆等少数民族地区的对口支援最具代表性。② 而综合上海市与三峡工程移民及西藏、云南、新疆等地区对口支援之整体情况，我们可以看出：改革开放以后上海的对口支援从对象人群来看，主要是少数民族贫困群体；从实施时间看，主要是从 20 世纪 90 年代开始的，而尤其值得注意的是，其中的 1992 年也是邓小平同志南方谈话影响之下我国改革开放步伐逐步加快的年份；从对口支援建设项目而言，既有教育文化发展项目，亦有关乎人民群众日常生活的医疗发展项目，更有结合当地资源优势开发经济扶贫的建设项目。可见，改革开放后，随着国家经济体制的变化以及上海自身城市功能定位的调整，上海支援国家建设、服务全国的历史实践与计划经济时期相比呈现出了诸多新的特征。

---

① 参见上海市地方办公室：《上海市人民政府志》“内联协作”部分，见上海市地方办公室网站（http：//www.shtong.gov.cn/node2/node2245/node72907/node72913/node72992/node73014/userobject1ai85789.html）。

② 上海市人民政府：《上海市对口支援三峡工程移民工作综述》《上海市援藏工作综述》《上海对口云南帮扶协作工作综述》《上海市援疆工作综述》，上海市人民政府合作交流办公室网站资料（http：//hzjl.sh.gov.cn/node2/node4/node731/node786/index.html）。

本章小结

上海是全国的上海，上海的发展离不开全国的大环境，同时上海的自身发展也必然会对全国具有一定的影响和带动。近代以来，上海与全国的经济联动关系就已非常明显。解放以后，随着新民主主义经济及后来的社会主义计划经济体制的建立，国家对社会资源宏观调控日益加强使得上海与全国的经济联动关系更加紧密。在解放之初，上海与全国都存在着一定的财经困难。为解决困难局面，陈云同志在上海财经会议上提出了“全国支援上海，上海支援全国”的口号。先是举全国之力，帮助上海克服财经困难，站稳脚跟；而当上海困难局面得以扭转之后，则充分发挥自身的经济优势，尤其是人才和工业技术的优势，支援全国的经济发展和工业化进程。“全国支援上海，上海支援全国”这一口号虽为新中国成立前夕为应对上海及全国困难局面而提出，但却在共和国发展史上一直存在，从而成为研究新中国发展历程的一条重要线索。

第二章

上海支援全国的初步开展（1949—1957年）

在新中国成立后的国民经济恢复时期和第一个五年计划的编制过程中，受战争威胁的影响，中央考虑到上海地处沿海前线，一旦发生战争很容易遭受攻击，所以采取了“沿海紧缩战略”，并没有将上海等沿海地区作为投资的重点地区。然而，由于上海具有雄厚的工业技术力量，所以上海便担负起了支援全国建设的历史任务。在国民经济恢复时期和第一个五年计划里面，全国以工业化建设为重点，上海市为了支援全国的经济建设，充分动员本市资源，在人员、技术设备等方面均对这一时期国家的大型工程建设项目进行了有力的支援。据统计，在新中国成立后的头十年里，上海为了支援全国相关工程项目建设，“输送外地劳动力150多万，其中技术工人和各种技术专门人才20多万”，“工业品调往各地有机床4万台，各种电机300万千瓦，汽车外胎86万条，棉布85亿米，胶鞋4亿双，商业部门调出工业品总产值302.3亿元”。[①] 本章主要从支援淮河治理工程、工厂内迁、“第一个五年计划”时期支援国家重点工程建设、上海支援全国文艺事业等方面，对国民经济恢复时期和

---

① 上海市统计局编：《胜利十年：上海市经济和文化建设成就的统计资料》，上海人民出版社1960年版，第18页。

"第一个五年计划"时期上海支援全国的主要表现进行历史地考察。

第一节 支援治淮："开国治水"中的上海力量

20 世纪 50 年代初的淮河治理工程是新中国第一项大型水利工程建设项目，其影响重大，意义深远。加强对于相关问题的研究，不仅可以再现新中国成立初期，新生人民政权带领和团结广大人民群众克服困难，取得伟大建设成就的历史过程，亦可以加深我们对于当代中国社会历史变迁的认识。本节主要在各种史料的相互印证下，对上海市支援淮河治理工作的具体表现进行大致梳理和分析。

一 动员专业人才支援治淮工程

1950 年 6 月 26 日至 7 月 20 日，豫东、皖北地区连降暴雨，酿成了严重的淮河大水灾。水灾发生后，引起了中共中央的高度重视。1950 年 7 月 20 日，毛泽东主席要求全国动员，根治淮河。而鉴于治理淮河需要大量的人力、物力、财力以及相关专业技术的支持，中央以水利部的名义向全国各地尤其是华东各省市发出了支援淮河治理的伟大号召。

治理淮河是一项系统复杂的建筑工程，"除了需要正确的政治领导和组织领导外，还需要正确的技术指导"，"这就需要大批新型的中层技术干部，来担负测量、设计、施工等各种具体工作和基层的技术指导"。[①] 因此在各种技术人员匮乏的情况下，"中央人民政府考虑到有着光荣革命传统、解放前长期受到共产党的革命影响、解放后受到一年多的新民主主义教育、学习水利土木工程的已毕业

① 钱正英：《在祖国的伟大建设中锻炼与提高自己——在上海市各高等学校参加治淮师生大会上的讲话》，《文汇报》1951 年 9 月 23 日。

的和大批应届毕业的同学"[①]，遂向包括华东地区在内的各公、私立大学发出号召，动员相关专业学生、教师参加治淮工作。

为了配合中央政府动员相关专业学生和教师参加治淮工作的伟大号召，华东军政委员会专门向华东各公、私立大学发出动员布置，并制定了相应的实施细则。1950 年 10 月 5 日，华东军政委员会教育部"根据中央人民政府治淮方针，即将举办大规模工程，因技术干部极为缺乏，决定调用华东区内各公私立大专院校土木、水利、测量等系科学生及部分教职员工，参加淮河筑堤、疏浚、勘测、绘图及修建涵闸等项工作"；而"各大学土木、水利测量等系四年级及各专科学校土木、水利、水文等科临毕业年级均应暂停教学一年，所有各该年级学生及教授、讲师、教员助教、技术员工及技工在可能范围内均应尽量参加（教授、讲师、助教如在其他地方担任专任职务或在其他班级担任重要课程而无法参加此项工程者经呈准当地教育行政当局者可不参加），参加工作的师生员工均以一年为期，在完成此项任务后仍回原校继续学习和工作"；凡"参加此项工程的教授、讲师、助教、技术员、技工，在工作期间一律在原校保留原职并发给原薪（公立学校由原校发给，私立学校由水利部发给）并由水利部津贴大灶伙食"。[②]"参加此项工程的学生在工作期间一律实行相当于大灶供给制的包干制待遇，毕业后分配工作一律免除见习期并即实行薪金制待遇"；"公立学校其参加工作之学生在本年度的学杂费，未缴纳者不再缴纳，已缴纳者明年度学期不再缴纳，私校学生之学杂费可由政府代为缴纳（其已缴纳者由政府统一发给学校退还学生）"，另外"参加工程人员往返工地的交通费用不论公私校概由水利部供给"；"各校所有为此项工程所需要的

---

① 钱正英：《在祖国的伟大建设中锻炼与提高自己——在上海市各高等学校参加治淮师生大会上的讲话》，《文汇报》1951 年 9 月 23 日。

② 华东军政委员会教育部：《关于调用各大专校水利土木测量等系科临毕业生参加治淮工程的通知》，上海市档案馆馆藏档案，档案号：Q259－1－14－1。

仪器、图书及其他用具应尽量带往工地，以资应用，各器物将来如有损毁由水利部负责补偿”。①

在华东军政委员会教育部的号召下，上海市各公私立大学均积极动员起来。如据报载，上海交通大学水利、土木应届毕业同学都热烈响应参加治淮的伟大号召，表示“坚决服从人民利益，听候政府调配”；“复旦大学土木系四年级同学现已停止全部原有课程，正努力展开学习与此行工作有关的学科、技术知识”；大夏大学土木系四年级的同学们也“都认为参加这一工作，比读一年书还来得更有收获，都踊跃地报名参加，有家庭顾虑的同学也都说服了家庭，光荣地加入行列”，数日间就“有百分之九十五报名参加”；市立工专土木科三年级同学也在学校的动员下积极报名，“至于教授方面，除在校尚有课的以外，亦全部参加补授在治淮中所要的实用课程”；圣约翰大学土木系四年级全体同学经过思想动员后，也“一致喊出‘淮水不治人将待毙’的口号，决定参加治淮工程去”。②

在各校的积极组织和动员下，上海各大专学校的水利、土木测量等系科的同学踊跃报名参加治理淮河的水利工程。截至 1950 年 10 月 14 日，“交大、同济、复旦、大夏、光华、大同、圣约翰、震旦、市立工专等校水利、土木、测量等系科应届毕业同学报名参加的共有二百四十多人，连日加紧学习治淮要开的课程”③。上海各校参加治淮工作的大学生先在南京“听取有关淮河上、中、下游实际情况的报告，学习数日后”④，于 1950 年 10 月底开赴皖北、苏

---

① 华东军政委员会教育部：《关于调用华东各高等学校水利、土木、测量等系科临毕业学生及部分教职员工参加治淮工作实施办法》，上海市档案馆馆藏档案，档案号：Q259 - 1 - 14。

② 王法林等：《根治淮河痼疾！》，《文汇报》1950 年 10 月 13 日。

③ 佚名：《向淮河洪水作坚决斗争！》，《文汇报》1950 年 10 月 16 日。

④ 陆续：《参加治淮学生在宁编队》，《文汇报》1950 年 10 月 21 日。

北等处治淮工地。[①] 他们在到达各自工作岗位后，以高度的救灾责任感和神圣的建设使命感，拿出了优异的工作表现。[②]

参加治淮的上海同学除了忘我地工作，还发挥自己所学，创造了各种新的工作方法，提高了工作效能。“如大夏大学江景波同学，在天河担任考工工作时，根据土质优劣，开挖深度，排水情况等，在同一劳动力、劳动方法及工具配备之下，作了一百多次试验，定出了‘难方加成’的合理标准，符合了多劳多得的合理制度，为人民节省了无数粮食；他并且创制了土方工程分配工段图解法，可以使一人能在一小时内为四五千民工划分工段。”[③] “圣约翰大学在进湖闸工作的曾丘留、萧希贤、曲世江同学，在工作中也改进了工具，完成了‘水力冲沙打桩设备’在沙地上打桩，用旧木板代替了浇洋灰的木模，因而使工程在汛期前按期完成了。在室内工作的各校同学们，也是每天每夜研究讨论着，对每一种方法进行着推算、设计，使工程更快、更好、更经济的进行。”[④]

除了以踏实、肯干的工作表现参加治淮工作外，上海参加治淮的学生还受灾民生活悲惨状况的触动，慷慨解囊，纷纷向灾区人民捐款、捐物。如 1950 年各校学生在到达治淮工地并了解了灾民受灾状况后，同济大学的同学首先“在各小组中展开了捐募，四十个人捐一百三十五万元及衣服七件。陆道成同学母亲在上海做佣人，七十岁的老父在宁波乡下依靠做小贩的哥哥及借债度日，每月要他接济，但是他说‘父亲再苦还有衣服穿’，一个人捐了八万元。李

---

① 天放：《上海参加治淮学生受到皖北人民欢迎》，《文汇报》1950 年 11 月 4 日。

② 徐洁人：《从祖国的伟大建设中锻炼自己——记参加第一期治淮工作的上海同学们》，《文汇报》1951 年 9 月 28 日。

③ 华东军政委员会教育部：《治淮委员会政治部编印华东区大学同学参加治淮工程的总结报告》，上海市档案馆馆藏档案，档案号：Q243 – 1 – 607。

④ 华东军政委员会教育部：《圣约翰大学关于参加治淮工程工作总结》，上海市档案馆馆藏档案档案号：Q243 – 1 – 458。

庸定捐了十万元，几乎相当于一个月津贴的全部。吕益恕同学捐了钱还捐了夹衣一套。交大同学也立刻召开了全体大会，时事学习委员会结合形势教育和鼓动工作情绪来进行，初步就捐了一百零八万元。当日晚上又举行了更热烈的挑战晚会。土木系的一、三两组和水利系第五组竞争最热烈，带动了其他小组，捐献增加到二百零五万元。大同同学的捐献也立刻展开了，杨雄贤同学以十六万伍仟元创最高纪录；冯章村同学父亲失业，家中靠他以津贴维持，但他仍捐出了三万元，最终全校共捐了一百三十七万元。另外，很多同学都懊悔自己没有多带衣服，不能多捐，并决定动员上海的家中也热烈捐寒衣给灾民”①。

二　承担制造水闸设备重任

1951 年，治淮工作进入中游“蓄泄并重”工程施工阶段，而要修建大型蓄水水库需要大量高标准的水闸设备和机器附件。鉴于工期紧迫和技术难度的关系，治淮委员会经过认真考量，最终打算将这一艰巨任务交给当时工业技术力量最为雄厚的上海市完成。②

1951 年 3 月淮河中游润河集水闸的制造首先被纳入议事日程。3 月 12 日，应全国治淮委员会电报邀请，上海市派机械工程师冉伯卿、汪松山前往治淮工地了解实际情况。鉴于水闸在制造上颇有困难，上海方面即请建筑公司电告治淮委员会派负责同志和苏联水利专家到沪协商。3 月 29 日，经上海市有关技术人员和苏联专家共同研究，决定了设计制造上的主要原则。3 月 30 日、31 日，水利部及上海市相关领导同志及建筑公司磋商订约问题。关于启闭设备部分的设计建造、安装工作由建筑公司委托华东委员会工业部技术室

---

① 佚名：《沪杭两地参加治淮同学访问灾区热烈捐助灾民》，《文汇报》1950 年 12 月 20 日。

② 上海五金工会：《上海五金工会通用机器厂委员会关于完成治淮工程突击任务的工作总结》，上海市档案馆馆藏档案，档案号：C13 - 1 - 3 - 21。

负责办理。为了尽快完成任务，上海市相关部门于3月31日做出了具体任务布置。为加强技术领导，上海市指派戚荣普同志负责领导关于业务工作的联系，由华东委员会工业部机械处负责办理设计绘图工作。关于加工订货工作，经4月4日各方会同机械处、建筑公司、矿冶处商谈决定，出于节约时间的考虑，同意加工订货由机械处统一计划，由建筑公司出面订约，材料供应则由经理处负责，冶铸锻造工作则由矿冶处负责监造及检验，其他技术上、制造上有关单位也均指定了负责人。在具体设备制造任务方面，经4月2日、3日各方研究，活塞筒铸造技术采用浇钢制造，同时为尽量利用各厂生产能力以争取交货时间，决定分铸两段而后焊接再行加工。4月5日，矿冶处邀集上钢、亚细亚、大鑫、中国纺织机器公司商讨分配活塞筒浇铸任务，决定由上钢承接60套，亚细亚48套，大鑫36套，中国纺织机器公司24套。①

各项工作任务分配、协调完成之后，各方技术人员开始进入工程设计研讨环节。“首先是华东工业部技术室设计组与各承造工厂的工程师技术员们发挥了集体精神，以三个星期时间完成了伟大而精密的工程设计，并且在设计中同时解决许多工程上的技术问题。各部分技术工人也在具体工作中认真负责纠正了图样上的小错误，如吴淞机器厂木模工场徐华章小组精心研究了‘高压油泵凡尔盖’的图样，发现上面罗丝有错误并及时纠正过来。”②

除了技术人员的集思广益、密切配合之外，各生产工厂的工人们在生产劳动中也勇于探索，积极争取生产时间。在上海各方面、各环节的共同努力下，上海承担的润河集水闸所需机件，从3月初接到工程任务，到“四月初投入设计和制造”，前后仅用50天时

---

① 上海五金工会：《淮河闸门启闭设备工程进行情况报告（第一号）》，上海市档案馆馆藏档案，档案号：C13－1－3。

② 佚名：《沪五金工人发挥集体创造精神提前完成了治淮工程所需机件》，《文汇报》1951年7月20日。

间，“168 套控制闸门的高压油压筒”等所需机件设备即制造完成。[①] 1950 年 5 月 20 日，“上海市组织了七百余五金工人的工程队，开赴皖北润河集去就地安装”，他们在“保障两岸人民安全，保证跑在洪水前头”的口号下，“紧紧与农民兄弟在一起，在不分昼夜、晴雨努力赶装的情况下，不断创造、改进安装技术”，“在 7 月 13 日胜利完成装配任务”，比预定安装完工日期提前两天。[②]

在完成 1951 年润河集水库等工程之后，1952 年治淮工程中游建设任务进入第二年，关键任务是修建白沙水库、佛子岭水库和其他淮河支流等 10 多处水利工程所需的各种机械，其中特别是白沙水库的好多套高压闸门，每一套即重达 36 吨，大小机械近千种，生产任务明显比 1951 年润河集水库所需还要繁重。鉴于上海市在完成润河集水库所需机件过程中的突出表现和已取得的工作经验，1952 年治淮修建各水库所需设备及配件，依然交由上海市完成。

“为了淮河两岸五千多万农民兄弟的永久幸福”，上海 20 多家钢铁、机器工厂的工人顶着“工程比第一期还要繁重”的压力，“忘我地投入突击生产”。[③] “如上海钢铁公司第三厂工人接受了这些高压闸门大部分机械的浇铸任务，这些任务超过该厂一月份生产任务百分之二百六十一，并限定在四十八天内完成。该厂工人不分昼夜地劳动着，屡创各种新纪录，在三十多天内提前完成这一任务。该厂炼钢工人在生产最紧张时，发现炼钢炉顶发红，有停炉的危险，便奋不顾身地在高热下抢修前墙墩子，并小心地控制着炉内火焰，使炉子得以继续冶炼。江南造船厂所做的高压闸门油泵的油缸，又高又大，内部精磨工作很困难。从工人中新提拔起来的车间主任沈新昌，就会同工人、工程师研究，创造了一套特制的磨光工

① 佚名：《淮河水闸机件全部完成》，《解放日报》1951 年 5 月 30 日。

② 全一毛：《五金工人对治淮的伟大贡献——介绍上海铁路、五金、纺织工人生产成绩展览会》，《文汇报》1952 年 5 月 17 日。

③ 佚名：《治淮机械陆续运往工地》，《文汇报》1952 年 5 月 16 日。

具，使车制工作又快又准确。楹联船厂工人为了克服因机械过分庞大所引起设备上的困难，修好了一部上海最大的立式车床，用来刨闸门的平面。该厂那些六十多岁以上的老师傅们，也充分发挥了他们丰富的劳动经验，和华东工业部的技术人员一道，缜密研究闸门的装配和试验工作，结果提前十天完成了全部高压闸门的装配和实验任务。”①

继1951年和1952年之后，1953年“上海四十多个工厂”又“承制了治淮第三年度工程所需的水闸、船闸和启闭机”等制造、安装任务。“其中有仅次于荆江分洪连洪闸的第二大水闸——淮河下游蓄泄洪泽湖水的三河口控制闸，闸身大十三孔，长达七百米；有淮河上游、中游的各种进水闸、水库；还有开辟淮河流域和长江流域航运所用的各种船闸、苏北灌溉总渠上的挡潮闸等”，“仅淮河下游就有一百五十四扇闸门，一百七十八部启闭机，全部钢铁的重量达一千五百吨”。然而，尽管“这次承制设备的任务十分繁重”，“上海市四十多个机器、钢铁、造船等厂的工人”依然发扬了努力拼搏的工作精神，“积极赶制各种治淮机械设备”，并“已在三月底完成了各种主要产品”。②

三　组建文艺工作队和游民治淮大队

为了丰富治淮工人的精神文化生活，上海市文化局及上海市文联于1951年11月筹组文艺治淮工作队。在上海各级文化单位的组织和动员下，治淮文艺工作队于11月13日正式成立，全队共计有86人，由杨村彬担任队长，司徒汉、吴宗锡担任副队长。③

---

① 佚名：《治淮机械第一期任务接近完成》，《文汇报》1952年5月16日。

② 佚名：《上海机器、钢铁等厂工人赶制大批机械设备》，《文汇报》1953年5月8日。

③ 佚名：《沪文艺工作者八十六人参加治淮工作日内出发》，《文汇报》1951年11月21日。

上海治淮文艺工作队于1951年11月22日出发至淮河工地，先到蚌埠学习了10天，听取了治淮委员会组织的系列报告。学习期间，于1951年11月27日“举行慰问治淮干部晚会，并邀蚌市文艺界参加，交流经验，演出‘自由婚姻’快板剧，‘小二黑结婚’‘王贵与李香香’弹词及朝鲜舞、苏联舞以及国乐合奏与歌咏等节目”[①]。之后，就转赴皖北五河县漴潼河疏浚工程工地参加怀远县民工总队工作，共一个多月。在工地上，工作队全部深入工棚，在民工中展开了歌咏、读报、识字、黑板报、联欢会等文娱活动。由于他们在生活上能向民工看齐，又树立了真诚地为民工服务的艰苦、朴素作风，所以当他们离开漴潼河工地，转赴下一阶段工作时，怀远总队的民工，已先后成立了许多歌咏队、读报组等文娱组织。

上海治淮文艺工作队回到五河之后，进行了10天思想总结，队员们都“认真地把在生活中、在火热的斗争中得来的感性认识提炼成了理性的认识，更进而认识到了自己的优缺点和产生这些优缺点的根源。因此当他们再转往霍山县佛子岭水库工地参加工作时，他们的工作方法、工作热情以及对事物的观察力等等都有了显著的提高”[②]。而在佛子岭水库工地他们除了深入霍山民工总队外，更深入到机筑、木工、石工、搬运等工人队伍中以及当地的保卫部队中去，配合了工地上开展的“三反运动”，展开宣教及文娱活动。他们这一阶段的工作，也取得了相当的成绩，临别的时候，工人农民和部队都打锣敲鼓欢送。

上海治淮文艺工作队，前后“历时三个月又二十天”[③]，在实现

① 南谷：《上海文艺界治淮工作队已抵漴潼河疏浚工程区》，《文汇报》1951年12月19日。

② 佚名：《沪文艺界治淮工作队在淮河工地工作经过》，《文汇报》1952年3月27日。

③ 佚名：《沪文艺界治淮工作队胜利归来》，《文汇报》1952年3月12日。

自我改造的同时，也最终以实际行动支援了治理淮河的伟大工程。

除了组建治淮文艺工作队外，鉴于治淮工作需要大量劳动力，而且上海又有大量的游民，因此出于“劳动改造游民”和“支援淮河治理工程”的双重考虑[①]，上海市自1952年开始组织游民参加治淮工程。在组织游民参加治淮的基础上，为了“进一步针对游民不愿劳动目光短小的特点，对他们进行‘劳动与前途’教育，通过劳动与剥削的对比，使他们认识劳动光荣寄生可耻，愿从劳动中改造自己”[②]，1955年9月，上海市专门成立劳动治淮大队。上海市劳动治淮大队成立后，于1955年11月及1956年2月先后分批移送9300多名游民到治淮工地，边劳动边接受改造。在冬季寒冷、夏季炎热、生活条件比较艰苦的情况下，上海游民治淮大队最终保质保量地完成了相应的工程任务。[③]

四　历史评价

新中国成立初期的治淮工程是共和国历史上第一个全国性的大型水利建设项目，其开展和建成具有重大的历史意义。正如陈云同志所说的那样，“治淮是件好事”，“其政治意义很大”，“这件事证明了人民政府和人民团结起来，是可以克服任何困难的，我们今后还要继续这样去做，这种意义远远超过治好淮河本身”。[④] 新中国成立初期上海市多方动员，积极参加了治理淮河的伟大工程，为新中国第一项大型水利工程做出突出贡献的同时也取得了积极的社会

① 上海市动治淮大队：《上海劳动治淮大队在劳动队员中广泛开展劳动竞赛》，上海市档案馆馆藏，档案号：B168－1－517。

② 上海市档案馆：《建国初期上海游民改造史料选辑（五）》，见上海市档案馆官方网站（http：//www. archives. sh. cn/slyj/dahb/201211/t20121119_ 37304. html）。

③ 上海市地方志办公室：《上海游民收容改造》，见上海地方志办公室网站（http：//www. shtong. gov. cn/node2/node2245/node65977/node65999/node66036/userobject1ai61631. html）。

④ 陈云：《陈云文集》（第二卷），中央文献出版社2005年版，第268页。

效果，其历史意义值得充分肯定。

首先，上海市各项支援治淮的工作，极大地推动了治淮工程的顺利进行，为根治淮河做出了突出的历史贡献。如前所述，上海市在整个新中国成立初期的治淮工作中，不但提供了相当的劳动力和技术人员，还承制了治淮工程所必需的“几乎全部的水闸机械和器材”①。在上海市的全力支援和所有治淮工作人员的积极努力下，治淮工作进展很快。到 1954 年，治淮工程就已建成了石漫滩、白沙、板桥、薄山（都在河南省）、佛子岭（在安徽省）5 座山谷水库，正在兴修的还有安徽省的梅山水库和河南省的南湾水库。另外，还完成了湖泊洼地蓄洪工程 16 处。以上已做成的工程，大约可以蓄水 200 亿立方米，直接和间接受益的农田有 2900 多万亩。另外还修建了大小涵闸 107 座，其中较大的如江苏省的三河闸，安徽省的润河集分水闸、王家坝闸以及包括安徽省的润河集船闸、江苏省的高良涧船闸、仙女庙船闸等在内的 6 座船闸。疏浚的河道长达 10908 里，修复和新筑的堤防长达 3344 里，其中仅疏浚河道的长度就相当于淮河干流全长的 9 倍，或相当于运河全长的 3 倍多。另外，江苏省北部还开挖了一条 340 多里长的灌溉总渠，其工程所做的土工，除农田水利工程之外，共挖土方 4 亿 8 千多万立方米，如果筑成一米宽、一米高的土墙，共长达 48 万千米，可以绕地球 12 圈。而在完成了上述一系列工程后，到 1954 年就“已经能够初步地控制淮河洪水和减轻内涝的灾害”了。②

其次，上海市各参加治淮工程人员在为国家水利工程建设做出自己贡献的同时，自身也得到了很大的锻炼。无论是参加水闸制造的技术人员、五金工人，还是文艺工作队员，乃至劳动治淮大队的游民，均在参加淮河治理工程中得到了很大的锻炼、改造和提高。

① 全一毛、徐开垒：《上海工人支援全国建设的成就》，上海人民出版社 1955 年版，第 16 页。

② 应申：《伟大的治淮工程》，通俗读物出版社 1955 年版，第 14—15 页。

而其中收获最大的当数上海市各公私立大学的水利、土木等专业的青年学生了。正如后来第一批参加治淮工作的大学生们自己回忆和总结的那样，“治淮工作犹如熔炉一样，每一个投进工作的同学都被在各方向锻炼了一番”，“近一年来的工作，首先可以肯定地说是有极大收获的，不论在政治思想上，业务技术上，生活小节上都替我们每个同学在不同的基础上增加了和推进了一步”。[①] 同时，同学们还通过治淮工作，增强了爱国主义情怀。通过劳动，上海参加治淮的大学生们“不单在书本上，概念地知道祖国的伟大、可爱、有着无比灿烂的前途，而且从亲身见到亲身参加的无数活的事实中，具体地深刻地认识到了这一真理”[②]。几乎所有参加过治淮工作的上海大学生均表示“在参加治淮工作中，对祖国的伟大和可爱，有了更深刻的体验”，并决心“将治淮的工作热情，贯彻到今后的学习和工作中去，为建设伟大的祖国而努力”。[③]

第二节　20世纪50年代上海工厂内迁

20世纪50年代上海工厂内迁是共和国史上的大事件，加强对于该课题的研究具有重要的历史意义和现实意义。然而长期以来，囿于研究资料的匮乏，迄今为止，尚无专论。本节拟在各种史料的相互印证下，试对20世纪50年代上海工厂内迁的原因、概况、特征以及历史影响等进行初步的梳理和分析。

---

① 《大同大学土木系1951级参加治淮工程总结》，上海市档案馆馆藏档案，档案号：Q241－1－196。

② 钱正英：《在祖国的伟大建设中锻炼与提高自己——在上海市各高等学校参加治淮师生大会上的讲话》，《文汇报》1951年9月23日。

③ 佚名：《复旦参加治淮同学认识祖国伟大可爱》，《文汇报》1951年8月2日。

一　内迁原因

近代上海工业体系的形成是在外来资本主义的影响下，各种经济因素自我聚合的结果。但在 1949 年 5 月 27 日获得解放后，上海无论是经济环境还是管理模式与之前相比均出现了极大变化。受特殊政治、经济环境的影响，上海工厂逐渐开始内迁。

（一）解放之初的困难局面催生了工厂内迁计划

作为现代经济产物的工厂，其设立和发展的顺利与否在很大程度上要取决于原料、资金、劳动力、运输和市场销售等多种因素的平衡。20 世纪 50 年代上海工厂的内迁则是原料、资金、劳动力、运输和市场销售等因素失衡的结果。

（1）资金短缺导致工业维持困难

资金是工厂设立和运转的首要条件，没有足够资金的支持和保证，要想维持工业的繁荣是非常困难的事情。近代以来，上海之所以迅速成长为全国乃至东亚著名的工商业城市，全国乃至世界各地资金的汇入功不可没。然而，到了 20 世纪 40 年代后期，随着国内解放战争的不断深入，尤其是上海在解放前夕，沪上资本主义工商资金的外逃，导致上海工业的资金链断裂。

在中国人民解放军解放上海前夕，上海原有的外资企业纷纷向外转移资金和生产物资。据不完全统计，上海在解放战争影响所及之前，总共有外国资本经营的企业 1800 家左右，而到了 1949 年的 5 月份其总数锐减至 910 家左右。[①] 即使留守的外资企业，也多为不易搬迁且经营困难者。而国民党政府所把控的官僚资本也在上海解放前夕进行了较为彻底的物资和资金转移。[②] 外资和国民党官僚

---

① 熊月之主编：《上海通史》（第 12 卷），上海人民出版社 1999 年版，第 28 页。

② 中国人民政治协商会议上海市委员会文史资料工作委员会编：《上海解放三十五周年》，上海人民出版社 1984 年版，第 188 页。

资本主义的纷纷外逃，在带走大量资金和物资之余，还使得一部分在沪的民族资本家产生了惶恐的连锁效应，他们也大多通过各种途径，将资金和重要物资带离了上海。在外国资本、国民党官僚资本和部分民族资本纷纷撤离之后，留在上海的工厂和企业要么只剩下空壳子，要么则是因为资金的匮乏无法继续维持下去。据不完全统计，上海解放后第一个月内，开工的工厂仅有四分之一，而且大多是半开工，设备利用率也只有30%左右。①

（2）上海解放初期反动势力的封锁导致上海工厂维持雪上加霜

其实国民党反动派在撤离上海前即已制定了破坏工厂的周密计划，然而最终因地下党员和爱国工人及青年学生们的护厂斗争而破产。所以，为了继续破坏上海解放后的正常生产和建设进程，反动势力对上海实施了封锁甚至是轰炸的计划。②

解放后反动势力对上海的武装封锁，给上海工业的维持和发展造成了十分恶劣的负面影响。毕竟上海是一个资源依赖型的城市，原本解放前夕各种资本和资源的外逃就给工厂企业的生产以及人民群众的正常生活都造成了较为严重的影响，而运输封锁更使上海的生产和生活资源紧缺的状况日趋恶化。解放之初，上海的煤炭储备只够一周之用，全市大米也仅有半月之备，私营棉纺厂的棉花储备量也仅够一个月的生产消耗。而其他的用于维持各类工厂企业生产的资料储备也都很有限。

解放之初，除了生产物资需要从外地购买运入外，上海的工业生产也对国外有着很大的依赖性。众所周知，近代以来上海的工商业大多是在外国势力把控之下畸形发育而成的。无论是其产业结构，还是其市场消费，均对外国资本主义具有较大程度的依赖。长期以来，作为上海工业基础的动力生产，其燃料油的80%、煤的

① 陈沂：《当代中国的上海》（上），当代中国出版社1993年版，第388页。

② 夏东元主编：《二十世纪上海大博览》，文汇出版社1995年版，第635页。

20% 需要依赖进口。作为当时上海主要行业之一的棉纺工业所拥有的设备中，有一半以上只能纺 20 支以上的细纱，而纺这种棉纱，就只能购买美国等生产的原棉。上海毛纺工业所拥有的设备大多数只能纺长羊毛，而这种羊毛的 80% 需要进口。此外，面粉原料全靠洋麦，造纸业的纸浆完全依靠进口，卷烟业半数以上的烟纸、烟丝都靠外来。上海口岸被封锁以后，物资供应来源直接受到了影响。受武装封锁影响，在外销断绝、内销一时打不开的情况下，不少企业不得不停工停业，并很快地由个别厂家漫延到整个行业，由中小企业漫延到大企业。至 1949 年 7 月底，上海全部停工停业的行业有绸缎印花业、地毯业、军装业、长毛绒业、拉绒业、纸盒业等；停工停业 75% 的有手帕业、玻璃业、手工棉纺业、驼绒业、整理染织业、制镜业等；停工停业 50% 的有橡胶业、棉纺业、电工器材业等。①

（3）美蒋飞机轰炸给上海工业造成了巨大破坏

自 1949 年下半年开始，国民党空军开始袭击上海。国民党飞机轰炸上海计划实施的初期以轰炸居民区及民用设施，以造成市民恐慌，制造混乱，破坏社会稳定及打击上海人民的建设信心为主。后来为了给上海人民的建设事业造成更大的损失，国民党对上海的轰炸除了以平民聚居区为目标外，还重点针对与民用及工业生产息息相关的发电企业。1950 年 2 月 6 日，“国民党空军出动飞机 17 架空袭上海，造成全市大规模停电。”② 两周后，“美蒋飞机 12 架又空袭上海，进一步破坏了上海的电力供应”③。1950 年 2 月 25 日，

① 参见邹荣庚主编：《历史巨变》，上海书店出版社 2001 年版，第 106—107 页。

② 谢忠强：《新中国成立初期上海市反轰炸斗争述略》，《军事历史研究》2012 年第 4 期。

③ 上海市总工会：《上海总工会关于轰炸后上海情形报告（1950 年 4 月 13 日）》，上海市档案馆馆藏档案，档案号：C1 – 2 – 132 – 21。

陈毅在给黄炎培的信中说大轰炸后“全市电力即不敷供应”，“工业生产几大部停顿”。①

显而易见，一方面是解放前夕上海资金和物资的严重外流，另一方面是解放后反动势力对上海的封锁和轰炸，解放初期上海市工业生产遇到了前所未有的困境。很多企业因资本外逃而沦为空壳，部分企业因生产资料供应困难而濒于停产边缘，少数继续开工的企业也在封锁与轰炸的破坏下纷纷申请减产或停业。解放初期上海工厂、商店申请关闭情况可详见表2－1。

表2－1　　1950年1—7月上海工厂、商店申请歇业统计

月份	工厂申请停歇数目	商店申请停歇数目
1	159	363
2	161	297
3	243	1207
4	389	1567
5	502	2917
6	158	790
7	50	253

资料来源：熊月之主编《上海通史》（第12卷·当代经济），上海人民出版社1999年版，第47页。

面对严峻的形势，1949年的8月3号至5号，上海召开了旨在粉碎敌人封锁和克服困难局面的各界代表大会，提出了六条工作方针，其中第二条即明确指出，要“有计划地有步骤地实行疏散人员和实行将部分学校工厂内迁”②。为了贯彻这一精神，上海全市动员工厂内迁。为了扩大宣传，1949年9月17号的《文汇报》甚至刊登了《工厂内迁》诗一首：“上海解放人民欢，四大家族逃台湾；勾结

① 刘树发：《陈毅年谱》（上），人民出版社1995年版，第597页。

② 夏东元主编：《二十世纪上海大博览》，文汇出版社1995年版，第635页。

美帝来封锁，死到临头心不甘。人民政府有经验，提出号召除困难；发展工商好办法，实行工厂向内搬。内地粮食到处有，燃料原料用不完；内地需要制成品，农具布匹销路宽。为了建设新上海，六百万市民齐动员；城乡物资交流畅，敌人的封锁就完蛋。”①

（二）内地城市热烈欢迎并积极争取上海工厂内迁

上海方面提出的工厂内迁计划，得到了内地城市的积极欢迎。解放初期“我国工业布局以沿海为主”②，相对沿海地区而言，内地工业则要落后许多。因此，为了加快本地区的工业发展，很多内陆地区在得知上海工厂内迁计划后，纷纷进行了积极争取。如河南省作为工业基础相对薄弱而发展工业愿望又较为强烈的地区之一，一开始即对上海工厂的内迁表现出了积极争取的态度。为了争取上海工厂企业内迁中原，河南方面早在上海解放之初，即明确表明了欢迎上海工厂迁入的态度。1949 年 10 月，河南省安阳市、郑州市即从当地“交通、原料、劳动人口富足等便利条件”出发，向上海市提出“欢迎机器厂、针织厂、面粉厂、卷烟厂、榨油厂等工业迁入的邀请”。③ 为了更好地推动沪市工厂迁入，1950 年 2 月份，河南开封工商局局长刘明远又专程赴上海“接洽工厂内迁事”④。1950 年 3 月 18 日，“河南的郑州市也召开会议，商讨欢迎上海工厂内迁的办法”。⑤ 为了落实欢迎上海工厂内迁郑州的相关计划，

---

① 廖晓凡：《工厂内迁》，《文汇报》1949 年 9 月 17 日。

② 刘国良：《中国工业史》（现代卷），江苏科学技术出版社 2003 年版，第 151 页。

③ 中共上海市计划经济委员会：《上海市工商业联合会筹备会关于郑州市、安阳市具备设厂条件欢迎工厂内迁的新闻稿》，上海市档案馆馆藏档案，档案号：C48－2－2－19。

④ 佚名：《开封工商局长刘明远来沪接洽本市工厂内迁，指出开封设厂的有利条件》，《解放日报》1950 年 3 月 4 日。

⑤ 佚名：《欢迎上海工厂内迁，郑州人民代表协商会议决定办法》，《文汇报》1950 年 3 月 24 日。

1950年3月23日“郑州各界代表会议协商委员会，还专门致信上海工商局、工商联等机关团体及各行业”[①]，“欢迎上海及东南各地工厂迁来郑州”[②]。

除了河南之外，其他省份的一些城市也从各自发展需要出发，向上海方面提出了内迁工厂的请求。如1950年4月山东省济南市工商局亦从“当地市场”“棉花种类、需求情况、交通运输、社会治安、购买能力、场地及政府态度”等便利条件出发，希望迁入上海的部分棉纺织工业。[③]

毫无疑问，内地城市的热烈欢迎和积极争取的态度与上海方面为了克服困难局面计划工厂内迁的主观愿望一起，共同促成了解放初期上海工厂内迁计划的最终实施。

（三）中央调整工业布局和国防安全的考虑使得上海工厂内迁持续开展

如前所述，为了应对困难局面，上海市向中央提出了工厂搬迁的策略，并很快得到了中央的首肯。为鼓励沿海工厂内迁以就原料和市场，中央人民政府铁道部特呈准政务院财经委员会，于1950年1月2日起“实行沿海地区工厂内迁铁道运输优待办法”[④]。很明显，中央之所以同意上海工厂内迁并在运输方面给予照顾主要还是从缓解当地工业维持问题出发的。然而，随着1950年5月上海

① 佚名：《郑州市协商会议表示欢迎东南工厂内迁，协同发展中原工业》，《文汇报》1950年3月28日。

② 佚名：《郑州市欢迎沪市工厂内迁，希望纺织碾染造纸电气等工业迁去，该市工商局长函复沪工商局之询问》，《文汇报》1950年4月11日。

③ 济南市工商局：《济南市工商局关于工厂内迁条件十项问题的复函》，上海市档案馆馆藏档案，档案号：S30－4－93－26。

④ 佚名：《沿海地区工厂内迁，铁路运输减半收费，规定地区范围外其余亦可享减费优待》，《文汇报》1950年1月13日。

反轰炸、反封锁斗争取得阶段性胜利[①]，上海的困难局面也逐渐扭转。按说上海工厂内迁的原始动因应该基本消失，可党中央则从调整全国工业布局的角度出发，非但没有叫停上海工厂内迁计划，反而更加坚定地提倡和支持之。

随着抗美援朝战争的爆发，我国的国家独立与国防安全遭到了外来威胁。1950 年 10 月份，毛泽东主席就曾向华东局做出相关指示，要求“华东一切工作要以美国和蒋介石登陆进犯为假想的基础去作布置”[②]。上海市地处军事对峙的前沿，又是大陆工业力量最集中的地区之一，所以在中央强调出于确保沿海国防安全而调整工业布局的特定历史语境下，上海城市工业的收缩计划之制定也就顺理成章了。

1953 年 2 月，中共中央华东局在上海市召开华东工业会议，专门讨论并形成了第一个五年计划时期关于华东地区工业紧缩与加强的指导原则。大会明确指出，包括上海市在内的华东地区在整个第一个五年计划内，均不作国家投资建设的重点区域。而 1954 年下半年至 1955 年初，因为美国和台湾国民党当局制造了新的战争威胁，大陆安全形势和国防前沿的威胁又突然加大，中共上海市委于 1955 年 2 月 16 日召开干部扩大会议，“根据中央关于上海不发展、不扩建、一般维持即可的决定，确定上海采取‘积极改造、逐步紧缩’的方针”[③]。

综上所述，新中国成立初期上海工厂内迁计划的实施，既有上海方面反封锁、反轰炸，力求摆脱困境的主观愿望，亦有国家调整工业布局和考虑整体国防安全的因素，更有内地各省市积极欢迎的

---

① 当代中国史研究所编：《中华人民共和国史编年》（1950 年卷），当代中国出版社 2006 年版，第 364 页。

② 邹荣庚主编：《历史巨变》，上海书店出版社 2001 年版，第 575 页。

③ 当代上海研究所编：《当代上海大事记》，上海辞书出版社 2007 年版，第 150 页。

客观推动。

二　内迁概况

在各种历史因素的共同推动下，从 1949 年 8 月起，上海市开始有步骤地把一些过分集中的工厂，按照就原料、就市场的原则陆续迁往内地或其他城市。1949 年 8 月 21 日，“上海私营中国标准铅笔厂将半数机器迁往哈尔滨”[①]，成为上海市“产业界响应政府号召，为粉碎敌人封锁、克服生产困难而内迁的第一家工厂”[②]。1949 年 9 月 5 日，“上海私营新华、康乐等 4 家卷烟厂”又“分别迁至郑州、天津、汉口等地”[③]。到 1949 年底，“全市各工厂纷纷响应政府内迁号召”[④]，据不完全统计，在短短四个月时间内，最终“为克服困难，上海市卷烟、火柴、内衣和制药等”共有“10 多个行业、20 多家私营中小工厂根据靠近原料产地和市场的原则，先后完成内迁”[⑤]。

进入 1950 年后，受之前 1949 年“工厂内迁的联动效应”[⑥]之影响，上海内迁工厂数量不断增加。尤其是“二六”轰炸后，全市进行人口疏散，同时为了寻求安定的生产场所而内迁的工厂企业也相应有所增多，如当时的康乐烟厂、民众烟厂、环球内衣厂、美乐

---

① 当代上海研究所编：《当代上海大事记》，上海辞书出版社 2007 年版，第 13 页。

② 上海市经济委员会编：《上海工业 40 年（1949—1989）》，生活 · 读书 · 新知三联书店 1990 年版，第 203 页。

③ 当代上海研究所编：《当代上海大事记》，上海辞书出版社 2007 年版，第 15 页。

④ 上海市经济委员会编：《上海工业 40 年（1949—1989）》，生活 · 读书 · 新知三联书店 1990 年版，第 204 页。

⑤ 当代上海研究所编：《当代上海大事记》，上海辞书出版社 2007 年版，第 22 页。

⑥ 孙建国：《论新中国成立初期内迁工厂特点及对河南经济的影响》，《中共党史研究》2009 年第 12 期。

印刷厂、新安电机厂等小企业，短期内全部或部分迁往天津。1950 年 2 月 7 日的《文汇报》报道："最近本市准备内迁的有二十几个厂，已完全确定了的是信和纱厂（五千纱锭），和全昌正记火柴厂"，"已向工商局请求的有华明烟厂、锦华烟厂、三新针织厂"，而"晶华玻璃厂则更具体了，劳资双方已在劳动局进行劳资协议中，一俟决定即可迁运机器（该厂已与青岛啤酒厂接洽，该啤酒厂年需酒瓶三百万只，市场问题解决，原料的煤亦近产区，重碱在天津进口便利）。其他在积极筹备中或有迁厂动机的纺织业有诚德纱厂，拟全部迁新乡；申新五厂部分迁汉口，无锡的锦新纱厂和振兴纱厂亦准备迁河南。烟厂除有大运隆、吉士、中美等厂外，昨日福新、华成也有部分迁厂之议。电机工业方面有开灵机器厂、亚洲电机厂、新安电机厂、华德灯泡厂等家，其他尚有四达实业公司、天山实业公司、宏大纱管厂、华孚锯木厂、大新造纸厂等家。目前已在迁运机器者，有信和纱厂和全昌正记火柴厂。晶华玻璃厂一俟劳资协议，即可拆装机器。在筹备与筹议内迁的纺织业、针织业有五家，卷烟业有七家，电机业有四家，其他各业五家，共计廿一家"①。

很明显，"二六大轰炸"所造成的电力供应严重不足，加速了上海工厂的内迁。而除了一些私营的中小规模工厂纷纷实施或计划实施内迁外，一些规模较大的私营或国营工厂也加入了内迁的行列。据统计，自 1949 年 8 月至 1949 年 5 月底，"为就原料、市场，拥挤在上海"的若干较大型工厂，"先后解决了资金、厂址、劳资关系等问题，部分或全部完成内迁任务的已达三十余家"②，"此外尚有成泰纱厂、苏中机器厂等十余家也即将内迁"③。

① 佚名：《郑州开封等地电力充沛，欢迎本市工厂内迁开工，最近筹议内迁工厂达廿余家，一部分正在拆卸和装运机器》，《文汇报》1950 年 2 月 27 日。

② 上海解放日报社编：《上海解放一年》，解放日报出版社 1950 年版，第 23 页。

③ 同上书，第 24 页。

表 2－2　1949 年 8 月至 1950 年 5 月底上海工厂内迁统计一览

业别	内迁工厂数量	工厂内迁目的地
铅笔	三家	哈尔滨、北京、天津
火柴	六家	徐州、开封、南京、蚌埠、秦皇岛
卷烟	七家	天津、郑州、开封
纱厂	四家	徐州、郑州、泰州
玻璃	三家	沈阳、青岛、天津
电机	三家	天津
瓷器	一家	九江
内衣	一家	天津
印刷	一家	天津
制药	四家	南通
文具	一家	天津

资料来源：上海解放日报社编《上海解放一年》，解放日报出版社 1950 年版，第 23 页。

继上海解放头一年各工厂纷纷响应政府内迁号召，形成迁厂高潮后，1951 年上海的困难局面得以扭转，上海工厂内迁的内部动力稍消，但由于前述中央为了调整工业布局和考虑沿海国防安全以及内地工业欠发达城市依然积极争取上海工厂内迁等因素，上海的工厂内迁计划非但没有停止，反而被更加持续地贯彻下去。关于 1951 年至 1954 年间上海工厂内迁的明确统计数字，笔者尽自己能力所及在上海市档案馆馆藏有关“上海工厂内迁”档案，《文汇报》《新民晚报》《解放日报》《人民日报》的相关报道，以及相关上海工业史的统计资料中均未能发现明确记载，但根据上海解放第一年内工厂内迁数量以及下述 1955 年至 1957 年上海工厂内迁情况统计，我们可以保守估计每年平均有 50 多家工厂内迁。换言之，从 1951 年至 1954 年上海工厂内迁总数起码在 200 家以上。当然，或许实际数目，要远比我们的估计多一些。因为，据《上海通志》“工业篇”统计，“整个一五时期，上海共有272家轻工、纺织等工厂内迁”①，即仅轻工和纺织工厂在1953年至1957年的5年时间里，平均每年就有50多家工厂内迁，而这还不包含重工业的统计数字。

自1955年起，随着上海社会主义改造公私合营进程的加快，上海方面对于工厂内迁的管理也日益加强起来。如1955年上海市在总结前面几年工厂内迁经验、教训的基础上，专门出台了《关于上海市工厂内迁问题审批程序和工作分工的规定》，规定特别指出，“由于迁厂工作影响面广，情况复杂，又缺乏完整的经验，为了促使各主管部门间密切配合和协同动作，避免脱节和混乱现象，在申请工厂内迁时，应按照本规定的审批程序和工作分工执行”，同时规定还对工厂内迁的“手续”“指导原则”和具体“分工”等细节进行了明确的限定。②

除了对工厂内迁的分工及审批原则进行明确规定外，上海市还针对内迁工厂多为私营企业的情况在1955年制定了《关于私营工厂内迁问题的初步意见》，强调迁厂务必“在统一领导下，有计划有步骤地分批进行，防止盲目搬迁和不计后果的做法”③。

而随着1956年中央重新考虑沿海与内地工业关系，上海市对工厂内迁也开始谨慎起来。1956年4月23日中共上海市委办公厅印发《关于正确处理上海工厂内迁问题的通知》，指出：“随着国家重点建设项目的增加，上海地方工业的任务也日益繁重，过去长期任务不足的状况已根本改变。中央最近指示：应该充分利用和发

---

① 上海市地方志编纂委员会编：《上海通志》第十七卷《工业》（上），概述部分，见上海市地方志编纂委员会网站（http://www.shtong.gov.cn/node2/node2247/node4579/index.html）。

② 中共上海市计划经济委员会：《关于上海市工厂内迁问题审批程序和工作分工的规定》，上海市档案馆馆藏档案，档案号B5-1-11。

③ 中共上海市计划经济委员会：《关于私营工厂内迁问题的初步意见》，上海市档案馆馆藏档案，档案号：B4-2-8。

挥沿海工业基地的作用，以支援国家重点建设。因此当前上海地方工业不仅不应该消极地内迁，而且应该进一步发挥现有的潜在力量，更好地为满足国家重点建设的各项需要而努力。上海主管工业的各办公室、各局的工作同志对此应有明确的认识，充分估计上海地方工业当前和将来的繁重使命，今后除中央根据全局需要决定内迁的工厂以外，不得再向内地迁移工厂"，"各省市如提出新的迁厂要求，应该请他们先报请中央审核批准"。①

揆诸上述文件规定，自 1955 年开始上海对于工厂内迁的管理日益严格，而最终在权衡上海自身工业加强发展的需要，以及中央整体调控计划、其他各省市申请上海工厂内迁等多重因素的基础上，经中央、上海及其他省市工业局长办公会议讨论，制定了 1955 年至 1957 年间的上海工厂内迁计划，并在一五计划后半段（即 1955 年至 1957 年）的上海工厂内迁实践中严格执行。1955 年至 1957 年上海工厂内迁总体统计及各省分布情况可详见下列各表。

表 2 - 3　　　　1955—1957 年上海工厂内迁统计

项目	主要产品	1954 年产量	1954 年产值（万元）	职工人数（人）
印染工业	印染布（万匹）	670	21431	2770
毛纺工业	长毛绒（万米）	10	400	120
针织工业	内衣（万打）	82.3	4000.55	3029
	裤子（万打）	163		
	毛巾（万打）	42		
	被单（万条）	41		
皮革工业	重革/轻革（千平方米）	560/20	386.19	130
火柴工业	火柴（万件）	20	0.34	350
橡胶工业	胶鞋（万双）	1440	4010	3856

① 中共上海市计划经济委员会：《关于正确处理上海工厂内迁问题的通知》，上海市档案馆馆藏档案，档案号：A80 - 2 - 223。

续表

项目	主要产品	1954 年产量	1954 年产值（万元）	职工人数（人）
热水瓶工业	热水瓶（万打）	23.5	897.2	843
肥皂工业	肥皂（万箱）	27	863.25	852
	香皂（万打）	60		
搪瓷工业	面盆（万打）	16.4	956	610
家用化学	牙膏（万打）	41.66	170	150
其他轻工业			986.79	1161
卷烟工业	卷烟（万箱）	10.8	4345.1	3531
食品工业	罐头（吨）	2400	1100	603
榨油工业	植物油（吨）	21450	258	400
	糖果饼干（吨）	2100	210	332
重工机械			449.48	907

注：一、此计划经国务院三办召集有关省市讨论后确定；二、在全国工业厅局长会议上又作了讨论，除个别省市对个别项目作了修正，其余均按三办确定的项目分别列入各省 1956 年、1957 年内迁计划。

资料来源：《全国工业厅局长会议秘书处关于 1955—1957 年上海市工厂内迁计划》，上海市档案馆馆藏档案，档案号：B163－2－129－1。

表 2－4　　1955—1957 年上海市迁往浙江省工厂项目

项目	主要产品	1954 年产量	1954 年产值（万元）	职工人数（人）	说明
内衣厂	卫生衫、棉毛衫（万打）	4.5	135.9	75	浙江省提出要 9 万打，经初步产销平衡改为 4.5 万打
榨油厂	调拨设备				调水压方车 3 部、圆车 16 部
热水瓶厂	热水瓶（万打）	4	124.8	150	
肥皂厂	肥皂（万箱）	9	250	70	浙江省提出要 20 万—30 万箱经初步产销平衡改为 9 万箱

续表

项目	主要产品	1954 年产量	1954 年产值（万元）	职工人数（人）	说明
打字蜡纸	蜡纸（万盒）	29.8	123.8	83	
蜡纸	蜡纸（万筒）	7.09	29.4	55	
油墨厂	油墨（吨）	120	49.44	50	
纸浆厂	竹浆（吨）	3600	198	120	

资料来源：上海市档案馆馆藏档案：《全国工业厅局长会议秘书处关于 1955—1957 年上海市工厂内迁计划》，档案号：B163－2－129－1。

表 2－5　　1955—1957 年上海市迁往安徽省工厂项目

项目	主要产品	1954 年产量	1954 年产值（万元）	职工人数（人）
针织厂	针织（万打）	20	83	100
印染厂	印染物（万匹）	60	2076	220
榨油厂	植物油（吨）	17550	258	400
皮革厂	轻革（千平方公尺）	20	0.19	30
火柴厂	火柴（千件）	200	0.34	350
冷藏厂	机制冰（吨）	1500	3.3	30
食品厂	糖果饼干（吨）	1100	110	40
油漆厂	调和漆（吨）	600	108	30
文具厂	墨水（千打）	150	18.4	60
电机修配厂			25	50
农药厂	666 粉（吨）	1500	210	100

资料来源：上海市档案馆馆藏档案：《全国工业厅局长会议秘书处关于 1955—1957 年上海市工厂内迁计划》，档案号：B163－2－129－1。

表 2 - 6　　1955—1957 年上海市迁往甘肃省工厂项目

项目	主要产品	1954 年产量	1954 年产值（万元）	职工人数（人）
毛纺厂	长毛绒（万公尺）	10	400	120
橡胶厂	胶鞋（万双）	50	135	100
热水瓶厂	热水瓶（万打）	6	187	200
搪瓷厂	面盆（万打）	2.3	565.8	80
软木加工厂	软木、软木方（吨）	50		20
木器厂	各种木器（万件）	5	25	100
玻璃厂	各种玻璃器具（万件）	380	122	100
文具制造厂	墨水（万打）	0.66	1.84	100
	墨汁（万瓶）	1	0.21	
榨油厂	（油）吨		900	
水泥加工厂				100
汽车修理	汽车（辆）	800	168	500
小五金	五金件（吨）	100	10	15

资料来源：上海市档案馆馆藏档案：《全国工业厅局长会议秘书处关于 1955—1957 年上海市工厂内迁计划》，档案号：B163 - 2 - 129 - 1。

表 2 - 7　　1956—1957 年上海市迁往湖北省工厂项目计划

项目	主要产品	1954 年产量	1954 年产值（万元）	职工人数（人）
印染布厂	印染布（万匹）	150	5057	600
针织厂	内衣（万打）	13	600	520
	袜子（万打）	8		
	被单（万条）	12		
	毛巾（万打）	12		
卷烟厂	卷烟（万箱）	3.8	1527.6	1312
热水瓶厂	铁壳水瓶（万打）	1.5	180	160
	竹壳水瓶（万打）	2.5		
胶鞋厂 600	各种胶鞋（万双）		200	650
栲胶厂 70	栲胶（吨）		450	70

续表

项目	主要产品	1954 年产量	1954 年产值（万元）	职工人数（人）
塑料制品厂	塑料制品（吨）	300	1	42
文具厂	墨水、大头针等（万打）	46	110	120
木材干馏	醋酸（吨）	2		
黄板纸厂	黄板纸（吨）			工程师 1 人、技工 10 人
五金工具厂			30	50

资料来源：上海市档案馆馆藏档案：《全国工业厅局长会议秘书处关于 1955—1957 年上海市工厂内迁计划》，档案号：B163－2－129－1。

表 2－8　　1955—1957 年上海市迁往四川省工厂项目

项目	主要产品	1954 年产量	1954 年产值（万元）	职工人数（人）
针织厂	卫生衫裤（万打）	4	422.8	420
	汗衫背心（万打）	10		
	呢子（万打）	25	103.75	100
	毛巾（万打）	5		
	被单（万条）	5	72.5	72
卷烟厂	卷烟（万箱）	7	2817.5	2219
罐头厂	各种罐头（吨）	2400	1100	603
橡胶厂	胶鞋（万双）	300	810	840
搪瓷厂	面盆（万打）	4.3	105.8	120
肥皂厂	香皂（万打）	30	73.5	600
家用化工厂	牙膏（万打）	16.66	68	100

资料来源：上海市档案馆馆藏档案：《全国工业厅局长会议秘书处关于 1955—1957 年上海市工厂内迁计划》，档案号：B163－2－129－1。

表 2-9　　1955—1957 年上海市迁往陕西省工厂项目

项目	主要产品	1954 年产量	1954 年产值（万元）	职工人数（人）
针织厂	内衣（万打）	8	241.6	266
	呢子（万打）	50	207.5	282
橡胶厂	胶鞋（万双）	150	505	400
榨油厂	油（吨）	3000		

资料来源：上海市档案馆馆藏档案：《全国工业厅局长会议秘书处关于 1955—1957 年上海市工厂内迁计划》，档案号：B163-2-129-1。

表 2-10　　1955—1957 年上海市迁往河南省工厂项目

<table>
<tr><th>项目</th><th>主要产品</th><th>1954 年产量</th><th>1954 年产值（万元）</th><th>职工人数（人）</th></tr>
<tr><td>纺织厂</td><td>印染布（万匹）</td><td>250</td><td>7368</td><td>630</td></tr>
<tr><td rowspan="4">针织厂</td><td>内衣（万打）</td><td>12.8</td><td>343</td><td>444</td></tr>
<tr><td>袜子（万打）</td><td>50</td><td>393</td><td>180</td></tr>
<tr><td>毛巾（万打）</td><td>25</td><td>210</td><td rowspan="2">320</td></tr>
<tr><td>被单（万条）</td><td>24</td><td>240</td></tr>
<tr><td rowspan="2">肥皂厂</td><td>香皂（万打）</td><td>15</td><td rowspan="2">280</td><td rowspan="2">122</td></tr>
<tr><td>肥皂（万箱）</td><td>3</td></tr>
<tr><td>搪瓷厂</td><td>脸盆（万打）</td><td>5</td><td>186</td><td>270</td></tr>
<tr><td>热水瓶厂</td><td>热水瓶（万打）</td><td>5</td><td>268</td><td>256</td></tr>
<tr><td>橡胶厂</td><td>各种胶鞋（万双）</td><td>300</td><td>810</td><td>692</td></tr>
<tr><td>皮革厂</td><td>纱厂用革（平方公尺）</td><td>5000</td><td>48.4</td><td>60</td></tr>
<tr><td>柏油纸厂</td><td>柏油纸（吨）</td><td>600</td><td>48</td><td>100</td></tr>
<tr><td>纸盒加工厂</td><td>硬纸盒（吨）</td><td>600</td><td>30</td><td>20</td></tr>
<tr><td>综合食品厂</td><td>糖果饼干（吨）</td><td>1000</td><td>100</td><td>292</td></tr>
<tr><td>机械厂</td><td></td><td></td><td>6.48</td><td>72</td></tr>
</table>

资料来源：上海市档案馆馆藏档案：《全国工业厅局长会议秘书处关于 1955—1957 年上海市工厂内迁计划》，档案号：B163-2-129-1。

表2－11　　1955—1957年上海市迁往湖南省工厂项目

项目	主要产品	1954年产量	1954年产值（万元）	职工人数（人）
印染厂	印染布（万匹）	150	5190	1100
针织厂	卫生衫（万打）	15	906	250
	棉毛衫（万打）	5		
	汗衫背心（万打）	10		
	袜子（万打）	10	41.5	
橡胶厂	胶鞋（万双）	200	540	600
热水瓶厂	热水瓶（万打）	2	62.4	
家用化学厂	牙膏（万打）	25	102	50
肥皂厂	洗衣皂（万箱）	10	184	50
	香皂（万打）	15	3.75	
纺织工业用品厂	纱管（万只）	100		50
	梭子（万只）	7.2		
	皮带（千平方公尺）	1.2		
油墨厂				
玻璃瓶厂				
建筑材料厂	水泥沟管等			20

资料来源：上海市档案馆馆藏档案：《全国工业厅局长会议秘书处关于1955—1957年上海市工厂内迁计划》，档案号：B163－2－129－1。

表2－12　　1955—1957年上海市工厂内迁江西等四省项目统计

项目	主要产品	1954年产量	1954年产值（万元）	职工人数（人）
江西省合计			2761	1021
	纺织工业			
	印染厂（万匹）	60	1740	220
	热水瓶厂（万打）	2.5	75	77
	制革（吨）	560	386	100
	胶鞋（万双）	240	560	624

续表

项目	主要产品	1954 年产量	1954 年产值（万元）	职工人数（人）
广东省肥皂厂	洗衣皂（万箱）	5	92	10
山东省搪瓷厂	面盆为主（万打）	2.8	57.4	80
福建省搪瓷厂	面盆（万打）	2	41	60

资料来源：上海市档案馆馆藏档案：《全国工业厅局长会议秘书处关于 1955—1957 年上海市工厂内迁计划》，档案号：B163－2－129－1。

1958 年后，受“大跃进”思维影响，中央为了推动各地方工业的迅猛发展，出台了《关于发展地方工业问题的意见》，提出发展中央工业的同时，各地方工业发展也要同时并举。之后各地纷纷加快了地方工业建设的步伐，但大部分地区因为工业基础薄弱，发展地方工业遇到了人财物各方面的困难。为了解决发展困难，各地均通过各种不同途径，希望上海等老工业基地能以“连人带马”整体搬迁的模式，组织一部分工厂内迁，进行整建制的支援。[①] 上海市委高度重视各地的迁厂要求，并从“全国一盘棋的工业发展方针”出发[②]，积极安排工厂内迁。据上海市经济计划委员会 1961 年的统计数字表明，“1958—1960 年间，上海共外迁工厂 261 户”，“迁出的工厂，主要以农副产品等为主要原料、产品直接销售在内地，涉及棉毛纺织、印染、印刷、五金、机械工业、食品加工等行业”，“其中支援去江西、安徽的工厂数最多，同为 46 家，其次是北京、广西、江苏、福建、浙江、云南、甘肃等地，都有 10 家以上”。[③]

---

① 中共上海市委党史研究室编：《上海支援全国》（上卷），上海书店出版社 2011 年版，第 44—45 页。

② 谢忠强：《上海与“全国一盘棋”方针》，《文史月刊》2012 年第 12 期。

③ 中共上海市计划经济委员会：《1958—1960 年与各省市计划外协作情况简明汇总表（1961 年 12 月）》，上海市档案馆馆藏档案，档案号：B29－2－899。

三　内迁特征及历史影响

（一）20 世纪 50 年代上海工厂内迁的历史特征

从经济地理学的角度而言，整个 20 世纪，出于国防的考虑，上海工业资源共经历过三次大规模向内地的跨区域整合。第一次是抗战时期，第二次是本节讨论的 20 世纪 50 年代，第三次是 1964 年至 1982 年的支援三线建设。[①] 与前后两次工厂内迁情形相对照，20 世纪 50 年代上海工厂内迁则体现出了如下几个历史特征。

（1）从工厂搬迁的规划与管理角度而言，20 世纪 50 年代上海工厂内迁经历了一个从相对粗放向严格计划的管理强化过程

如前所述，上海工厂内迁计划是由于解放之初各种因素综合导致出现的困难局面而催生的。为了克服困难局面，确保新生人民政权得以在城市工作中立稳脚，上海市在组织工厂内迁之初，主要是政府号召、动员，由各工厂与邀请内迁的内地城市之间进行联系和操作，故而从管理角度而言，政府对于搬迁工厂具体操作的指令干预并不明显。而后面随着上海困难局面的逐步扭转，上海工厂内迁主要是由国家调整工业布局的整体规划而主导，加之对于前面工厂内迁经验教训的总结，从 1951 年开始上海市政府加强了对于工厂内迁的管理和干预。尤其是一五计划开始之后，上海市工厂内迁工作更是被纳入了严格的规划当中。

（2）从工厂搬迁主体而言，20 世纪 50 年代上海工厂内迁以中小困难企业和私营企业为主。

工厂搬迁往往涉及诸多现实的问题，诸如资金、运输、劳资关系、原料供应、销售市场等，除非遇到经营困难，工厂主一般不会

---

① 谢忠强：《20 世纪六七十年代上海市支援国防建设述略——以三线建设为例》，《西北工业大学学报》（社会科学版）2012 年第 4 期。

盲目浪费资金和精力进行搬迁。从解放初期上海工厂响应政府内迁的动机考察，除却大封锁、大轰炸造成的经营困难外，新生人民政权在扶持私营工商业进行发展的同时，还加大了对于私营资本投资行为的约束，导致诸多靠投机立身的中小资本家遇到了较大的经营困局。所以，许多私营工厂出于原料紧缺、资金不足、劳资纠纷、停产歇业等现象，积极响应参加内迁。以 1950 年内迁河南的几家上海企业为例，它们大多在内迁前就面临着多种经营危机，如“机器旧、负债多、工资极不合理、生产销路陷入断绝，即将倒闭”等①。而从新中国成立之初的“国家金融政策看，沿海经营工厂在获得贷款方面存在困难，而内地有包括提供贷款在内的优惠招商引资措施”，“因此，以私营企业为主是新中国成立初期工厂内迁的主要特点之一”。②

（3）从行业门类分析，20 世纪 50 年代上海工厂内迁以轻工业为主。

新中国成立初期，上海的工业体系中，轻工业占了很大比重。而上海轻工业是在半殖民地半封建基础上畸形发展起来的，与社会主义的计划经济有些不相适应。如搪瓷、热水瓶、铝器、制笔、卷烟、肥皂、牙膏、火柴等很多行业绝大部分集中于上海，原料供应，除少数品种外，大部分仰赖于内地供给；而产品的销售，则遍及全国各地。因而，为了节约成本，靠近市场和原料产地的原则，上海轻工业与重工业相比较，更具搬迁的可能性和必要性。而且，就具体搬迁运输而言，轻工业设备运输、安装也远较重工业容易得多。所以，整个 20 世纪 50 年代上海内迁工厂多为轻工制造业。据统计，仅 20 世纪 50 年代下半期的几年时间，上海轻工业就“向江

① 开封市工业局：《关于本市四家内迁工厂情况与处理意见报告》，河南省开封市档案馆馆藏档案，档案号：23－4－87。

② 孙建国：《论新中国成立初期内迁工厂特点及对河南经济的影响》，《中共党史研究》2009 年第 12 期。

苏、浙江、安徽、云南、吉林、甘肃等20个省（区）迁移了145个工厂”①。

（二）20世纪50年代上海工厂内迁的历史影响

20世纪50年代上海工厂的内迁，无论是对内迁企业本身，还是对整个上海经济发展，乃至全国工业布局调整而言，都产生了较为积极的历史影响，在一定程度上促进了我国工业整体发展过程中区际利益的协调。

首先，就内迁的诸多工厂而言，工厂内迁之后均不同程度地克服了经营困难，扭亏为盈的同时也为整个国家的经济发展积累了财富。据1950年《文汇报》撰文分析，“上海工厂的内迁，除了目前的反轰炸的疏散原因以外，最主要的是要就市场、就原料，来调整上海工业太集中的不合理现象，而各厂能够有远见，而英明地决定内迁，克服了内迁技术上的困难以后，就打定了基础。所以在去年已迁的各厂，如迁到内地的中国标准铅笔厂、长城铅笔厂，龙华、民众、康乐、华鼎、华菲等烟厂，正明、新新、宏记、福昌等火柴厂，纺织方面的国信纱厂、新毅纱厂、寰球内衣织造厂，制药业的生化、信谊、天丰的内地联合设厂，都已开工生产，而且多能盈余，劳资相处更好”②。

其次，就上海工厂内迁的效果而言，上海工厂内迁，在支援其他省市经济发展的同时还逐步实现了自身产业的优化，实现了内地和上海双赢的社会效益。整个20世纪50年代的十年间，上海“通过迁厂、支援技术力量、代训技工、调整设备等办法，帮助了全国各地轻工业的迅速发展。仅搪瓷、热水器、卷烟、火柴、日用化学等五个行业中较大的厂就迁出了三十四户，分布到江苏、安徽、浙

① 上海市经济委员会编：《上海工业40年（1949—1989）》，生活·读书·新知三联书店1990年版，第136页。

② 佚名：《郑州开封等地电力充沛，欢迎本市工厂内迁开工，最近筹议内迁工厂达廿余家，一部分正在拆卸和装运机器》，《文汇报》1950年2月27日。

江、福建、江西、湖南、湖北、河南、河北、云南、吉林、甘肃等十二个省区。总计历年来支援各地的机器设备有六千多台，调出的工人有一万余名，代训技工有七千余名，遍及全国各个省市。同时在生产安排中，有计划地调整了一般产品，以配合兄弟地区轻工业的发展。因此，十年来，上海轻工业在全国占的比重，已起了相应的变化。以搪瓷与热水瓶行业为例，上海的生产虽然仍不断增长，但由于工厂外迁及生产安排上的控制，在全国占的比重已由百分之九十五下降为百分之三十，逐步趋于合理。这样也就便于上海轻工业产品逐步向高端的、精密的方向发展，从根本上改变历史上遗留下来的供产销的不合理状态”。①

再次，上海工厂内迁不但极大地支援了各地经济建设发展，还在很大程度上推动了全国工业布局的调整和优化。旧工业布局的形成是各种经济因素长时间自我聚合的结果，如果没有统一的规划和调整，它很难在短时期内出现较大变化。中华人民共和国成立之后，内地与沿海工业的悬殊引起了新政府最高决策层的注意，其中有一个军事战略方面的因素促使中共中央领导人要用政权的力量去扭转这种状况——沿海几个大城市与国民党踞守的台湾一水相望，长江以南的沿海工业城市都在台湾飞机直接骚扰的范围之内。一旦交战，这些地区的工厂将首先受到打击。从加大战略防御纵深考虑，必须发展内地工业，这样既可防止受到台湾方面的直接打击，又可作为交战时的后方工业基地。然而，现实情况却是新中国成立初期我国内地工业生产落后，与工业建设相配套的基础建设更为匮乏②，要想单纯依靠内地的自我发展，很难在短期内实现工业布局的调整。而 20 世纪 50 年代以上海市为代表的沿海各城市所属工厂

---

① 上海人民出版社：《伟大的十年》，上海人民出版社 1960 年版，第 169—170 页。

② 刘国良编著：《中国工业史》（现代卷），江苏科学技术出版社 2003 年版，第 155 页。

在“贯彻按经济区划合理布局的原则”的指导下纷纷内迁①，就在相对较短的时间内，极大地促进了内地工业经济的发展，同时也很好地改善了全国的工业布局。

第三节 第一个五年计划时期上海支援国家重点工程建设

第一个五年计划期间，为了提高全国的工业化建设水平，我国在苏联及东欧等社会主义国家的援助下，启动了以“156项”工程项目为主的重点建设工程。② 然而，由于建设国家重点工程项目需要大量包括人员和设备在内的技术支持，国家向工业基础在全国范围相对较为雄厚的上海市提出了支援国家重点工程建设的相关要求。上海方面在市委的统一领导和动员下，最终在人员和设备等方面均为国家重点工程建设进行了大力的支援。

一 上海市在人员方面对国家重点工程建设的支援

国家建设需要大量的技术工人，尤其是“一五”时期很多规模巨大的新建和扩建项目要陆续施工和投入生产，对技术力量支持的需求力度与日俱增。“而上海作为中国原有的工业基地，它拥有数量较多、技术水平较高的技术力量”，但上海却不是“一五”时期国家投资建设的重点地区，所以“如何积极培养技术工人，大力支援国

① 上海市工业局：《上海工业改造与迁厂的初步方案》，上海市档案馆馆藏档案，档案号：A38－2－260。

② 刘国良编著：《中国工业史》（现代卷），江苏科学技术出版社2003年版，第217页。

家建设事业，就成为上海工人阶级的一项义不容辞的光荣任务”。[①]

以“156 项”工程为核心的国家工程建设大多属于重工业建设项目，因此工程施工过程中首先需要大批量的技术工人。进入 1954 年，“随着国家大规模经济建设的开展，中央重工业部，中央第二机械工业部为了解决重点建设工程中所急需的技工，经中央劳动部介绍来沪招聘，共需 3000 人”，而“为了社会主义工业化，上海地区在国家建设时期负有从人力上支援国家建设的光荣任务。为此，根据国家建设的需要，在不影响本市生产任务的原则下，须从本市各企业中动员一批五金技术工人支援外地重点建设”[②]。

为鼓舞上海市广大技术工人积极报名参加国家重点工程建设，上海市人民政府和上海市总工会于 1954 年 6 月 30 日举行上海市技术工人参加国家重点建设动员大会。会上，时任中共上海市委常委、上海市人民政府副市长的许建国代表中国共产党上海市委员会和上海市人民政府向光荣参加国家重点建设的工人们讲话。他指出，“以技术人才支援国家社会主义工业化的建设，是全上海人民、首先是工人群众带有长期性的光荣任务，因此，国营、地方国营、公私合营和私营企业及各级工会组织，都应重视和支持这项工作，把大批优秀的技术工人动员到国家建设最需要的地方去”，进而向全市工人发出动员：“凡是合乎这次动员条件的技术工人应踊跃报名，工会干部、劳动模范、先进工作者们应积极带头，目前技术条件尚不合要求的工人，要努力提高技术、创造条件，时刻准备响应祖国的号召。”[③]

经过前后数次动员之后，上海工人纷纷积极报名参加国家重点

---

① 佚名：《积极培养技术工人大力支援国家建设》，《解放日报》1955 年 5 月 3 日。

② 中共上海市委：《中共上海市委关于动员本市五金技术工人支援外地重点建设的工作方案》，上海市档案馆馆藏档案，档案号：C－1－2－1315－1。

③ 佚名：《上海市人民政府和上海总工会召开大会动员技术工人参加国家重点建设》，《解放日报》1954 年 7 月 2 日。

建设工程。据不完全统计显示，仅1954年7月到1955年4月9个月的时间里面，上海市“总计先后报名要求参加的共达2万人，根据计划批准了5559名”，而且这些技术工人，无论在技术上、政治上都是比较优秀的，“其中50%是四级技术工人，50%是五级到八级工人”，“共产党员和共青团员占35%以上，有很多还是劳动模范、工会干部和车间主任等生产上的骨干和积极分子”。①

除了大批的技术工人外，上海市还为国家重点工程建设项目提供了大量干部。据1954年《解放日报》报道，“按照国家的第一个五年建设计划的要求，要集中主要力量发展重工业，要兴建许多现代化的新企业，扩建和改建许多原有的企业，其中特别是141项的建设，更是国家建设的重点。但是这些企业的建设，都需要配备大量的干部，仅苏联帮助我国新建、扩建和改建的141项工程，就需要配备数以万计的县级以上干部。而且这些工程的建设，都是严格按照国家的计划进行的，任何一项重要工程的延误，都会影响到整个国家建设计划的实现。因此及时地把大批优秀干部抽调到这些有决定意义的战线上去，就成为当前全党的重要任务”②。为了不断输送干部以支援国家重点建设，上海党组织切实按照中央规定的条件慎重地进行挑选和审查，整个第一个五年计划时期，据统计“上海向全国各地输送了1.37万名干部支援国家重点工程建设”③。

在抽调技术工人和管理干部支援国家重点工程建设的同时，上海市还为各工程项目培训了大量的技术人才。据统计，整个第一个五年计划时期，上海方面就利用自身管理先进、技术实力雄厚的工

---

① 佚名：《输送了5000多名五金技工参加重点建设》，《解放日报》1955年5月3日。

② 佚名：《继续抽调优秀干部积极支援国家工业建设》，《解放日报》1954年8月4日。

③ 《中共上海党志》编纂委员会编：《中共上海党志》，上海社会科学院出版社2001年版，第337页。

业条件，为国家重点工程建设厂矿、企业“培训技术人员，总数达3.6 万人”。[①] 如上海市为了支援洛阳第一拖拉机厂的建设项目，不仅抽调大量五金技术工人直接参加相关建设施工，还专门动员、组织了国营上海自行车厂、上海新中动力机厂、中国纺织机械厂以及上海锅炉厂等共 21 个国营、公私合营工厂为洛阳第一拖拉机厂培训大批技术工人，最终为洛阳第一拖拉机厂的建设提供了大力的支援。[②] 再如，以重工业技术力量见长的上海机床厂仅 1955 年一年当中就先后给长春第一汽车制造厂、洛阳滚珠轴承厂、东北三厂、西北第一机器厂、湖南机器厂、中央重工业部重型机器厂等 10 多家工厂培训学徒、技术人员以及管理人才达 110 名之多。[③]

表 2－13　　1953—1957 年间上海市输送外地人力情况统计

（单位：人）

年份	输送技术人员	输送技术工人	内部抽调	社会劳动输送
1953	4103	13329	14844	4779
1954	4987	17885	20779	3430
1955	7177	27359	39248	319945
1956	7485	24211	40240	58237
1957	6038	3259	9177	11410

资料来源：《关于劳动力输送外地的材料》，上海市档案馆馆藏档案，档案号：B127－2－364－1。

注：表格系根据文件中数字统计编制而成。

由表 2－13 可见，在整个第一个五年计划过程中，上海市在人力资源方面对全国的相关建设项目给予了大力的支援。五年间，除

① 《中共上海党志》编纂委员会编：《中共上海党志》，上海社会科学院出版社 2001 年版，第 252 页。

② 佚名：《本市 21 个国营和私营工厂正加快速度为第一拖拉机厂培养技工》，《解放日报》1956 年 3 月 10 日。

③ 佚名：《为其他工厂培养技术人才》，《解放日报》1955 年 2 月 10 日。

了输送技术人员外，还输送技术工人、内部抽调人员及社会劳动输送，可谓是种类丰富、数量庞大。当然，从其各类别年度输出人数分布看，以1955年和1956年最多，究其原因是为了在1956年提前完成第一个五年计划的建设任务及目标，而在建设进展的关键年份，上海市也加大了相关人力输出。当然，这也是确保“一五”计划提前完成的必要条件。

二　上海市在机器设备方面对国家重点工程建设的支援

上海作为我国的老工业基地之一，不仅在轻工业方面在全国占有优势地位，而且在重工业方面也具备较强的技术能力。在第一个五年计划期间，上海的工厂企业纷纷在进行生产改革和改善生产设备的基础上，为国家重点工程项目的建设提供了大量的器材和设备方面的支援。

仅在“一五”计划的第一年里，“上海供给各地的机器至少可以装备30个每年可以生产四五百部车床的机床制造工厂”①。另外，上海还为国家重点工程建设项目支援了大量的机器和器材。“从各种钢材、动力机、金属切削机、建主机直到各种仪器和电力控制器等等。其数量要以万吨或万件计。还有可绕地球两周的电线电缆。所有这些器材的产量都比上年有很大增长。据国营、地方国营与公私合营工厂的统计，今年1月至7月与去年同期相比，钢材增加105.97%，发电机增加138.51%，裸铜线为去年的221.39%。国营上海电机厂的生产比解放前增长47倍，而今年1月至8月则又比去年同期增长了136.8%。私营厂也有很大的增长，去年国家加工订货的工具机1300台，今年则增加将近两倍，土木建筑机械的生产则将达去年的5倍。许多去年生产纺织机器的工厂，今年开始

① 佚名：《上海重工业产品支援全国经济建设的简况》，《解放日报》1955年2月8日。

制造工作母机，700 多家的电机电器厂，即有 101 家是今年新增的。”① 许多工厂不仅完成或超过了质量指标，尤其重要的是出产了许多新的产品，其中有供应基本建设用的砂石运输机，相当于一座较大的搅拌工厂，可以使预制混凝土的全部工程机械化；有供应矿山、森林、建筑工地用的轻便道轨；有供冶炼用的 14 吨重真空过滤机、巨大的煤气发生炉、真空泵和每小时破矿 50 吨的碎石机等；有正在试制中的可以供 3 个 5 万纱锭、1000 台布机的工厂的动力或供 30 万人口的城市的照明用电的巨大动力设备——6000 千瓦蒸汽透明发电机；有 18 尺车床、液压磨床、立式和平面冲剪机等制造机器的新机器；有吊重 100 吨的大行车；有供水利建设用的启闭机和巨大的闸门。此外，还有数十种苏式电缆，大型的油断路器和供自动化机械上装的控制开关等。在轻工业方面，也有不少新的产品，200 种的 X 光机、测深仪等都是我国医疗和航行中的重要机械和仪器。

上海方面提供的器材有力地支援了国家重点工程相关项目的建设进展。以支援鞍钢等重点工程里面的钢铁工业建设为例，1953 年“上海市 100 多家公私营工厂承制了鞍山钢铁公司 1000 多吨机械、电气设备和材料，其中除少数重型的矿山机械外，大部分是精巧细致的电气控制设备、自动记录仪器、管道闸门、信号以及各种规范的电线、电缆。另有一部分是工作母机、动力机、电动机和水泵。此外，大型轧钢厂、无缝钢管厂、薄板厂等新建厂房的苏联式自动开闭的天窗，也全部由上海的钢窗工厂供应。这些订货大部分必须按照苏联的设计规范或实物制造，安装在苏联装备的自动化机械化机器上使用，技术要求很高”②。1954 年上海市“100 多家国营、公私合营和私营重工业工厂”又“制造了 1170 多项产品支援鞍钢

---

① 艾长青：《上海在国家五年计划的第一年》，《解放日报》1953 年 11 月 5 日。

② 佚名：《上海市 100 多家工厂完成今年支援鞍钢的生产任务》，《解放日报》1953 年 12 月 30 日。

建设”，其中“大部分是我国第一次按照苏联规格试制的新产品，有各种成套的电气设备、高压电缆、电动机、电动葫芦和各种精密的仪表和机器等”。[①] 1955 年第一季度，上海市“50 多家重工业工厂为鞍山钢铁公司赶制的 3200 多件器械、电器设备和 36000 多米的各种电缆先后运往鞍钢”，其中“公私合营上海华通开关厂在第一季度中，为鞍钢制造了 680 多件各种电气设备”，上钢三厂“也提前 20 天完成了供给鞍钢选矿厂使用的一批台车订货任务”，“新安电机厂、新城电器厂和综合仪器厂等单位”，“也都为鞍钢制造了苏联规格的各种流量计、自动电器开关和高炉上使用的热工仪表等新产品”。[②] 1957 年，鞍山钢铁公司、武汉钢铁公司、本溪钢铁公司以及有色金属的建设单位，在上海定制了大批机械配件、电气设备、仪表、橡胶制品。上海电缆厂在上半年供应给冶金工业部的电缆就有“260 多千米长”[③]。测定高炉和炼钢炉温度的热电偶，除了一部分进口外，全部靠上海供应。很多在其他地区不能解决的配件，也都由上海来帮助解决。如鞍山钢铁公司大型轧钢厂和无缝钢管厂轧钢机上用的耐热、耐油的塑胶垫圈，由上海试制；一种在有色金属制造方面不可缺少的衬在钢管里面的耐酸橡胶板，也由上海化工厂、大成橡胶厂试制成功，生产供应。

此外，上海市还为国家重点工程中的燃料工业提供了“相应的器材支援”[④]。在 1953 年，上海的电器制造厂平均每天有 330 多米的电缆和将近一台电动机或变压器是为煤矿生产的。1954 年上半

---

① 佚名：《100 多家重工业工厂在去年一年中制造了多项产品支援鞍钢》，《解放日报》1955 年 1 月 10 日。

② 佚名：《大批机械、电气设备和电缆运往鞍钢》，《解放日报》1955 年 4 月 13 日。

③ 佚名：《上海工人生产大量工业品支援全国重点建设》，《解放日报》1957 年 7 月 2 日。

④ 佚名：《上海重工业产品支援全国经济建设的简况》，《解放日报》1955 年 2 月 8 日。

年，上海工业生产部门平均每月都要为支援全国煤矿建设生产 700 吨到 1000 吨的设备和器材。为保证煤矿生产安全，国营上海电机厂把试制成功的防爆式电动机供应给各煤矿。上海的机械、电气工厂，还以大批石油工业需要的机械器材支援石油工业。在 1954 年，上海的机械、电气工厂，从燃料工业部接受钻探油井器材的订货有 2000 多种。1954 年上半年上海每月平均有 1000 多吨石油工业所需用的器材运往东北和西北。

总之，整个“一五”计划时期，上海市“为鞍钢协作生产 78 种装备；为长春第一汽车制造厂生产 43 种装备；为玉门油田生产 400 多种机械配件；为佛子岭、梅山、官厅水库等 10 余处水利工程，提供 40 套闸门和 100 多台启闭机等。还为外地发展纺织工业制造 156 万枚纱锭的细纱机和 5.9 万多台自动织布机，以及造纸、印刷、橡胶、制药、肥皂、牙膏等生产设备共 1000 多种。上海工业为全国提供的机械配套设备有：电站用汽轮发电机 56 台、26.48 万千瓦，交流发电机 124.06 万千瓦，矿山设备 1.1 万吨，机床 1.89 万台，汽车外胎 49.9 万套”①。

三　上海市对国家重点工程配套建设的支援

“一五”期间国家重点工程建设的逐渐开展，相应推动了一批诸如兰州、包头、西安、洛阳、鞍山等新兴城市的崛起。而鉴于大量建设人员及其家属的迁入，这些城市人口总量迅速增大，为配套支援这些新兴城市的服务设施，1954 年中央提出要“配套国家重点工程建设而支援相关城市配套服务、市政工程及文体卫生等方面

---

①　上海市地方志办公室：《上海计划志》“第一个五年计划执行结果”部分，见上海市地方志办公室网站资料（http://www.shtong.gov.cn/node2/node2245/node73963/node73968/node73980/node74006/userobject1ai88797.html）。

的发展”①。上海市根据国家统一计划要求，立足自身优势和新兴城市发展的具体需要，从服务性行业、市政建设到文化教育等方面，对“洛阳、西安、兰州等新兴城市给予了配套建设的大力支援”②。

随着国家重点工程建设的全面进行，重点城市迅速扩容，这就对城市服务型行业的网点数目和服务水平都提出了较高的要求，尤其是运输、商业、饮食、旅馆、服装、照相等部门都存在较大的发展空间。而上海市在自身城市功能定位逐渐从消费型城市朝生产型城市转变的过程中，有些服务业因过剩而需调整，故而，将部分服务性人员及商店外迁就成为上海支援重点城市建设的内容之一。

上海市服务行业中较早进行支援重点城市建设的行业便是金融业。早在 1952 年，上海方面就根据中央财经委员会及中国人民银行总行的指示，动员 2000 多金融业职工支援西北地区了。一五计划开始之后，为配套支援重点城市服务行业建设，上海市又不断抽调金融部门的员工支援建设。

从 1955 年开始，上海方面又逐渐加大了对重点城市在零售、饮食等服务性行业的支援力度。如 1955 年 2 月，上海市第二商业局会同市劳动局、店员工会组织东北、西北两个访问小组，先后到哈尔滨、兰州等 12 个城市了解服务业需求状况，并提出“适当配备成套的服务人员”以支援相关城市建设的建议。③ 1955 年 7 月，上海方面又与洛阳、西安、兰州等城市的代表团签订了初步协议，计划输送相应服务行业以配套当地的重点建设项目。④ 1955 年底，

① 佚名：《贯彻重点建设城市的方针》（1954 年 8 月 11 日《人民日报》社论），载《建国以来重要文件选编》（第五册），中央文献出版社 1993 年版，第 411 页。

② 董志凯、吴江：《新中国工业建设的奠基石——156 项建设研究》，广东经济出版社 2004 年版，第 242 页。

③ 上海市第二商业局：《上海市第二商业局关于各地服务业访问情况的报告》，上海市档案馆馆藏档案，档案号：B5 -2 -20。

④ 上海市第二商业局：《上海市第二商业局关于西北重点城市饮食服务以及文化事业访问情况的报告》，上海市档案馆馆藏档案，档案号：B4 -2 -8。

为“支援新兴工矿城市的建设”[①]，上海市又向洛阳搬迁了18家服装、照相、洗染、理发行业的商店。进入1956年之后，上海市开始成批地动员服务性商店及人员迁往洛阳、兰州、沈阳、鞍山、玉门、乌鲁木齐等新兴城市。据不完全统计，仅在当年头8个月时间里面，上海全市商业系统共迁出饮食、服务类商店73户、从业人员960人，另有3484人以个别劳动力的形式输送到其他城市。而为了切实支援重点城市的服务业建设，上海市还特意选择了一批经营有特色、影响较大、知名度较高、服务质量优异的老字号商店整体搬迁，如老介绍面点部、万国药房迁到洛阳[②]，国华照相馆、大光明洗染店、老正兴菜馆迁到鞍山，信大祥绸布店、泰昌百货公司、王荣康西服店、培琪西服店、美高皮鞋店、国联照相馆等迁到兰州。[③]

在不断支援重点城市服务业建设的同时，上海还利用自身在社会建设方面发展较早、底蕴雄厚的特点，支援重点城市的市政建设。市政基础设施建设是新兴城市发展所必需的配套基础，也恰是许多新兴城市的薄弱之处。1954年9月，中央要求上海对重点城市的市政建设进行支援。根据中央要求，上海方面抽调技术人员对洛阳、西安、兰州等重点城市的市政建设进行了积极的支援。仅根据1955年7月份上海市与重点城市服务行业输送协议，就由上海市“输送人员共1847人（饮食、服务业1592人，文化事业206人，其他49人），其中洛阳输送353人，西安输送248人，宝鸡输送185人，兰州输送1061人”，另外由上海市“动员私营商业转移资金270万元（服务业方面226万元，文化事业方面44万元），其中在洛阳新建旅馆一所，浴室二座，电影院一个，投资45万元；在西安新建服务企业公司一所，投资14万元；在宝鸡新建旅馆一所，

① 佚名：《一批服务性商店昨天迁往洛阳》，《解放日报》1955年12月1日。

② 佚名：《本市一批商店即将北迁首都西移洛阳》，《解放日报》1956年5月29日。

③ 佚名：《本市一批名店即将前往兰州》，《解放日报》1956年6月20日。

电影院一个，投资21万元；在兰州新建仓库一个，旅馆二所，浴室三座，电影院三个，投资190万元”；“除了仓库和电影院外，其他投资企业内均附设理发、洗染、饮食、服装、照相等服务部门，企业人员根据经济核算的原则，除经理外，全部由上海配备”。[①]另据上海市市政工程局党组汇总统计，“1954年以前陆续支援沈阳、长春、哈尔滨及西南西北等各地人数约300人，其中一般都是四级以上五金机械技工；1955年上半年本局机械厂全厂迁往洛阳计职工245名；1955年7月支援太原市政建设局土建工人28名；1955年12月支援淮南矿务局培养采掘工人117名；1956年2月为洛阳市政工程之需要，输送了柏油工和埋管工58名；1956年2月又支援甘肃省城市建设局制管工和土建工人468名”[②]。

除了城市管理及服务业人员外，上海还向内地城市配套支援了相当的医疗人员。据统计，“上海市的医务人员自1949年5月至1956年5月底止，已有4172人陆续抽调及输送中央各省市和部队，其中医师1029人，中医师70人，中初级技术人员3073人”[③]。而“自1949年5月份先后支援外地的医疗教学机构有：同济医学院（迁武汉），东南医学院、一个助产学校（迁安徽）和八个医院（至武汉、安徽和部队），输送各地的医务人员（包括中央卫生部抽调和输送各省市的各类医务人员）至1955年底止，总计输送医师927人，中级技术人员2825人，共计3752人。1956年1至5月份已输送中央卫生部、河北、江西、东北、甘肃、青海、安徽等地和部队的西医师108人、中医师64人，中级技术人员248人，共

① 上海市第二商业局：《上海市第二商业局关于西北重点城市饮食服务以及文化事业访问情况的报告》，上海市档案馆馆藏档案，档案号：B4－2－8－178。

② 上海市市政工程局：《上海市市政工程局党组关于市政工程局历次外调工人工作检查报告》，上海市档案馆馆藏档案，档案号：B257－1－161－16。

③ 中共上海市卫生局党组：《中共上海市卫生局党组关于上海卫生人员支援各地建设的情况及今后意见的报告》，上海市档案馆馆藏档案，档案号：B3－2－88－44。

计 420 人。其中包括建筑工程局医院迁至兰州”①。1956 年 12 月 14 日《文汇报》报道，上海又有“22 名开业医务人员日内将去西北支援新兴城市的建设工作。上海卫生工作者协会昨晚举行茶话会欢送。这次去西北的开业医务人员有医师、护士和牙科技工。69 岁的著名牙医师司徒博也结束了开业 32 年的诊所，准备带着家眷和诊所的全部人员去甘肃省参加牙病防治工作。连这次在内，上海开业医务人员今年去青海、新疆、甘肃等地支援建设的已有 334 人”②。

综上所述，在“一五”计划实施期间，上海市不但按照国家要求对重点工程项目建设提供了人员和器材、设备方面的大力支援，而且还为相关重点城市的发展提供了诸如服务行业、市政工程建设、文教卫生等方面的配套支援，从而全方位地推动了整个“一五”时期国家工业化的历史进程。

第四节 20 世纪 50 年代后半期上海文化艺术资源内迁 ——以戏剧界支援全国为例

20 世纪 50 年代后半期上海戏剧界支援全国是共和国文艺发展史上的大事件。加强相关研究，不仅有利于加深我们对于当时社会变迁的全面认识，亦可帮助我们更好地理解各地不同艺术形式的融合过程。有鉴于此，本节主要依据档案及报刊等零星资料的相互印证，专就 20 世纪 50 年代后半期上海戏剧界支援全国的相关情况进行大致的梳理和研究。

① 中共上海市卫生局党组：《中共上海市卫生局党组关于上海卫生人员支援各地建设的情况及今后意见的报告》，上海市档案馆馆藏档案，档案号：B3－2－88－44。

② 佚名：《300 多名开业医务人员从上海到边疆支援建设》，《文汇报》1956 年 12 月 14 日。

一　第一个五年计划后期配套支援重点工程建设

在第一个五年计划时期，上海充分发挥自身的人才和技术优势支援国家重点工程建设。而随着上海方面的人员迁到新城市以后，也相应产生了对于特定文化生活的需求。另外加上上海市文化资源在全国的优势地位，很多外地城市也纷纷希望可以借用上海文化资源的输出，进一步提升当地人民精神生活的品质。

为了配套支援国家重点工程建设，上海市文化局在1955年11月26日就曾专门向上海市委提交“11月26日（55）沪文陈密字第七四〇号”的请示报告，“动员本市新新越剧团去西安落户”，1955年12月12日上海市委回函批复，“经核同意，惟应加强该剧团人员的思想教育，并做好业务整顿工作，在干部与剧目方面予以必要的调整与准备，以便到达西安后能够独立演出”①。1956年1月5日，新新越剧团从上海搬到西安。上海新新越剧团在当时的上海文艺界产生了巨大的示范作用，同时也在上海全市范围内产生了积极的社会效应。《解放日报》专门发文，对新新越剧团的西迁予以了充分地肯定，其报道指出：“新新越剧团这次在党和人民政府的协助下搬往西安，对于满足西安地区工人们的文化要求，贯彻文艺为工农兵服务的方向，是有着重大的意义的。”②

新新越剧团迁往西安，为档案及报纸资料中所见“最早的上海市支援外地的剧团”③。而在其搬迁经验积累的基础上，上海市文化局于1956年4月初“与江、浙两省文化局举行联席会议，初步

① 上海市文化局：《上海市人民委员会关于同意动员新新越剧团去西安落户的批复》，上海市档案馆馆藏档案，档案号：B172－1－207－6。

② 佚名：《欢送新新越剧团搬往西安》，《解放日报》1956年1月5日。

③ 上海市文化局：《上海市文化局关于动员上海剧团支援外地的工作计划》，上海市档案馆馆藏档案，档案号：B172－1－207－39。

达成协议，另有兰州、洛阳、长沙、安徽、沈阳等地要求上海支援部分剧团”，其中“江苏省要求锡剧 3 个，淮剧 5 个，扬剧 3 个，沪剧 5 个，京剧 1 个，杂技 1 个；浙江省要求越剧 10 个，甬剧 7 个；其他城市如沈阳要求越剧 1 个，长沙要求越剧 1 个，洛阳要求越剧 1 个，安徽要求越剧 1 个，兰州要求越剧 1 个”。[①] 到 1956 年 4 月份上海市文化局制定了一系列支援外地剧团的计划。具体支援外地剧团实施计划情况可详见表 2－14。

表 2－14　1956 年 4 月上海市文化局关于剧团支援外地情况的计划分类说明

剧种	支援情况	整体考虑或理由
越剧	支援浙江的为天鹅、荣艺、光海、朝民、更胜、艺风、少少、合力、文艺、合群等 10 家。支援给沈阳的为合兴，兰州的为飞鸣，安徽的为华艺，洛阳的为光艺，长沙的为出新等 5 个团。	（一）支援浙江的 10 个剧团中，一类（较好的、接近大型的）1 个、二类 1 个、三类（中型）3 个、四类（中次型）4 个、五类（稍差）1 个。这些剧团到浙江后稍为加强后可分为两队演出，既可到大城市演出，又可适合到小城市巡回。如天鹅、朝民等。其中如荣艺过去曾在杭州演出，很受欢迎。据浙江文化局伍岳同志说，荣艺在浙江可算二流。小剧团如艺风、少少、文艺等，既能在中等城市演出，又可到农村演唱。这类剧团到浙江后加以整顿可以提高一步。而在上海演出营业不好，也要求到外地去演。（二）上述剧团很多在杭州、浙江各地演出过，观众较欢迎这类剧团。（三）给浙江的 10 个团高低搭配均匀，但一般都可在浙江立足。浙江是越剧的发源地，我们支援的剧团应对外地负责。在考虑支援时还要考虑到整体观念，甬剧团 7 个全部划归浙江。（四）到沈阳、兰州等地去的剧团，至少是在中型以上，同时还考虑到剧团的政治情况，因为这些城市都是工业基地，并且也结合到剧团本身的要求。

① 上海市文化局：《上海市机械局、市文化局等关于迁移工厂、输送剧团支援外地建设的意见和情况报告》，上海市档案馆馆藏档案，档案号：A11－2－18。

续表

剧种	支援情况	整体考虑或理由
沪剧、甬剧、锡剧	现在上海演出的7个甬剧团，3个锡剧团，全部去浙江、江苏落户。今后江、浙两省可派甬、锡剧团来上海巡回演出。	（一）中型剧团：群艺——该团自人民游乐场接管后，就直接在政府领导下，群众政治觉悟有了一定的提高，内部组织制度也较健全，该团批准国营后，已自下而上的主动提出希望文化局把他们分配到国家更需要的地方去。并已打报告到局，人员情况包袱不大。醒艺——该团长期在外地流动演出，接近三流演员的有3人，适宜于在中小城市及农村演出。新力——内部组织比较健全，青年人多，要求进步的热情很高，动员起来有利条件多，同时团内很多成员夫妇同在剧团工作，家庭牵累少。（二）小型剧团：新生——该团批准国营后要求进步，各方面都在逐步改进，常在外地流动演出，演出水平比民办公助剧团好，比群艺稍差。黄埔——为民办公助剧团中较好的一个，最近该团在武进县演出，当地希望该团留下，该团也愿意留在当地。
淮剧	初步决定精诚、春光、日升、同盛、兄弟、合兴等六个团。	上述六团人员较少，最多62人，最少41人。由于人员少，便于流动演出，开支较少，最高的剧团每天保本开支100元，最低的每天保本开支59元。如按保饭算账，最大的团为31元，最小的为23元，在乡镇或城市均可维持生活。这些剧团小节目较多，不需要布置就可演出，所以便于在农村土台及庙会演出，但也拥有较大的演出剧目。全年演出情况或好或坏，因此，经济上掌握较稳，大部分人员愿意回乡演出。
扬剧	初步决定艺宣、协助、努力三个团。	甲：人员较少，便于流动演出，在小城市和农村演出较适当。乙：物资较少，可以做到轻车简从，利于流动演出。丙：绝大多数成员都是农民出身，仍然保持着刻苦耐劳的生活作风。丁：开支较小，最高开支账约在八九十元，最低开支约20元。戊：部分人员早已表示愿回苏北演出。己：目前收入情况忽高忽低，如动员到外埠演出，条件有利。

续表

剧种	支援情况	整体考虑或理由
京剧	决定群联剧团支援外地。	（一）该团为中型剧团，离开游乐场后没有较固定的演出场子，在本市大剧场演出力量不够，较小剧场又不够开支。（二）该团在中型剧团中的开支是较低的，本来每月开支是6000多元，经最近评定现在只需5000多元。如在徐州、蚌埠等大中型剧场演出是可以维持的。（三）该团演员齐备，青年演员较多，再增加一些人员是很有发展的，在剧目方面除老戏外还有一些新节目。（四）该团通过民改、民主建团工作，思想觉悟有一定提高。（五）该团演职员家属多数是没有工作的，因此牵扯问题不大，极少数提出困难而不便解决时，可与其他剧团调换。
杂技	将艺州杂技、杨维桥技术、吴天魔术、李传芳古彩戏法等小单位合并为一个较完整的杂技团去支援南京。	（一）合并后的节目内容较多，有口技、杂技、古彩、魔术、单弦拉线等，演出水平也较高，很适合当地的需要，同时对上海也无影响。（二）目前他们4个单位已分别提出书面申请，要求合并。（三）有一定的演出水平，并有7个小孩正在培养，合并后可分两档演出。（四）家属绝大部分是演员，在行动时牵累不大。

资料来源：《上海市文化局关于动员上海剧团支援外地的工作计划》，上海市档案馆馆藏档案，档案号：B172－1－207－39。

上海市文化局支援外地剧团计划的制订和推行，在很大程度上推动了上海剧团支援外地的历史进程。1956年6月12日，上海"动员春光越剧团去甘肃省落户，支援当地的社会主义建设，成为甘肃省的国营剧团，由甘肃省文化局进行领导和管理"①；而继春

① 上海市文化局：《上海市文化局关于动员春光越剧团去甘肃省落户的工作计划》，上海市档案馆馆藏档案，档案号：B172－1－207－70。

光剧团支援甘肃之后，上海市文化局又先后对贵州[①]、云南[②]、青海[③]、北京[④]等不同地区进行了剧团支援。关于上海市剧团支援全国的整体情况可详见表2－15。

表2－15　第一个五年计划后半期上海市文化局支援外地剧团汇总统计

剧种	支援剧团名称	支援地区	剧团数量（个）	人数
绍兴大班	新民、同兴、同春	浙江	3	180
越剧	荣艺	浙江岱山	1	50
越剧	光海	浙江玉环	1	42
越剧	朝民	浙江嵊泗	1	55
越剧	文华	浙江昌华	1	50
越剧	精华	浙江象山	1	47
越剧	合力	浙江建德	1	48
越剧	更胜	浙江天台	1	52
越剧	少少	浙江洞头	1	55
越剧	春光	兰州	1	61
越剧	合众	天津	1	60
越剧	云华	南京	1	70
杂技	红色二团	南京	1	37

资料来源：《上海市文化局关于十年来支援外地剧团情况表》，档案号：B172－1－359－3。

二　与兄弟省市的文化协作

第一个五年计划结束以后，上海对于全国的文化支援并没有停

① 上海市文化局：《中共上海市文化局党组关于上海市上海县越剧团、艺联京剧团支援贵州省的请示报告》，上海市档案馆馆藏档案，档案号：A11－2－18－19。

② 上海市文化局：《中共上海市文化局党组关于上海市上海县越剧团、艺联京剧团支援云南省的请示报告》，上海市档案馆馆藏档案，档案号：A11－2－18－19。

③ 上海市文化局：《中共上海市文化局党组关于上海永乐越剧团、上海亚东魔术团支援甘肃省、青海省的请示报告》，上海市档案馆馆藏档案，档案号：A11－2－18－21。

④ 上海市文化局：《上海市文化局党组关于上海越剧团调京问题的报告》，上海市档案馆馆藏档案，档案号：B172－1－359－10。

止，而是从 1958 年开始又在“文化协作”的规划中继续开展。1958 年为加强上海与全国各地在文化领域里的交流和融合，还专门召开了华东六省一市的文化协作大会。会议于 11 月 28 日到 12 月 1 日在上海举行，“由上海市召集主持，到六省代表 36 人，文化部夏衍副部长，出版局史局长和计划财务司王司长参加了这次会议，上海方面，除文化、电影、出版三局的负责同志作为正式代表参加了会议外，小组讨论时，三局有关业务处和事业单位的负责人也列席会议。三天半的会议，主要的是解决了关于组织重点创作和关于人力、物力的相互支援两个大问题”①。

根据华东六省一市文化协作会议的相关决议，上海市还特地制定了戏剧界全面支援外地文化艺术事业的计划，具体内容详见表 2－16。

表 2－16　　1958 年上海与华东六省一市文化协作规划下戏剧界支援外地情况汇总

规划项目	具体内容
人力支援	（1）已支援了 605 人，现准备拿出 5 个团来支援：1 个京剧团去山东、安徽、江苏；1 个话剧团去福建、浙江；相当于 1 个团的歌舞人员 32 人去福建、浙江、山东、江苏、安徽。另支援江苏新国营淮剧团 1 个；支援福建新国营剧团 1 个。支援浙江评弹艺人 5—10 人。戏曲学校准备支援 3 个戏曲教员。会议中已经与各省初步确定的人员有 106 名。（2）上海下放浙江作者 3 人（陈山、谷斯范、福庚）同意留在浙江。
干部培训	（1）由上海戏剧学院举办舞台美术和戏曲编导两个训练班，为各省培训干部。（2）上海声乐研究所决定举办一个班，收 13 人，专门治疗演员嗓音，请各省提名单，由于名额有限，首先考虑主要演员。
其他	盖叫天从 1959 年 1 月起完全归浙江领导。

资料来源：《上海市文化局关于文化协作会议总结提纲》，上海市档案馆馆藏档案，档案号：B172－4－894－27。

① 上海市文化局：《上海市文化局关于华东六省一市文化协作会议的情况和问题的报告》，上海市档案馆馆藏档案，档案号：B172－4－894－33。

在上述支援外地计划的指导下，上海市在支援外地剧团方面的力度逐渐加大。1958 年 9 月包括“上海华艺越剧团、红花越剧团、光艺越剧团的全体人员”在内的“上海文教工作者 300 多人支援宁夏”[①]。1959 年 1 月 12 日，“根据华东文化协作会议决定，为了适应华东各省京剧团体的需要，上海京剧院发挥共产主义协作精神，抽调一批京剧艺术人员支援华东各地”，“支援地区包括江苏、山东、安徽、福建四省，共有 54 人。这批人员约等于京剧院的一个演出团，其中有生旦净末丑各种角色，还有教师以及灯光、服装、化妆等全套技工。支援安徽省的有王熙春、赵国帧、孙正璜等 16 人；支援山东省的有孙正侠等 17 人；支援江苏省的有张洪奎、贾振声等 19 人；支援福建省的有 2 人”。[②]

1959 年 1 月 26 日，“根据华东文化协作会议的精神，为了让戏曲事业遍地开花，上海文化主管部门，发挥了大协作精神，决定调芳华越剧团支援福建省福州市。华芳越剧团在上海演出 8 年以来，拥有广大的观众，是上海越剧界演出水平较高的剧团之一。芳华越剧团到达福州市后，决定从春节开始，轮换演出优秀传统剧目‘屈原’‘信陵君’‘秦楼月’等三出戏，为前线广大军民服务”[③]。

1960 年 3 月 12 日，上海市文化局对于“调上海越剧院一团去北京市的问题，经研究，一团原有的主要演员范瑞娟、傅全香、陆锦花、吴小楼、陈琦、张金花、金艳芳等全部调去，所有家属，均随团迁去。具体步骤，拟在 4 月底前做好动员，剧目加工排练，设

① 佚名：《2 万上海人支援宁夏建设，华艺、红花、光艺三越剧团即将开赴“塞上江南”》，《文汇报》1958 年 9 月 19 日。

② 佚名：《上海京剧院发挥协作精神抽调人员支援华东各地》，《文汇报》1959 年 1 月 12 日。

③ 佚名：《到福建前线安家落户，芳华越剧团昨离上海》，《文汇报》1959 年 1 月 26 日。

备添置等工作，4 月下旬去北京，5 月 1 日在北京市演出”①。

上海市戏剧界在文化协作会议精神的指导下对外地的支援事例不胜枚举。总体情况可见表 2－17。

表 2－17　　上海市与外地省市文化协作剧团情况一览

剧种	支援剧团名称	支援地区	剧团数量（个）	人数
京剧	新中国	江西庐山	1	126
京剧	群联	青海柴达木	1	79
京剧	京艺、大众	青海	2	138
京剧	艺联	云南楚雄	1	64
越剧	芳华	福建福州	1	71
越剧	越剧院一团	北京	1	48
越剧	天鹅	冶金工业部	1	52
越剧	红花	宁夏银川	1	49
越剧	红星、新艺、群力	青海西宁	3	117
越剧	永乐	酒泉	1	34
越剧	上海县越剧团	遵义	1	45
越剧	华艺	宁夏	1	50
淮剧	合兴	江苏盐城	1	56
杂技	神州、吴天、雍有金	哈尔滨	3	27
杂技	亚东	青海	1	26
杂技	青年	冶金工业部	1	30
杂技	得胜花家一部分	铁道文工团	1	25
歌舞	红光	冶金工业部	1	24

资料来源：《上海市文化局关于十年来支援外地剧团情况表》，上海市档案馆馆藏档案，档案号：B172－1－359－3。

三　总结及评价

20 世纪 50 年代上海戏剧界对外地文化事业发展的大力支援取

① 上海市文化局：《中共上海市文化局党组关于上海越剧院一团调京问题的报告》，上海市档案馆馆藏档案，档案号：B172－1－359－10。

得了积极的社会效益，无论是对被支援地区还是对上海当地文化资源的整合而言都具有积极的历史意义。

首先，上海戏剧界对外地文艺事业的支援在一定程度上丰富了当地人民群众的文化生活，推动了相关地区文化事业的繁荣和发展。以上海支援甘肃文艺事业情况而言，“上海方面的支援就给当地文化事业产生了明显的效果”①。如据1957年2月4日《解放日报》报道，由上海支援的越剧团也在满足当地群众文化生活需要方面发挥了较大的作用：“兰州市越剧团——原上海春光越剧团的演员们，春节前忙着赶排新戏‘双珠凤’。男主角文必正由团长尹树春扮演，女主角霍金定由副团长李慧琴扮演。兰州越剧团自去年8月迁来兰州后，演出了‘西楼记’‘二度梅’‘何文秀’‘荔枝换红桃’等优秀的越剧传统节目，观众有10万多人次，差不多每次演出场场客满，原来不大爱看越剧的北方人，现在也对它兴致勃勃。越剧团团长尹树春、副团长李慧琴、田振芳最近还被甘肃省、兰州市各族人民先后选为人民代表大会代表或聘为政协委员。”②

其次，上海戏剧界对全国文艺事业的支援，在丰富和满足不同地区人民群众文化生活需要的同时，也为推动全国各地区不同形式的文化、艺术种类之融合产生了深远的影响。众所周知，全国各地均有当地人民喜闻乐见的文化艺术形式，人员的流动产生了不同地区文化艺术融合的可能性，而不同形式的文化艺术的融合也就成为必然。以首都北京为例，作为全国各地人民向往、汇聚的首都，南方群众的迁入就给作为南方剧种的越剧在北京的发展带来了契机。北京市文化局在1959年6月向上海市文化局协调越剧团调京事宜

---

①　上海市文化局：《上海市文化局关于动员春光越剧团去甘肃省落户的工作计划》，上海市档案馆馆藏档案，档案号：B172－1－207－70。

②　佚名：《上海人在兰州：老教授誉满全国、兰州艺术界的新花朵》，《解放日报》1957年2月4日。

时就曾指出："北京市的南方人一天比一天多，各机关、企业，特别是中央机关的一些负责同志常常反映，希望北京有一个越剧团，经常能够看到越剧。我们磋商很久，感到随便向别的地方要一个越剧团来，因为一部分北京人眼界较高，也不能满足要求。因此，要求上海市委大力支援，从上海越剧团调拨一个团给我们。"① 而随着各地人员流动产生的文化融合反过来也更进一步推动了上海文化艺术力量向全国各地的流动。据不完全统计，仅仅截至 1959 年的 3 月，上海就有"戏剧歌舞、社会文化、出版和电影等部门已抽调各种艺术人员 1600 多名支援各地文化建设"，"上海各戏剧歌舞等单位支援全国各地的艺术人才约 1000 人"。②

再次，上海市戏剧界对外地文艺事业的支援对上海当地文化资源的优化方面也产生了积极的影响。上海市自身具备相当的文化优势，然而其自身的文化资源也存在重复建设，良莠不齐、规模不等、质量差异等问题。据 1956 年上海市文化局盘点，"上海现有国营及民办公助剧团共 109 个，而未登记的剧团还有 11 个，数量过多，演出质量不高，因此上座率普遍低下，影响剧团收入，有的剧团负了大小不等的债务，因而有些剧团主动提出自愿去支援外地"③。事实表明，在充分考虑上海自身需要和外地需求的基础上，将一些过剩的或不适合长期发展规划的文化资源支援外地，在一定程度上可以取得上海与外地双赢的效果。因此上海市文化局认为"如果将一部分剧团支援外地社会主义建设，不但剧团本身得到了适当的安排和发展，因而对演出质量的提高和生

① 上海市文化局：《北京市文化局关于上海越剧团调京有关事宜的函》，上海市档案馆馆藏档案，档案号：B172－1－359－8。

② 佚名：《上海文艺界积极支援外地，一年多来已抽调 1600 多人参加各地文化建设》，《文汇报》1959 年 3 月 5 日。

③ 上海市文化局：《上海市文化局关于动员上海剧团支援外地的工作计划》，上海市档案馆馆藏档案，档案号：B172－1－207－39。

活的稳定也得到了一定的保证和改善；同时也满足了当地人民的文化生活的要求，对上海目前剧团的臃肿和普遍上座率不高的现象也有所改变。剩下剧团经过在人力、物力方面的调整后，演出水平即可提高，加以挖掘和发挥剧团的潜力，仍可满足上海人民的需要”。

最后，就上海支援外地的文艺工作者而言，支援外地的过程也是他们自身精神境界得到进一步提升的过程。如在支援外地前，“绝大多数剧团在保证书上都提到‘服从领导分配，到需要的地方去’，各剧团对支援各地建设，已有思想准备，而剧团中青年演员通过团课教育，进行了服从祖国需要，到祖国最需要的地方去的思想教育，很多剧团组成了青年突击队，随时响应领导上的一切号召”[①]。而为了坚定相关人员支援外地的决心，各支援单位还专门对相关人员“支援外省的问题，结合社会主义和共产主义思想教育，进行了充分的务虚和辩论，纠正了少数同志留恋上海、考虑条件、地区和个人得失等不正确的思想，大家为戏剧事业遍地开花的美丽前景而欢欣鼓舞，认识到好儿女志在四方，支援新建的兄弟省市是非常光荣的、义不容辞的任务。他们在大字报、小组会上表示：不挑地区、不讲苦难、不计条件，坚决服从组织分配”[②]。而“这些单位的同志，在经过整风之后，政治觉悟显著提高，为了使文艺工作更好地为政治、为生产、为社会主义服务，大家表示要坚决服从分配，到祖国最需要的地方去”[③]。

---

① 上海市文化局：《中共上海市委对文化局党组关于动员上海剧团支援外地工作计划的批示（节选）1956 年 4 月 19 日》，载《上海支援全国·下册》，上海书店出版社 2011 年版，第 102—103 页。

② 佚名：《上海文艺界发挥大协作精神，整套人马支援八省一市》，《文汇报》1959 年 1 月 7 日。

③ 同上。

本章小结

在新中国成立后的头八年内，尤其是第一个五年计划时期，由于国际局势的影响，党和国家出于国防安全的考虑以及调整全国资源布局的规划，实施了沿海紧缩战略。因此在沿海紧缩战略的布局下，上海市并不作为全国投资和重点发展的地区，而是在服从大局的情况下充分调动和发挥自身的人力、物力及技术设备方面的优势，大力支援全国的建设。在这一时期，上海支援全国的内容所涉广泛，如本章各节内容所述，既有对水利工程的支援，又有对重点工程的支援，更有持续不断的工业资源内迁，同时也伴随着教育及文化资源对全国的支援，其内容丰富、数量庞大、领域较广，效果突出。

第 三 章

上海支援全国的进一步开展
(1958—1978 年)

上海支援全国的历史在经历了新中国成立后头八年的初步开展，以及“全国一盘棋”的发展理念确立之后，在从“大跃进”开始到十一届三中全会之间的20年时间里面更是进一步展开。受“大跃进”的影响，上海首倡“全国一盘棋”的发展理念，而后在前一历史时期支援全国的基础上，这一时期上海在支援全国建设方面有了诸多新的历史表现。与新中国成立后头八年因沿海紧缩战略而上海支援全国以内地为主要对象不同，这一阶段上海支援全国在对象的地域分布上更加广阔。在全国一盘棋理念的指导下以及由于沿海紧缩战略的调整，这一时期上海支援全国不仅继续支援内地，也有旨在支援华东其他省市发展的“经济协作”① 和“江西、安徽小三线建设”等兼顾沿海及华东地区的表现。本章主要以上海与“全国一盘棋”方针、上海知识青年支援新疆农业建设、20世纪六七十年代上海支援三线建设、上海市支援1976年唐山大地震救灾等为视角，对1958年至1978年间上海支援全国的主要内容进行专门的探讨。

---

① 关于上海与华东地区其他省份的经济协作详见后面第四章以福建省为例的研究，本章不作赘述。

第一节　上海与“全国一盘棋”方针

“全国一盘棋”的方针，其本质含义是强调在经济发展过程中要有大局观念。“全国一盘棋”方针在社会主义经济发展过程中是一个非常重要的理念，而且在我国计划经济时期一度产生了非常重大的历史影响。然而，迄今为止，“全国一盘棋”方针从提出到贯彻落实的具体过程，一直没有专论对其进行详细而明确的梳理，长期以来形成了一个理论认识上的模糊点。本节主要对“全国一盘棋”方针的提出进行大致的梳理，并以上海为例分析其贯彻落实情况。

一　上海首倡“全国一盘棋”

全国一盘棋的方针是针对 1958 年“大跃进”过程中全国经济发展布局尤其是工业发展布局“一哄而上”、毫无重点而造成巨大浪费局面而提出的经济发展理念。

在新中国成立后，党和国家就非常重视从全局着眼安排经济发展的整体布局。然而时间仅仅过了两年，当“大跃进”开始之后，全国各地在“大跃进式发展”的思路下，纷纷以本地区为出发点安排工业发展布局，不管条件具备与否，一律跟中央争取建设项目和资金，从而使得很多建设项目在没有经过科学论证和合理安排以及地区平衡的前提下盲目上马。其后果一是导致“大跃进”过程中出现了很多的浪费情况，二是各地都出现了资源紧张的局面。这样一来就使得生产物资需要外来供应的上海根本保证不了正常的生产发展需求。尽管 1958 年中央将原先隶属江苏省的 10 个县划归上海管辖，在一定程度上缓解了上海的物资供应严重紧缺的情况，但计划经济环境下的计划指令划拨体系需要依赖各地自身需求计划之外的剩余多少而定，这就使得上海经济发展的环境出现了困境。

为了解决1958年“大跃进”发展过程中各地一哄而上，不顾全国平衡，造成严重资金和资源浪费的情况，也为了解决上海经济尤其是工业发展过程中无法从全国获得足够资源支持而受得严重限制的现状，1959年2月16日，时任上海市第一书记的柯庆施在《红旗》杂志上公开发表了《论“全国一盘棋”》的署名文章，系统而明确地论述了以强调“全国平衡”为方针的一盘棋式的经济发展理念。

柯庆施在《论“全国一盘棋”》中，首先从党中央强调“全局观念”的历史传统出发，指出：“不管是进行阶级斗争或者是生产斗争，不管是做哪种工作，做计划、办事情、想问题，都要有全局观点，都要从六亿人口出发，都要正确处理全局和局部的关系，重点和一般的关系，集中领导和分级管理的关系。”① 接着，他话锋一转，谈到经济建设方面：“我们党依据社会主义社会经济发展的客观规律，规定了在优先发展重工业的基础上，实行工业和农业同时并举、重工业和轻工业同时并举、中央工业和地方工业同时并举、大型企业和中小型企业同时并举……这一整套方针，正确地体现了国民经济各部门之间、全局和局部之间的关系，说明了他们是互相联系的全国一盘棋，而不是一盘散沙……随着国民经济的飞跃发展，各个地区、各个经济部门发展的速度和比例，需要随时具体调整和安排。这就必须分别主从、先后、轻重、缓急的不同，依照全国一盘棋的方针妥善处理。其中，全国基本建设的规模，主要产品的产量，以及原材料和两个部类（生产资料和生活资料）主要物

---

① 柯庆施：《论“全国一盘棋”》，上海市档案馆馆藏档案，档案号：A25－1－17－2。

资的分配，在任何情况下，都必须由全国来统一安排。”①

为了进一步阐明自己观点的说服力度，柯庆施紧接着从当时全国的具体国情出发，阐明了各地区实行全国一盘棋方针的现实必要性。他认为，“在经济工作中，也只有统筹全局，按照全国一盘棋的计划，集中人力、物力、财力，保证重点建设过关，才可以解决能不能更‘大跃进’的问题。重点建设的成败，不仅关系到全局的胜负，并且也影响到各个局部的命运。大局搞不好，小局也不可能搞好；大局胜利了，小局的问题也就容易解决了。特别是在我们这样一个大国底子很薄，要求高速度地发展国民经济，必须首先集中使用人力、物力、财力于最关全局的方面，绝不能分散力量。凡是应该先行的必须先行，而在必要的情况下应该让路的而又可能让路的则必须让路，可缓办的一律缓办。我们应该注意到，根据分别主从、先后、轻重、缓急的精神制定的国民经济计划，正是高速度发展国民经济所必需的。如果平均使用力量，主从、先后、轻重、缓急不分或者倒置，就不可能多快好省地建设社会主义，甚至会使整个经济工作迷失方向，出现经济失调的危险。我们绝对不能允许这种失调的现象发生”②。

在强调了全国一盘棋方针要求各地要有全局观念的同时，柯庆施还在报告中对全国一盘棋观点与地方积极性的关系做了辨析：“从形而上学的观点来看，全国自全国，地方自地方，两者互不相干。然而，我们知道，全局性的东西不能脱离局部而独立，全局是由它的一切局部构成的。全国的统一经济计划，即全国一盘棋的计划，是把中央同地方和各部门的积极性、机动性统一起来的全局性的东西。我们国家今年的‘大跃进’规模如此宏大，非常迫切地需要各个地方和各个部门充分发挥积极性，各显神通；正如有了高明的导演、精彩的剧本，还需要优秀的演员，有了高明的指挥、精彩

① 柯庆施：《论“全国一盘棋”》，上海市档案馆馆藏档案，档案号：A25－1－17－2。

② 同上。

的乐章，还需要优秀的乐手一样。但是，积极性有两种：一种是符合社会主义建设总路线和全国一盘棋原则的积极性，从整体出发，把国家统一计划和当地实际情况结合起来，更加鼓足干劲，努力创造有利条件，克服一切困难，千方百计地力争超额完成国家赋予的经济任务。另一种是脱离社会主义建设总路线、违背全国一盘棋的原则、只顾小局不顾大局的所谓积极性，实即盲动性。前一种积极性越大越好，后一种盲动性则应该避免和克服。是不是地方和部门的积极性，除了执行国家计划以外，就没有可能发挥潜力的余地呢？不是的。我们的国家计划本来就是根据中央工业和地方工业同时并举的方针制定的；因此，各个地方不仅在国家计划之内，有很多事情，需要因地制宜、积极主动地办理，就是在国家计划范围之外，只要无损于全局，而自己又有余力兴办的事业，也还可以兴办。重点项目如树干，一般项目是树枝，我们反对强枝弱干的做法，但是，只要不碍于树干的成长，枝叶茂盛当然并没有什么不好。……另一个问题是：提倡全国一盘棋的思想，是不是地方的和各部门的机动就没有了？统一和机动，不是互不相干的，而是互相依赖的。同时，经济生活很复杂，我们的经验又不够，任何一个经济计划只能反映出客观经济生活的主要的诸方面，不可能规定得十分周到、考虑得完备无缺。何况客观的经济生活是不断向前发展的，必然会出现在制订计划时所料想不到的新问题。这就必须有地方和各部门的机动，发挥地方和各部门的主动性，来处理国家统一计划中所未考虑到的问题，补充国家统一计划之不足。所以，机动必须是为统一服务的，必须服从于统一。”①

从上面所列举之柯庆施对“全国一盘棋”理念的一系列论述，我们可以看出以下几点。

① 柯庆施：《论“全国一盘棋”》，上海市档案馆馆藏档案，档案号：A25－1－17－2。

其一，从其提出“全国一盘棋理念”的出发点分析，主要是从“大跃进”开始后，由于资源紧缺给上海发展所造成的现实困难而生发的。上海是一个资源依赖型的城市，无论是工业生产还是广大市民日常生活所必需的生活物资大都需要其他地区的供应。而“大跃进”开始后，全国各地纷纷上马一些工厂，造成了大量物资的浪费，这在客观上直接影响了全国各地对上海的物资供应，从而给上海的后续发展带来了不利影响。柯庆施代表上海提出“全国一盘棋”的理念就是呼吁全国的发展及物资供应都要有一个统一的协调规划。

其二，从其所提出“全国一盘棋理念”内容的阐述分析，具有完整的体系性和严密的逻辑性。一种管理理念或工作方针是否可以在全国范围内广泛推行，不仅要具备现实性和可能性，而且其自身内容的阐述也要具备完整的体系性和较为严密的逻辑性。如前所述，柯庆施以时任上海市委第一书记的身份，在 1959 年第 4 期《红旗》杂志上发表文章，首倡“全国一盘棋”，其内容以理论为引领，以现实问题为出发点，层层分析，既强调全局又兼顾局部，其理论本身无疑是具有较强的说服力和科学性的。

其三，从其所提出“全国一盘棋理念”的必要性而言，切中了当时的社会问题之要害，符合了国家的现实需要。其实从“大跃进”开始之初，全国范围的浪费现象就引起了部分党和国家领导人的忧虑与思考，如何克服“大跃进”的弊端，则成了亟待思考和解决的问题。恰在此时，柯庆施代表上海所提出的“全国一盘棋”理念既切中了当时浪费问题的要害之处，还具有较强的理论性，这也是后面中央对全国一盘棋方针充分肯定与推广的重要原因。

二　中央对全国一盘棋方针的充分肯定

柯庆施题为《论“全国一盘棋”》的文章在《红旗》杂志一经发表，就立刻引起了中央的重视。中央相关领导人到上海视察工作过程中，也对上海方面首先提出的“全国一盘棋”理论做出了积极地回应。

1959年2月20日，时任国务院副总理的邓小平同志在上海市委工业会议上讲话时就对上海首倡的“全国一盘棋”理念进行了评价，并对上海的工作做出了指示：

> 实现计划的关键，就是要搞好“全国一盘棋”。我们一定要从“全国一盘棋”来实现这个计划。任何一个地方都不要开后门。要在一盘棋中努力，发挥积极性。当然，一盘棋内也有些机动。尽管地区、行业有大有小，有多有少，但是都还有一些机动性。但是机动的那一部分也应该放到国家的计划和地区的计划之内。上海市委提出，上海不要开后门，各行各业、各个企业都不要开后门。开后门是要被动的，也应付不了的。全国各地现在有3万多采购人员在上海，要求你们开后门。如果开了后门，就不是3万人，而会来30万人。怕得罪这3万人，就会得罪30万人。对全局关系最大的，无非是上海、辽宁、黑龙江、天津等地方。而关系全局、牵动全国最大的首先是上海。上海不贯彻“全国一盘棋”，上海的每一个厂、每一个部门考虑问题不是从“全国一盘棋”出发，都要影响全局，而且自己也应付不了。市委提出上海今年生产总值要增长35%到65%，劳动生产率提高百分之四十几到五十，这关系全国很大，这个任务是很重的。但是上海潜力很大，本领不小，有老基础，不要小看了。上海应该担负起更大的责任，把任务完成得更好。①

① 中共上海市委党史研究室编：《上海支援全国》下册，上海书店出版社2011年版，第155页。

同一天，时任国家计委主任的李富春也在参加上海市委工业会议时做了重要讲话，对上海市提出的全国一盘棋观点进行了充分肯定和积极回应。他说：

> 要贯彻“全国一盘棋”的方针，要在全国统一计划内贯彻一套“两条腿走路”的方针，使块块与条条结合，使各个企业各个方面的力量结合起来，在中央统一领导下面，分工负责、分级管理，发挥大家最大的积极性、主动性，首先为全国计划的完成来奋斗，首先为全局的胜利而奋斗。同时，我们要善于分别轻重缓急来安排生产和基建，要安排得好，要抓住关键，首先突破关键，再更好的带动一般。第一季度（包括第二季度）首先要保证钢铁、煤炭、电力、化工的生产和运输工具的生产。首先要保证这些生产的重型设备的制造。基本建设方面首先要使得今年有生产任务的能够先上马。分别轻重缓急排队，对完成今年计划有很大意义。原材料不够，就要分别轻重缓急。我们不能够平均使用力量。生产方面、基本建设方面都要分别轻重缓急来排队，这样才能真正的更好的贯彻“全国一盘棋”的方针，才能够抓住关键带动一般。在贯彻“一盘棋”的方针问题上，上海要为全国一盘棋进行大协作。上海是千丝万缕地与全国各地联系起来的。上海贯彻“一盘棋”，就可以带动和引导全国纳入“一盘棋”的轨道。①

除了相关国家领导人在参加上海方面工作会议时对上海方面首倡的全国一盘棋方针进行充分肯定和具体指示外，党中央还在全国范围内大力提倡全国一盘棋的发展理念。如 1959 年 2 月 24 日，

---

① 中共上海市委党史研究室：《上海支援全国・下册》，上海书店出版社 2011 年版，第 158—159 页。

《人民日报》就发表了题目为《全国一盘棋》的社论，力倡全国范围的一盘棋理念。①

三 上海对全国一盘棋方针的落实与自我定位

“全国一盘棋”虽然最早是由上海提出的，但毕竟是否能够得到全国的认可，还是不能预料的事情。然而，最终中央领导同志的充分肯定和《人民日报》社论的再次强调，使得上海方面对于“全国一盘棋”方针更加充满信心。紧接着，上海全市也以市委为中心，掀起了贯彻一盘棋方针的热潮。

（一）上海市广大党员、干部对“全国一盘棋”方针进行深入讨论

为了使市各级领导干部深刻认识全国一盘棋的方针，上海市“党的工作”专门组织了“如何确立全国一盘棋思想”问题的大讨论，“在讨论过程中，许多同志发表了自己的意见和看法，揭发了一些违反全国一盘棋方针的思想和行为，批判了一些不顾大局、不顾整体的本位主义”，最后大讨论取得了巨大收获，“不仅从政治思想上提高了许多同志的认识，理解了贯彻全国一盘棋方针的重大意义”，“而且在贯彻市委不开后门的方针方面已经在实际工作中出现了许多好的现象”。②

同时，时任上海市副市长的曹荻秋还代表上海市委市政府向全市人民群众做了《坚决贯彻执行全国一盘棋的方针》的报告，详细阐明了上海市委的明确态度：“要了解，我们国家的制度是社会主义性质的，我国的经济是以公有制为基础的，在这个基础上，已经把全国各个地区、各个经济部门连结成为一个统一的、根本利益一致的整体；而我国社会主义的经济建设，必须遵循国民经济有计划

① 佚名：《社论：全国一盘棋》，《人民日报》1959年2月24日。

② 中共上海市委：《坚决贯彻执行全国一盘棋的方针（原稿）——1959年第14期〈党的工作〉》，上海市档案馆馆藏档案，档案号：A24－1－28－3。

按比例发展的法则来进行，这与资本主义的自由竞争和资本垄断有本质上的差别。由于我国社会主义经济制度的这一根本特点，就规定了我国国民经济各部门之间、全体和局部之间的关系，是相互依存，相互联系，不可分割的全国一盘棋的关系，因而就要求我们在社会主义建设中，必须实行集中领导和统一安排，即必须有一个统一的国家计划，在全国范围内统一安排全国的基本建设项目，统一安排全国主要产品的生产，统一分配全国的原材料，统一调拨和收购生产资料和生活资料这两大部类的主要物资。不这样，就不可能最有效地、最合理地运用有限的人力、物力和财力，调动各方面的积极性，就不可能保证我国的建设事业多快好省地进行，全面地跃进。从这一根本问题出发，只要是纳入了国家计划，由国家统一调拨的物资和产品，都应该服从计划管理，统一由国家调拨。任何企业，任何地区都不应该逾越国家所规定的范围去自由处理。超出了这个范围去自由处理，那就叫开后门。我们所说的堵死后门就是指的要堵死一切妨碍国家计划管理贯彻执行的方便之门。就我们上海来说，这个问题有它特别的重要的意义。上海是全国重工业基地之一，许多产品都是供应全国，是国家社会主义建设所需要的，都是国家统一管理的产品。如果我们把后门一开，对国家统管的产品都可以自由处理，显然就妨碍国家计划的完成，造成国民经济的混乱，也就会破坏国民经济有计划按比例发展的法则。”①

在阐明了上海必须贯彻全国一盘棋方针必要性的基础上，曹荻秋的报告还对上海市内个别违反一盘棋原则的行为和做法进行了剖析和批判，最后又向全体党员干部发出号召：“全国一盘棋的思想树立的牢固不牢固，对于一个党员来讲，是考验其党性强弱的标志之一。这不但由于全国一盘棋是我们党领导全国人民建设社会的根本

① 曹荻秋：《坚决贯彻执行全国一盘棋的方针》，上海市档案馆馆藏档案，档案号：A24-1-28-1。

方针，是一项党的重大决定，党员有义务保证贯彻执行；而且由于这个方针充分体现着全国人民的根本利益，作为工人阶级的先进战士的共产党员，应该是党和阶级利益的具体代表者，因此，更应该自觉地遵守这个方针原则，根据这个方针原则办事。一个共产党员的阶级觉悟愈高，阶级立场愈坚定，就愈能大公无私，高瞻远瞩，用全国一盘棋的思想观察、分析和处理问题，充分发挥自己的作用。相反，就会变成鼠目寸光，堕入本位主义、分散主义的泥坑的人。因此，我们必须坚决在全市范围内贯彻执行全国一盘棋的方针。"①

上海市各单位代表也纷纷积极回应上海市委的态度，认为"全国是一盘棋，上海是全国计划下的一个局部。全局的利益是全党和全国人民的根本利益，完成国家计划是上海人民的最大利益"，"服从全局，照顾大体，是共产主义的最高美德，一切只顾局部，妨碍全体的本位主义、分散主义必须受到严格批判"，"全体同志，在处理本市和全国，本市和华东各省，本部门、本区，本县与全市的关系上，都应当严格遵守这个原则"。②

（二）上海在"全国一盘棋"方针中的自我定位

在全市党员干部统一了思想和认识，坚决贯彻全国一盘棋方针的基础上，上海市在全国一盘棋整体发展规划上的自我定位主要围绕以下方面展开："（1）对各地来要求协作任务的，包括各企业在内，在下面四个条件下进行协作，违犯这四个条件，至少上半年我们不干。一、全国计划之内的协作任务；二、根据中央决定，季度计划完成以后，原材料超额完成的分成部分，各省、市要协作、要加工的，上海可以干；三、确实是每个省的地方计划之外的机动数，比方他用自己的外汇买了一点材料，或者自己剩下的土钢土铁，或者是国家计划之外的机动数，这个机动数是合法的，是走前

① 曹荻秋：《坚决贯彻执行全国一盘棋的方针》，上海市档案馆馆藏档案，档案号：A24－1－28－1。

② 刘健洲：《论全国一盘棋》，上海市档案馆馆藏档案，档案号：A25－1－16－7。

门而不是走后门的，可以干；四、一省只认一个头，不要各省从公社、各县、各专署都跑到上海来。有这四条，上海才能协作；这就会保住上海的后门，引导全国向一盘棋前进，引导全国的积极性首先来保证全国计划的完成。（2）上海对全国的协作任务。在全国一盘棋、上海支援全国建设的前提下，上海对全国协作的任务，有三条：一、争取超额完成全国计划规定给上海的指标；二、真正贯彻生产的配套、成套；三、能够供应满足市场需要的配件、零件、日用品，特别是下半年，上海的轻工业还要努力。”①

（三）全市范围内对“全国一盘棋”方针进行宣传和教育

上海全市在全国一盘棋方针下的自我定位明确之后，开始在全市范围内进行宣传和教育。上海市对全国一盘棋方针的推广教育首先是从工业部门开始的，除了采取“干部带头”和“群众跟进”的宣传策略外，为了使广大工人群众深刻领会全国一盘棋的精神内涵和积极参与到贯彻落实全国一盘棋的方针活动中去，上海市委宣传处还在工业系统中进行了“全国一盘棋的学习竞赛”②。上海市有关部门在对全市各行各业进行全国一盘棋教育和宣传的过程中，除了注意从正面引导和推动外，还注意结合对违反全国一盘棋作法的批判和查处，来加强全市人民对于全国一盘棋方针的坚决贯彻。如，1959 年 3 月到 12 月间，上海市对上海市有色金属工业公司及其下属工厂即进行了关于“贯彻执行全国一盘棋方针”的调查活动，并对其有些违反全国一盘棋方针的做法进行了批评通报。③

---

① 李富春：《李富春在市委工业会议上的讲话（节选）》，载上海市委党史办编《上海支援全国》下册，上海书店出版社 2011 年版，第 159 页。

② 中共上海市委宣传处：《中共上海市委宣传处关于市委工业会议以来干部、群众思想动向和全国一盘棋的思想情况及竞赛中问题》，上海市档案馆馆藏档案，档案号：A22－2－789。

③ 上海市有色金属工业公司：《陈芳桂、袁景禹、曹春堂、杨晓沧关于在上海市有色金属工业公司范围及所属厂调查贯彻执行全国一盘棋方针的情况报告》，上海市档案馆馆藏档案，档案号：A46－1－122－26。

1959年下半年，上海市又对纺织工业局上海针织工业公司第二机械厂违反全国一盘棋方针的不良行为进行了通报。[①] 甚至，还对上海市建工局五公司个别人的严重违规行为向法院提起了申诉。[②] 最终，经过正面引导宣传和对反面作法进行批评的双重教育努力下，上海全市到1959年底已经基本将全国一盘棋的思想贯彻落实了。

第二节　20世纪60年代上海知识青年支援新疆农业建设

上海知识青年支援全国农业建设早在20世纪50年代就开始了。“1954年，上海城镇青年以全国回乡知识青年先进典型徐建春为榜样，开始下乡种田。1955年，共青团上海市委、上海市劳动局等动员大批市区社会知识青年赴安徽、江西、福建等地以及市郊农村、农场务农。同年10月18日，98名上海知识青年到江西鄱阳湖畔的德安县九仙岭下安家落户，垦荒种田，并成立‘共青社’。”[③] 进入20世纪60年代，上海知识青年支援全国农业建设逐渐形成一种运动（“文化大革命”开始之后知识青年上山下乡运动规模更加庞大，但因其中掺杂极强的政治成分，与“文化大革命”开始前上海知识青年支援农业建设有本质区别，故此本节探讨的内容以“文化大革命”开始之前为主）。据统计，“至1963年，团市委、市劳动局等部门先后动员组织27批，到外地15批51402人”，1964年

---

① 上海市纺织工业局：《上海市纺织工业局关于上海市针织工业公司第二机械厂违反全国一盘棋及违法乱纪的通报》，上海市档案馆馆藏档案，档案号：B134－6－179－9。

② 上海市建工局：《上海市建工局五公司1959年监察工作规划、总结、全国一盘棋调查报告及致法院申诉书》，上海市档案馆馆藏档案，档案号：B197－2－204。

③ 上海市地方志办公室网站：《上海青年志·第五篇·青年生产与科技实践》（http：//www.shtong.gov.cn/node2/node2245/node66268/node66280/node66335/index.html）。

至 1966 年除 1965 年“赴安徽 323 人”外，其余赴外地者均为支援新疆地区，三年总计“61467 人”。[①]

鉴于此一时期上海知识青年支援外地农业建设以支援新疆地区为主体，所以本节内容主要对 20 世纪 60 年代上海知识青年支援新疆农业建设进行具体的探讨。

一　动员上海知识青年赴疆

大批上海知识青年赴新疆地区参加垦荒支边工作是国家建设动员号召的结果。[②] 1962 年夏，时任国家农垦部部长的王震赴地处南疆的塔里木地区去视察工作。经过具体的了解和总结，王震发现了新疆农垦队伍梯队建设极不合理的问题。当时，参加新疆农业开垦工作的人员主要是由老红军和老八路以及经历过解放战争和抗美援朝战争的革命军人等构成的。他们的优点是作风顽强、意志坚定，然而他们的文化知识却普遍不是很高，而且队伍构成较为单一，长久下去，不利于垦荒事业持久而科学地发展。考虑到队伍发展壮大需要注入新鲜血液和新疆地区的长足发展也急需大量富有活力的知识分子，王震下定决心要在队伍的年轻化和知识化上做出努力。

在结束了对南疆塔里木地区的考察工作之后，王震同志一回到阿克苏就马上起草报告，希望通过国务院，号召上海地区的青年知识分子到新疆地区去参加垦荒支边，支援新疆发展。周恩来总理对王震的报告十分重视，在认真审阅后即批转给了时任上海市第一书记的柯庆施。上海市委对周总理批转来的报告予以了高度重视，并加大力度着手动员工作。为了更好地动员广大知识青年到新疆去参

---

① 上海市地方志办公室网站《上海青年志·第五篇·第三章·城镇知识青年务农支农》（http：//www. shtong. gov. cn/node2/node2245/node66268/node66280/node66335/node66405/userobject1ai62373. html）。

② 上海电影工会：《上海电影工会工作委员会关于电影系统职工子女支援新疆情况报告》，上海市档案馆馆藏档案，档案号：B177 - 1 - 185 - 15。

加建设事业，上海市委市政府以及劳动部门先后召开多次大会，进行号召与动员工作。为了配合相关工作，上海市还通过教育部门，在高校和中专院校录取结果公布之前，以各学校、街道办事处等为主要渠道，向参加考试的广大青年学生发出号召，一旦落榜，希望他们可以积极报名参加入疆建设大业。①

上海方面的积极配合，也在一定程度上提升了新疆方面加大吸引上海知识青年赴疆工作的热情和积极性。王震为了加大上海知识青年入疆的动员力度，还专门将在新疆地区工作的林海清请至沪上，让他协助上海市委市政府，群策群力，共同致力于上海知识青年到新疆参加建设事业的动员与组织工作。为了进一步增强号召的力度，王震还以国家领导人的身份在上海青年大会上现身说法，亲自动员。如 1963 年 6 月，王震在上海的文化广场参加了青年大会，与会人员将近一万人。会上，王震向广大青年发出号召，希望他们踊跃入疆，奋斗成才。王震的讲话，以其饱满的革命热情和感召力，在上海广大青年人当中产生了很大的反响。② 在新疆方面和上海方面共同努力动员、组织的基础上，党和国家领导人也非常重视上海知识青年到新疆去参加建设事业的事情。1965 年 7 月，周恩来总理和陈毅副总理出国访问归来路过新疆时，视察了石河子垦区，其间还特地接见了杨永清等 11 名上海知识青年，合影留念，并对上海知识青年参加新疆建设给予了极大的肯定和鼓舞。③ 相关消息传到上海后，上海知识青年赴疆热情为之大涨。

---

① 上海市劳动局：《上海市劳动局关于动员本市社会青年参加新疆生产建设情况的汇报》，上海市档案馆馆藏档案，档案号：B1－1－180－39。

② 上海教育出版社：《好儿女志在四方》，上海教育出版社 1965 年版，第 33 页。

③ 政协新疆维吾尔自治区委员会文史资料和学习委员会编：《当代中国的新疆》，新疆人民出版社 2009 年版，第 756 页。

除了党和国家以及上海、新疆政府的动员和号召等客观因素之外，革命理想以及成长、成才的个人发展愿望也是促使广大上海知识青年赴新疆参加建设事业的主观因素。[①]

上海，曾经是中国共产党的诞生地，是工人阶级最集中、斗争最尖锐的地方，上海的青年和学生也具有光荣的斗争传统。抗日战争时期，成批的青年和学生奔赴解放区和革命圣地延安；解放战争时期，上海的青年和学生掀起了轰轰烈烈的反对美蒋反动派的正义斗争；解放以后，上海的青年和学生仍以浪漫而神圣的革命理想为指导，热情地参加国家建设事业。客观地说，在上海城市革命传统的熏陶和各级政府的宣传动员之下，响应国家号召，到新疆去参加边疆建设在上海知识青年心目中已然具有了革命理想主义的因子。[②]据参加新疆建设的上海知识青年回忆，他们入疆前的心情是充满了革命理想的："新疆地大物博，资源丰富，有着宽广的发展前途"，"每当我想到有多少土地需要我们去开垦，多少矿藏需要我们去挖掘，多少新的城市需要我们去建造时，内心就感到无比激动"，"我们可以这样说：不消多少时间，荒原的面貌就会发生根本的变化，将会出现更多的像乌鲁木齐那样的城市。几年之后，上海的'阿拉们'将会在新疆的各个地方生根、发芽、开花、结果"。[③]毫无疑问，上海入疆知识青年的上述回忆字里行间所流露出的理想热情是那个时代所特有的时代理想之体现。由此可见，在革命理想主义影响下所形成的价值观和自我成才观是促使上海知识青年前赴后继支援新疆建设的重要因素。

① 上海市人民委员会：《上海市人民委员会关于上海青年在新疆大有用武之地情况的剪报》，上海市档案馆馆藏档案，档案号：B1－1－187－102。

② 中共上海市委：《中共上海市委关于批转上海市劳动局党组等四个单位关于动员青年参加新疆生产建设的工作意见的报告的通知》，上海市档案馆馆藏档案，档案号：B76－3－1121－42。

③ 上海教育出版社：《远方来信》，上海教育出版社1966年版，第17页。

在时代理想感召的基础上，上海知识青年的就业与成才压力也是促使他们踊跃入疆的一个因素。[①] 进入20世纪60年代后，随着国民经济的调整，上海面临的就业和升学压力更为严重。据1962年年底统计，上海的社会青年约7万人，如加上1963年暑假毕业不能升学的高中和初中毕业生则将达到11万人。这些青年人，绝大多数是未能升学者和工厂企业精简下来的职工，其中历届高中、初中毕业生不能就业的约2万人，约占30%；被精简、退职或支援内地又自发跑回来的约3万人，约占45%；因各种原因中途辍学、退学的，共1.5万人，约占20%；被学校、工厂“清洗”下来的，约占5%。[②] 如此众多的社会青年滞留在上海，无固定的职业，给社会和家庭带来消极影响的同时也给青年人的自我发展提出了难题。在这样的时代环境下，赴疆建设实现自我成才与自我发展也就成为一种动力。

二　上海知识青年赴疆概况

上海知识青年赴新疆支援建设是从20世纪50年代初开始的。新中国成立初期，上海社会发展面临诸多实际困难，除了美蒋飞机轰炸和奸商、特务破坏外，城市失业问题严重。[③] 为寻求解决办法，陈毅同志代表上海市委市政府向广大青年发出号召，希望他们可以支援边疆建设。为响应市委号召，1954年即有500多名上海青年知识分子到新疆参加支援边疆建设[④]，堪称上海知识青年赴疆支援建

---

① 上海市劳动局：《上海市劳动局关于动员上海市社会青年参加新疆生产建设情况的汇报——上海市人民委员会第十三次会议文件》，上海市档案馆馆藏档案，档案号：B76－3－1132－68。

② 徐建刚：《艰难探索1956—1965》第二册，上海书店出版社2001年版，第467页。

③ 上海总工会：《上海总工会关于1950年2月6日轰炸上海后失业情况严重的报告》，上海市档案馆馆藏档案，档案号：C1－2－132－21。

④ 上海市教育局：《上海市组织初中、高小毕业生从事劳动生产联席会议工作组的工作简报第十三号》，上海市档案馆馆藏档案，档案号：B105－5－1042－29。

设之滥觞。为推动青年知识分子参加边疆建设工作，1955 年 7 月团中央发布《关于组织青年参加边疆建设问题的一些意见》，鼓励一部分城市中未升学的初中、高小毕业生及其他失业青年参加垦荒工作。1956 年的 4 月，上海又有 300 多名知识青年支援新疆建设。[①]当然，需要特别指出的是，20 世纪 50 年代上海知识青年入疆支援建设主要是从事商业、交通运输、石油、有色金属等行业的，参加农业生产的还占少数，即使参加农业生产者也多为技术骨干。

上海知识青年大规模的入疆支援农业垦荒工作是从 20 世纪 60 年代开始的。1961 年，2500 多名上海知识青年响应政府号召，参加新疆建设兵团从事农业建设。1962 年，在各级政府的动员下，又有 458 名上海知识青年参加农业垦荒，各类上海支援新疆建设的人数增至 2 万。1963 年，上海支援新疆建设兵团待遇进一步提高，每人 800 元给兵团用于添置农具、造房子、做衣服及 3 年的生活费用；出发前困难补助，平均每 100 人补助 640 元，其中最高补助 15 元，最低 3—4 元。而且，1963 年以后，正值上海青年广泛开展学雷锋、学好八连、学解放军、学大庆的运动，他们对于到新疆建设兵团工作表现了相当高的热情，认为一是政治上进步快，能够穿上军装到边疆去保卫祖国，是当时青年认为最光荣的事情；二是生活有保障，除按供给制待遇外，还按艺徒标准发给零用钱，比起插队和农场，条件要好得多。此外，新疆旖旎的风光、优美的传说对青年人也有相当的吸引力。在短短的两个月中，报名去新疆的人数达到了 4.5 万人，占当时上海全部社会青年总数的 1/3 以上。1963 年 5 月，上海市被批准到新疆的社会青年达 1.5 万人，从 7 月中旬开始分批到新疆建设兵团，到当年年底，又有 5000 名应届毕业生动身，使当年赴新疆建设兵团的人数达到近 2 万人，大大超过国家原

---

① 上海市商业局：《中国食品公司上海市公司、中国食品公司新疆维吾尔自治区公司关于调用商业人员的协议》，上海市档案馆馆藏档案，档案号：B123 - 3 - 256 - 10。

定的1.3万人的计划，其中所谓“家庭出身不好”的知识青年占2000名。他们大部分被安置在塔里木垦区，分别被插入老部队，也有一些青年进入石河子农学院学习。①

1964年根据中央、农垦部的指示和上海市委的决定，上海动员去新疆生产建设兵团的任务为3.5万人，其中社会青年1.8万人，应届初中、高中毕业生1.7万人。上海动员知识青年到新疆建设兵团的工作也达到高潮。当年上海知识青年报名支援新疆农业建设的4.5万人，最终获得批准入疆者2万人。为了继续加大动员力度，推动上海知识青年入疆支援垦荒建设，1964年周恩来总理明确指示上海青年每年要来（新疆）3万。1964年4月20—21日，上海团市委召开上海市下乡上山知识青年积极分子代表会议。时任中共上海市委书记处书记陈丕显、石西民、刘述周，书记处候补书记王一平、张春桥，上海市副市长宋日昌等于21日晚和会议代表见面。石西民在20日的大会报告中，号召上海一切有条件下乡上山的知识青年，要学习先行者的榜样，树立雄心壮志，以四海为家，踊跃奔赴农业生产第一线。这次会议之后，上海掀起更大规模的上山下乡热潮。5月17日，上海1万多人集会欢送参加新疆建设的知识青年，时任上海市副市长宋日昌到会讲话，时任中共上海市委书记处书记石西民、新疆生产建设兵团干部部部长邱舟以及团市委书记张浩波参加会议。5月27日，上海市委召开盛大的欢送大会，时任副市长宋季文、市委书记处书记石西民、共青团上海市委书记张浩波、新疆建设兵团干部部部长邱舟到会作了讲话。当月，上海有2.2万社会青年去了新疆。9月，又有近1万名应届初中、高中毕业生到新疆参加建设兵团。上海知识青年进疆后，基本上按照区、场对口的办法，即一个区的尽可能安排在一个农场，便于区、场联

① 徐建刚：《艰难探索1956—1965》第二册，上海书店出版社2001年版，第468页。

系，集中管理教育，除极少数留在机关工作外，其余分别安排在 100 多个生产队。新疆生产建设兵团师、团（场）的各级党组织，都把这项工作作为政治任务来落实，从组织上、思想上、生活上关心上海知识青年，不仅保证了这批青年安置工作的顺利完成，而且为今后继续大批安置上海知识青年积累了经验。① 当年被输送到新疆参加农业生产建设的共达 31216 人。其中应届高中毕业生 2000 多人，初中毕业生 7000 余人。1965 年和 1966 年又分别有 14357 名、16894 名上海知识青年支援新疆农业建设。②

20 世纪 60 年代赴疆的上海知识青年被安置在新疆建设兵团的 126 个农牧场及工厂、单位，其中 84% 在南疆。具体情况参照表3 －1。

表 3 －1　　1963—1965 年新疆建设兵团安置上海青年分类统计

单位	安置总数（人）	各年份人数（人）		
		1963 年	1964 年	1965 年
总计	64295	19769	31326	13200
农一师	40104	15048	18056	7000
农二师	13290	2272	4818	6200
农四师	2863	294	2569	
农五师	376	168	208	
农六师	802	317	485	
农七师	2326	382	1944	
农八师	1176	173	1003	
农十师	1798	307	1451	

① 徐建刚：《艰难探索 1956—1965 · 第二册》，上海书店出版社 2001 年版，第 468 页。

② 姚勇：《上海知识青年支援新疆建设的历史回顾》，《新疆大学学报》（哲学社会科学版）1999 年第 2 期。

续表

单位	安置总数（人）	各年份人数（人）		
		1963 年	1964 年	1965 年
总计	64295	19769	31326	13200
工一师	294	29	265	
工二师	327	98	229	
公交部	49	49		
供销部	225	119	106	
勘测设计大队	50	50		
政干校	150	150		
医专	178	81	97	
财校	325	230	95	
兵团直属机关	2	2		

资料来源：《上海青年志》，见上海市地方志办公室官方网站资料，网址为：http://www.shtong.gov.cn。

由表 3－1 内容可见，1963—1965 年间上海知识青年赴疆参加建设兵团情况呈现出了数量较大、分布较广、年度不均的历史特征。就其总数而言，三年当中共有多达 64295 人参加了新疆建设兵团，每年平均 30000 多人；就其分布情况而言，则安置于农一师、农二师、农三师、农四师、农五师、农六师、农七师、农八师、农十师、工一师、工二师、公交部、供销部、勘测设计大队、政干校、医专、财校及兵团直属机关的 18 个部门当中；而其中安置数量最多的部门是农一师，达到了 40104 人，其次是农二师 13290 人，其余单位则多寡不等；就其分布年份而言，最多的是 1964 年，为 31326 人，占总数的 49%。

三　上海知识青年支援新疆农业建设的历史影响

上海知识青年新疆垦荒支边运动萌芽于 20 世纪 50 年代中期，而经由中央、新疆和上海等政府方面的动员号召最终形成于 20 世纪的 60 年代。无论是从其规模还是从其所占新疆全国所有知识青年的比例来看，上海知识青年的新疆垦荒支边运动都是很具代表性的，而且从其对于中国社会发展作用而言也是具有重大历史意义的。

首先，20 世纪 60 年代上海知识青年新疆垦荒支边运动在很大程度上推动了新疆的建设和发展。新疆地处我国西部边疆，地理位置十分重要，同时资源蕴藏也十分丰富，因而加强对于新疆地区的开发不仅具有重大的社会经济意义还具有很强的国防安全意义。然而，新中国创建之后，作为世界上最著名的未开发地区之一，新疆经济发展尤其是农业发展的劳动力极为匮乏，这一点严重限制着新疆社会发展的步伐。20 世纪 60 年代在各级政府的动员、号召之下，上海知识青年踊跃报名入疆，为新疆农业及其他各项建设事业的发展提供了重要的劳动力方面的补充。而且，由于上海知识青年普遍具有较高的科学文化素质，因此当他们补充到新疆建设者队伍中去时，他们也在悄然间改变和提升了新疆建设者们的文化素养。这一点，在科技兴农、科技兴国的建设指导方针下尤其可贵。历史地考察，上海知识青年到新疆后除了积极参加各项体力劳动外，还用自己的知识和文化为新疆的发展做出了卓越的贡献。以科技兴农为例，上海知识青年通过自己已有的科学文化能力和社会劳动生产实践相对接，努力攀登农业科研的高峰，通过他们的努力最终在新疆地区盐碱地改良和减少棉花病虫害以及粮食丰产等方面做出了积极的贡献。①

其次，上海知识青年在为新疆地区建设事业做出贡献的同时，其自身也得到了很好的锻炼。对于青年人成长、成才而言，其个人意志力的磨炼是必不可少的。上海知识青年入疆前一直生活在上海

① 姚勇、张磊：《上海知识青年对新疆经济发展的伟大贡献》，《新疆社科论坛》2002 年第 3 期。

大城市的氛围中，很多人没有经历艰难困苦的磨炼，而入疆后的劳动实践却恰恰给了他们人生的重大转变。据很多上海知识青年回忆，他们入疆之后，“在火热的劳动斗争中，思想上有很大的收获”，“刚到新疆的时候，有些同志人在边疆心在上海，他们还留恋上海的大城市生活，留恋着自己的家庭，特别是有些小姑娘，一想起上海，想起自己的家，就会哭起来，现在不同了，一到连队，听到的不是哭声，而是处处充满了青年人的欢笑声和嘹亮的革命歌声”。① 而正是在这种思想转变的基础上，上海知识青年通过自己的社会劳动实践，为新疆建设事业做出巨大贡献的同时，也得到了社会各界的普遍赞誉和充分肯定，实现了自己的社会历史价值。1965 年 8 月 19 日，由原上海市副市长宋日昌为团长，团市委书记张浩波、市劳动局副局长于永实、市教育局副局长杭苇为副团长的上海市各界人民赴疆慰问团，带着中共上海市委员会、上海市人民委员会《给参加新疆建设的上海青年的慰问信》，慰问上海支疆青年。慰问团回沪后给市委的报告中说：“几年来，参加新疆建设的上海青年在兵团各级组织和志愿工的不断帮助下，经过实际斗争的锻炼，在政治思想、生产劳动等方面都有了显著的进步。总的看来，精神面貌很好，不仅情绪稳定，而且朝气勃勃、热爱劳动、努力学习、积极向上，德智体各方面正在迅速地成长。他们不仅长得高大健壮，而且初步掌握了劳动技能，更为重要的是他们的政治思想有了很大进步，成为兵团的一支生气勃勃的新生力量。许多老职工都翘着大拇指说：‘上海青年雅克西（好）。’”②

再次，20 世纪 60 年代上海知识青年新疆垦荒支边运动对于当今知识青年的成长和成才的路向选择也具有很大的启发意义。如前所述，就上海知识青年入疆参加边疆开发和建设的原因来看，除了

① 上海教育出版社：《好儿女志在四方》，上海教育出版社 1965 年版，第 3 页。

② 上海市人民政府：《关于上海市各界人民赴新疆慰问团的讲话稿》，上海市档案馆馆藏档案，档案号：B127－1－884－18。

响应党和国家的号召之外，到西部去就业成才也是其中的一个重要因素。而放眼当下，知识青年的就业问题依然较为严峻，这其中摒除就业需求的刚性因素之外，青年人一味放眼大城市和沿海地区的路向选择也是存在一些问题的。其实到西部地区、到边疆去或许也不失为一种可行的成才路向。回顾历史，“上海知识青年进入新疆工作后，在当地党政领导的教育帮助下，在各自的岗位上，出色完成了任务，而且很多人被评为先进工作者与劳动模范，为新疆各族群众、为建设新疆做出了实实在在的贡献，同时也得到了各界的充分肯定”①。如，在 1964 年、1965 年入疆的 5 万多名上海青年中，被评为积极分子的有 2 万多人，入党 710 人，入团 4900 多人，提拔当干部的有 2800 人。新疆建设兵团工程一队的 440 名上海青年，有 1/3 被评为五好工人。到 1980 年年初，阿克苏垦区农一师 2 万多名上海知识青年中，1615 人加入中国共产党，1279 人担任各级领导工作。塔里木垦区农二师 1980 年在册的 10068 名上海知识青年中有 441 名提干，其中 8 名提为县团级干部。至 1999 年，在疆的上海知青还有 1 万余人，不少人已成为新疆建设兵团各行业的业务中坚。其中，杨永青曾任新疆维吾尔自治区科协党组副书记，袁鸿富任兵团机关管理局局长，徐立汉 1999 年被评为共青团十大劳动模范之一并享受国务院颁发的政府特殊津贴，聆听王震报告后赴疆的上海第十女子中学的倪豪梅 42 岁时出任兵团副政委并一度出任中华全国总工会副主席。

揆诸史实，20 世纪 60 年代上海知识青年通过自己的努力为国家建设做出突出贡献的同时，也在个人成长、成才的路向选择上为当今的青年人做出了很好的历史表率。

---

① 金大陆：《上海青年志》，上海社会科学院出版社 2002 年版，第 189 页。

第三节 20世纪六七十年代上海市支援全国三线建设

所谓“三线”是按我国版图从国家安全防御纵深延展角度而划分的区域称谓。其中第一线主要是指沿海和边疆地区，三线“包括基本属于内地的四川、贵州、云南、陕西、甘肃、宁夏、青海7个省区及山西、河北、河南、湖南、湖北、广西等省区靠内地的一部分，共涉及13个省区”①。西南和西北地区是大三线，中部及沿海地区的腹地为小三线。

三线建设是20世纪六七十年代党和国家领导人鉴于复杂的国际局势而做出的一项重要决策。三线建设决策的实施是我国工业发展史上的大事件，加强对于三线建设历史的研究有助于我们深刻认识当代中国社会的历史变迁。本节主要依据上海市档案馆馆藏相关档案，对上海支援三线建设的情况进行大致的考证和分析。

一 国家三线建设思路的形成

20世纪60年代我国三线建设的决策是因当时复杂的国际局势给我国国家安全带来的巨大隐患而开始的。进入20世纪60年代，我国所处地缘安全进一步受到外来威胁。在我国的北边，由于中苏关系的紧张，苏联强大的军事威胁始终存在。据资料统计显示，仅1963年苏联在中苏边境挑起的两国冲突就达4000多次。② 虽然1964年苏联领导人经历了换届，但中苏两国关系并未得到实际缓

① 陈东林：《三线建设：备战时期的西部开发》，中共中央党校出版社2003年版，第2页。

② 胡礼忠、金光耀：《从尼布楚条约到叶利钦访华》，福建人民出版社1994年版，第352页。

解。苏联反而在中苏两国边境增加百万兵力，战略导弹也对准中国，中国的国家安全遭受到来自苏联的巨大威胁。

在西面，印度公然侵略中国的国土，给中国的国家安全带来直接的威胁。从 1961 年开始，印度不但继续侵吞中国的国土，还在其占领的中国国土上修建碉堡，挑起双方冲突，扩大事态。甚至于印度还和美苏相勾结，充当急先锋。据统计，仅 1964 年上半年，印度军队侵犯中国国土就多达 20 多起。①

在东面，由于台海局势的紧张，国民党蒋介石集团也对大陆的安全造成了巨大威胁。国民党蒋介石集团败退台湾之后，其反攻大陆的野心就一直存在。到 20 世纪 60 年代，鉴于中苏关系的裂痕，蒋介石认为大陆没有了苏联的支持，是其反攻大陆计划实施的最佳时机。② 因此，在美国的支持下，蒋介石集团在 20 世纪 60 年代开展了一系列的军事行动。蒋介石集团不但多次派出 U－2 侦察机到大陆上空进行军事侦察活动，还多次派遣武装小分队到大陆东南沿海进行袭扰和破坏，进一步给大陆的安全制造了紧张空气。

在南面，美国的军事力量也给中国的国家安全带来了较大挑战。自新中国成立之后，整个 20 世纪 50 年代美国都对中华人民共和国持敌对态度。到 60 年代，抱着在全世界称霸的野心，美国以防止中华人民共和国在东南亚地区渗透为借口，不断扩大其在东南亚尤其是中南半岛的军事侵略活动。

国际形势的紧张给中国国家安全带来空前的威胁，同时，也使当时中国领导人的全局安排不得不做出备战的考虑。1964 年 5 月 27 日，毛泽东主席找周恩来、刘少奇、邓小平、李富春、彭真及罗瑞卿等同志谈话，从准备应对外来军事侵略打击的角度出发，指

---

① 中华人民共和国国史全鉴编委会：《中华人民共和国国史全鉴》第 3 卷，团结出版社 1996 年版，第 3347 页。

② 刘志功、何春超：《战后国际关系手册》，广西人民出版社 1987 年版，第 218 页。

出在原子弹时代没有战略后方是不行的，在国家“三五”计划规划中要充分考虑全国工业布局不合理的现状，“不能把鸡蛋全放在一个篮子里面”，要搞一线、二线和三线部署，加强三线建设，以防备外来侵略。毛泽东主席还特别强调，要在攀枝花建设全国的钢铁基地。[①] 他还指出，“就国家建设布局而言，前几年我们忽略了利用沿海基地，后来经过提醒注意了，最近这几年又忽视屁股和后方了”[②]。同年6月6日，毛泽东在中央工作会议上讲话，对备战工作做了专门指示。毛泽东说，“我们不是帝国主义的参谋长，不晓得他什么时候要打仗。决定战争最后胜利的不是原子弹而是常规武器。他指出，要搞三线工业基地建设，一二线也要搞点军事工业。各省都要有军事工业，要自己造步枪、冲锋枪、轻重机枪、迫击炮、子弹、炸药。有了这些东西就放心了”。[③]

显而易见，外来潜在侵略势力对国家安全的威胁是20世纪60年代党和国家领导人做出三线建设准备的外在诱因。而美国侵略越南的战争给中国国家安全造成的直接威胁则促成了三线建设决策的正式确立。

在1964年8月，美国悍然制造了著名的“北部湾”冲突。1964年8月2日夜间，美国的马克多斯驱逐舰在北部湾海域同越南的鱼雷船之间发生了激战。两天后，双方的海上战事加剧。美方借此机会，派第七舰队对越南的北部地区进行大肆轰炸。越南战争局势的扩大一度使得战火烧到了中国的边境线，我国军民有些也倒在了美国的炸弹下。美国的侵略行径给我国的国家安全带来了直接的挑战。

从防卫战争和保卫国家安全的角度出发，毛泽东主席在1964

---

① 金冲及：《周恩来传（1949—1976）》（下），中央文献出版社1998年版，第811页。

② 刘国光：《中国十个五年计划研究报告》，人民出版社2006年版，第262页。

③ 薄一波：《若干重大决策与事件的回顾》下卷，中共中央党校出版社1993年版，第1200页。

年8月17日和20日的两次中共中央书记处会议上做出明确指示，要对帝国主义可能挑起的侵略战争做好打算。而鉴于我国工业布局与备战设想不符的现状，中央决心对工业布局进行有利于备战的调整，力争建设后方基地。因此，会议决定，国家首先得集中力量进行三线建设，要求所处第一线的项目可以搬迁的都要搬迁，一两年内不能见效的项目要缩小规模，以配合三线建设。

同年8月19日，李富春、薄一波、罗瑞卿联名向毛泽东和中央提出了《关于国家经济建设如何防备敌人突然袭击的报告》。报告建议由李富春、李先念、谭震林、薄一波、罗瑞卿、谢富治、杨成武、张际春、赵尔陆、程子华、谷牧、韩光、周荣鑫13人组成，李富春任组长，薄一波、罗瑞卿任副组长；同时提出，各个方面的防备措施，除作战部提的四条外，还应包括大专院校、科学研究、设计机构、仓库、机关、事业单位等，以及城市、矿山的人防措施。各有关方面，都必须按照毛泽东指示的“精心研究，逐步实施”的原则，尽快进行研究。

10月中旬，中共广东省委向中共中央和中南局呈送了《关于国防工业和三线备战工作的请示报告》。报告称，“帝国主义目前正积极准备扩大对越南北方发动的侵略战争，广东省加紧进行战备工作十分必要，省委决定加速地方军事工业建设；把广州及沿海城市的部分民用工业及高等院校迁至三线去，后方电力工业也要发展；加强国防公路、通信网、电力及物资储备仓库等的建设；加速后方农业和山区经济的发展，并适当增建学校和医院”①。

广东的做法受到了毛泽东的充分肯定，很快中央向各省做出指示，要求各省学习“广东模式”②。各地纷纷按照毛泽东的指示，按广东模式进行三线建设。至此，国家三线建设的战略决策最终形成。

---

① 郑谦：《中华人民共和国史1956—1965》，人民出版社2010年版，第353页。

② 《建国以来毛泽东文稿》第11册，中央文献出版社1996年版，第196页。

二　上海市支援三线建设概况

上海作为我国的老工业基地，具有科技和人才的优势，在三线建设中上海市积极响应国家的号召，"既参加了大三线建设，又进行了小三线建设"①。

（一）大三线建设

1964 年秋，中共中央和国务院决定大规模建设后方基地用以备战，"要求上海搬迁军工、基础工业和短线产品 342 个项目，涉及 458 个工厂"，"这些工厂一分为二，内迁部分设备和人员，在后方组建新厂，老厂任务仍要完成"，"上海职工以大局为重，奔赴内地山区"，"从 1964 年秋至 1966 年'文化大革命'开始，先后共迁出工厂 411 个、设备 2.6 万多台，输送干部、工人 9.2 万名"。② "负有搬迁任务的工厂都配了领导干部、技术人员和技术工人骨干，保证新建厂能顺利生产。如上海大中华轮胎厂抽调领导干部和各工种工人 800 多人，配套去贵阳包建贵州轮胎厂；上海电器工业公司组织华通开关厂、人民电器厂职工 1000 多人，去遵义帮助建设遵义电器开关厂。1970 年，国务院在计划工作会议上要求狠抓战备，抓紧大三线建设。从 1970—1979 年，上海又先后动员了 14.24 万名职工，去西南地区和云贵高原，支援三线工厂。"③

关于大三线建设情况，除军事项目建设目前仍涉及国防安全不能公开外，大三线建设的民用项目建设档案已部分解密。就上海市支援大三线建设的民用项目所属工业门类而言，上海市档案馆馆藏相关档案已解密部分中仅见机电一局情况。具体项目明细见表 3－2。

---

① 冯火：《冯火关于三线建设问题的汇报》，上海市档案馆馆藏档案，档案号：A38－2－789－55。

② 陈沂：《当代中国的上海》（上册），当代中国出版社 1993 年版，第 250 页。

③ 李家齐：《上海工运志》，上海社会科学院出版社 1997 年版，第 458 页。

表3-2　上海市支援四川地区大三线民用项目一览

工厂代号	上海搬迁工厂名称	内地工厂名称	搬迁人员（人）	搬迁机床（台）
101	标准件三厂	重庆标准件总厂	85	30
102	开口筒厂		60	20
103	军太五金厂		60	15
104	先锋螺丝厂		80	40
105	弹簧垫卷厂		70	25
106	标准件六厂	成都标准件总厂	85	35
107	标准件四厂		95	40
108	上海螺丝厂		105	25
109	新光螺丝厂		50	50
110	有色金属螺帽厂		5	40
111	机床铸造厂	内江机床厂	40	
112	上海冷冻机厂	重庆冷冻机厂	70	专用设备
113	合众冷冻机厂		180	120
114	第一压缩机厂	重庆市压缩机配件厂	150	42
115	中国焊条厂	自贡电焊条厂	100	专用设备
116	上海汽轮机厂	东方汽轮机厂	150	
117	上海重型机器厂	第二重机厂	150	
118	上海起重机厂	长江起重机厂	50	
119	四方锅炉厂	东方锅炉厂	500	37
120	新建机器厂		500	10
121	上海电焊条粉剂厂	自贡电焊条厂	25	专用设备
122	工程机械厂	长江建筑机械厂	350	32
123	上海压缩机厂	四川压缩机厂		
124	第一真空泵厂	四川真空泵厂		
125	上海液压厂			
126	上海汽车电机厂	重庆汽车分公司（湖滨汽车附件厂）	160	
127	新京电器厂		100	
128	建设交通器材厂		20	
129	第一汽车附件厂	涪陵化油器厂	45	
130	上海汽车电机厂		44	
131	人民机器厂	西南印刷机厂		

资料来源：《上海市第一机电工业局四川大三线民用项目统计表》，上海市档案馆馆藏档案，档案号B173-2-20-131。

如表 3－2 所示，上海市支援四川地区的大三线民用项目数量较多，达到了 31 个；分布也较广，几乎分散于四川省的沿江各地，究其原因是长江及其支流运力的便捷；从其搬迁人员数量分析，最多的为四方锅炉厂和新建机器厂，均超过 500 人，其余如上海螺丝厂、合众冷冻机厂、第一压缩机厂、中国焊条厂、上海汽轮机厂、上海重型机器厂、工程机械厂、上海汽车电机厂、新京电器厂等也都超过了 100 人。

表 3－3　　上海市支援云南贵州地区大三线民用项目一览

<table>
<tr><th>工厂代号</th><th>上海搬迁厂名称</th><th>内地工厂名称</th><th>搬迁人员（人）</th><th>搬迁机床（台）</th></tr>
<tr><td>201</td><td>江宁电机厂</td><td>永安电机厂（贵阳）</td><td>150</td><td></td></tr>
<tr><td>202</td><td>上海机床铸造厂</td><td rowspan="2">贵阳铸造厂</td><td>90</td><td></td></tr>
<tr><td>203</td><td>上海锻压机床厂</td><td>120</td><td></td></tr>
<tr><td>204</td><td>华通开关厂</td><td rowspan="15">遵义低压电器总厂</td><td>750</td><td>168</td></tr>
<tr><td>205</td><td>上海电器厂</td><td>220</td><td>9</td></tr>
<tr><td>206</td><td>协成电器厂</td><td>150</td><td>10</td></tr>
<tr><td>207</td><td>华一电器厂</td><td>120</td><td>10</td></tr>
<tr><td>208</td><td>通明电器厂</td><td>80</td><td>8</td></tr>
<tr><td>209</td><td>上海电阻厂</td><td>55</td><td></td></tr>
<tr><td>210</td><td>永新电器厂</td><td>300</td><td>25</td></tr>
<tr><td>211</td><td>电器胶木件厂</td><td>50</td><td></td></tr>
<tr><td>212</td><td>电器电镀厂</td><td>30</td><td></td></tr>
<tr><td>213</td><td>电器压铸件厂</td><td>30</td><td></td></tr>
<tr><td>214</td><td>上海材料改制厂</td><td></td><td></td></tr>
<tr><td>215</td><td>电器铸造厂</td><td>65</td><td></td></tr>
<tr><td>216</td><td>闸北电瓷厂</td><td>150</td><td>18</td></tr>
<tr><td>217</td><td>星火模具厂</td><td>50</td><td></td></tr>
<tr><td>218</td><td>电气公司</td><td></td><td></td></tr>
<tr><td>219</td><td>大隆机器厂</td><td>贵州压缩机厂</td><td>630</td><td></td></tr>
</table>

续表

工厂代号	上海搬迁厂名称	内地工厂名称	搬迁人员（人）	搬迁机床（台）
220	石油配件厂	贵州钻探机厂	200	
221	上海水泵厂	西南水泵厂		
222	冶金矿山厂	贵州矿山机械厂		
223	上海起重机厂	西南起重机厂（贵州）		
224	第二锻压设备厂	滇北锻压设备厂		
225	第二机床厂	滇北机床厂		
226	上海压铸机厂	滇北压铸机厂		
227	上海仪表机床厂	西南仪表机床厂		
228	新成汽车材料厂	贵州缸垫厂		

资料来源：《上海市第一机电工业局云南、贵州大三线民用项目统计表》，上海市档案馆馆藏档案，档案号 B173－2－20－131。

如表 3－3 所示，上海支援云南和贵州地区的大三线民用项目总数为 28 个，其中贵州占绝大多数，而云南仅为 3 家；从其搬迁人数分析，人数最多的为华通开关厂的 750 人和大隆机器厂的 630 人；而就各厂支援迁入后所建成单位规模来看，规模最大的当属遵义低压电器总厂，它是由 15 家上海迁入单位合并而成的。

表 3－4　　上海市支援西北地区大三线民用项目一览

工厂代号	上海搬迁工厂名称	内地新厂名称	搬迁人员（人）	搬迁机床（台）
301	彭浦机器厂	陕西精密轧机厂		
302	上海重型机器厂	陕西轧机厂		
303	上海汽轮机厂	长城电力设备厂		
304	上海锅炉厂			
305	上海电机厂		1000	120
306	上海深井泵厂	西北深井泵厂		
307	上海鼓风机厂	青海风机厂		
308	通惠机器厂			

续表

工厂代号	上海搬迁工厂名称	内地新厂名称	搬迁人员（人）	搬迁机床（台）
309	力生机器厂	青海通用设备厂	65	
310	风动工具厂	西安内燃凿岩机厂	40	
311	铸字机器厂	咸阳铸字机厂		

资料来源：《上海市第一机电工业局西北地区大三线民用项目统计表》，上海市档案馆馆藏档案，档案号 B173－2－20－131。

由表3－4可见，上海市对西北地区的大三线民用项目的支援数量较少，只有11家单位，而且分布于陕西、青海两省当中；另外其搬迁人员也极不均匀，其中上海电机厂随迁人员多达1000人，而其余则多寡不等；就其支援各厂迁入后建成单位而言，以长城电力设备厂的规模最大，是由三个厂合建而成，其次是青海风机厂，是由两个单位合建而成的。

表3－5　　上海市支援中南地区大三线民用项目一览

工厂代号	上海搬迁工厂名称	内地新厂名称	搬迁人员（人）	搬迁机床（台）
401	上海电缆厂	鄂西电缆厂	1000	30
402	华新机械厂	湘西机械厂		
403	上海汽车配件厂	第二汽车厂水箱分厂		
404	上海制动器厂			
405	上海汽车转动轴厂	第二汽车厂转动轴厂		
406	上海汽车底盘厂			
407	中国软轴软管厂	第二汽车厂仪表厂		
408	中国弹簧钢板厂	第二汽车厂钢板弹簧厂		
409	中国弹簧厂	第二汽车厂标准件厂		
410	先锋螺丝厂			
411	标准件材料一厂			
412	上标一厂			
413	上标三厂			

续表

工厂代号	上海搬迁工厂名称	内地新厂名称	搬迁人员（人）	搬迁机床（台）
414	上标四厂			
415	螺母一厂			
416	上海弹簧垫圈厂			
417	上标九厂			
418	标准模具厂			
419	机修一厂			

资料来源：《上海市第一机电工业局中南地区大三线民用项目统计表》，上海市档案馆馆藏档案，档案号 B173－2－20－131。

表 3－5 告诉我们，上海支援中南地区的大三线民用项目总数共 19 家，且在湖北和湖南的分布情况极不均匀，其中除了鄂西电缆厂和湘西机器厂外，其余各厂都是属于配套支援第二汽车厂的，而当中规模最大的建成单位是第二汽车厂标准件厂，是由 11 个迁入单位合建而成的。

（二）小三线建设

在按照国家计划任务支援大三线建设的同时，上海市还在皖南和赣西等地建立了生产后方和原料基地，称为“小三线”。

按照“中共中央和毛主席的指示精神，上海市委、市人委对上海工厂搬迁和生产任务安排等问题作了多次研究，逐步形成了在皖南、浙西建设小三线的思路”①。后来为了进一步确定小三线建设的科学方案，上海市又先后进行了 6 次规划和调整，最终基本确立了建设方案：“上海市后方的区域范围，初步规划在屯溪为中心的皖南山区，包括浙江、江西的一部分，东起浙江天目山，西自安徽的东至县到江西的景德镇，南至浙江开化和江西婺源，北至安徽宁国、青阳、贵池一带，所牵涉的行政区域包括安

① 张永斌：《上海的小三线建设》，《上海党史与党建》1998 年第 4 期。

徽徽州专区全部、芜湖专区和池州专区的一部分、浙江的昌化、开化地区，江西的景德镇和婺源地区等”，其布局具体展开为“（1）以黄山为中心，包括冈村、汤口、茶林场、谭家桥一带，作为后方机关地区，布置机关、医院、学校、文化、档案等部门；（2）屯溪、祁门一带，包括休宁、溪口、渔亭、黟县等处，布置科研部门和有关的配套协作工厂；（3）宁国、绩溪一带，包括浙江昌化、开化地区，布置机械工业及军工；（4）泾县至旌德、绩溪一带，布置无线电、仪表和轻工业；（5）冶金工业运输量大，用水量大，占地面积广，又需接近原料产地，因此可布置在青阳、贵池一带；（6）旌德、绩溪、洪门、岛石这三角地带作为物资储备地区，并保留天目山南北地区和江西婺源地区为发展备用地”①。

从上述布局展开和最终建设实践看，上海市小三线建设主要分布在江西和安徽，分别形成了江西小三线和安徽小三线。

1. 江西小三线

江西省，位于长江中下游南岸，东临浙江、福建，南嵌广东，西连湖南，北毗湖北、安徽而共接长江，具有十分重要的战略意义。因而，江西在三线建设整体规划中虽不是全国大三线建设的重点地区，却是华东局小三线建设的重点规划地区。

中共中央华东局确定江西为华东区的战略后方，是小三线建设的重点决策。1964 年 11 月 13 日江西省委召开第 54 次常务会议，决定：（1）把“江西建设成为拖不垮打不烂的华东战略后方”作为全省动员的口号。（2）争取 1965 年先上一批地方军工项目。（3）确定九江至南昌为一线，原中央苏区和湘赣、湘鄂赣、皖浙赣、闽浙赣的山区为三线，其他地区为二线，以此布局进行小三线

① 上海市化学工业局：《上海市化学工业局关于后方三线建设情况的汇报》，上海市档案馆馆藏档案，档案号：B76 –4 –925。

建设。（4）抓紧组建领导机构及办事机构。会后，江西省机械厅二局草拟了小三线建设的初步规划。从 1964 年 11 月 25 日起，江西省委国防工业领导小组组织有关厅局的领导干部，会同国家计委、华东局计委、福州军区、五机部、化工部的同志共 100 多人，成立小三线建设项目选点工作组，由时任省委书记白栋材、副省长黄先分别任组长、副组长并带队，分成 9 片，历时 20 余天，察看了以湘赣、湘鄂赣为中心的 80 多个场地，初步选择 25 处作为建小三线军工厂的厂址。[①]

1965 年 1 月 7 日，江西省委向中央和华东局上报《关于加强后方建设和备战工作规划的报告》，提出“军事工业建设项目拟上 17 项”，“军事工业配套服务工程项目拟上 37 项”。[②] 同年 4 月 8 日，中共中央华东局通过了《华东区 1965—1967 年基本建设规划（草案）》，确定江西省小三线建设项目共 57 项。4 月 20 日，中共中央华东局又紧急召开后方建设工作会议，鉴于江西省基础工业薄弱，决定由上海市负责支援江西建设三线，担负 20 项军工项目的工程建设任务。5 月 10 日，经中共中央华东局和江西省委共同研究，决定成立江西省基本建设第一指挥部，时任副省长黄先任总指挥，负责江西省所担负的小三线工程建设任务；成立江西省基本建设第二指挥部，由时任上海市副市长、江西省委国防工业领导小组副组长李广仁任总指挥，负责上海市所担负的江西小三线工程建设任务。[③] 1965 年 7 月 5 日，中共中央华东局正式下达《1965—1967 年华东区各省、市后方建设规划》，确定江西小三线建设项目为 67 项，总投

---

① 《江西省人民政府志》编纂委员会：《江西省人民政府志》（上），江西人民出版社 2002 年版，第 581 页。

② 同上书，第 582 页。

③ 中共江西省委：《中共江西省委关于批转中共江西省委国防工业办公室“关于贯彻执行中共中央对小三线建设工作指示的报告”的通知》，上海市档案馆馆藏档案，档案号：B76－4－383－58。

资30115万元。其中，军事工业工程23项，军工后方服务工程44项。7月13日，由中共中央华东局书记韩哲一主持，在上海召开两省、市领导参加的专门会议，确定了上海支援江西小三线建设的一系列规划。[①] 至此，上海市支援江西小三线建设的思路完全成熟。

上海江西小三线各项目在建设思路完全确立之后，很快即投入了实际的建设过程。在前期考察和充分论证的基础上，同时在中央有关文件精神的指示下，上海方面与江西方面很快在上海包建的江西小三线地方军工厂的厂址选择和厂区布置等方面达成了一致意见，即上海包建的20项军工及配套工厂，厂址的选择“坚决贯彻靠山、分散、隐蔽的方针”，“要尽量利用天然洞穴，并考虑有打洞的条件”，同时“不要选在水库、大桥、大寺庙、大工厂等明显目标附近”，“不要选在强烈地震区、滑坡地带和可能被洪水淹没的地区”；在厂区布置上，“利用山区的自然地形，沿山沟建成村落式、瓜蔓式、阶梯式”，“根据自然地形和生产工艺流程的特点，一个厂的建筑可分散成几坨，而各坨之间彼此保持一定距离”；“建筑物的结构形式，应根据当地民用建筑的特点，尽可能做到村落式、乡土化，不建高大厂房”；“对一些靠山凹的建筑，要采用镶进去的办法，缩小目标”。[②]

在上述选址原则和华东区关于上海包建江西小三线建设任务规划的指导下，上海包建江西小三线项目很快即确定了20个工厂的厂址及相关设计规划。具体地点、项目、建设规划详情见表3-6。

---

① 江西省基本建设第二指挥部：《江西省基本建设第二指挥部上海工作组关于华东三线工作存在问题的报告》，上海市档案馆馆藏档案，档案号：A38-2-789-105。

② 国务院国防工业办公室：《国务院国防工业办公室关于小三线地方军工厂的厂址选择和厂区布置的几点意见》，上海市档案馆馆藏档案，档案号：A38-1-351-93。

表3-6　上海市包建江西小三线20个建设项目概况（1965年）

（投资额单位：万元）

序号	项目名称	工厂代号	建设地址	建设起止时间（年）	建设规模（年产量）	职工总数（人）	投资计划总额
1	高射机枪厂	9446	万载县九龙庙、车头	1965—1966	14.5高射机枪100挺、12.7高射机枪500挺	1160	1300
2	梯恩梯厂	9345	吉安县石颇垅	1965—1966	TNT炸药500吨	600	1400
3	迫击炮弹厂	9353	崇仁县郊方家石嘴头石门顶	1965—1966	60.82弹100万发、硝铵炸药2000吨	1498	600
4	迫击炮弹引信厂	9344	崇仁县中华山	1965—1966	82弹引信100万发、82弹基本药管铜座100万个、82弹无坐力弹引信3万个、铜座3万个、40大箭弹引信3万个、铜座3万个、大件10件	1264	600
5	理化计算中心	9309	万载县城	1965—1966		80	200
6	特殊钢厂		新余县周宇	1965—1966	钢5万吨、钢材3.5万吨	4086	4400
7	工模具厂		万载县城农机厂	1965—1966		575	400
8	青霉素厂		乐平县棉纺厂	1965—1966	青霉素20吨	580	440
9	37高射炮弹厂	9343	宜丰县	1966	37高射炮弹50万发	1100	1000
10	37高射炮弹引信厂	9334	宜丰县	1966	37高射炮弹引信50万发	1150	700

续表

序号	项目名称	工厂代号	建设地址	建设起止时间（年）	建设规模（年产量）	职工总数（人）	投资计划总额
11	轻重机枪厂	9396	安福县陈山沟	1966	7.62 班用轻机枪 3000 挺	900	600
12	85 加农炮弹体及装药厂	9323		1967	85 加农炮弹弹体 50 万个	1450	1000
13	85 加农炮弹筒总装厂	9333		1967	85 加农炮弹 50 万发	1350	1500
14	85 加农炮弹引信厂	9304		1967	85 加农炮弹引信 50 万发	800	1200
15	无坐力炮大箭筒厂	9337		1967	82 无坐力炮 500 门、40 大箭筒 3 万个		400
16	无坐力炮弹火箭筒弹厂	9383		1967	82 无坐力弹 3 万发、40 大箭弹 3 万发		400
17	汽油机厂		余干县马背嘴	1967	40 马力汽油机 300 台	320	400
18	发射药厂	9355	吉水县黎洞坑	1967	双基药 600 吨	900	800
19	内河小艇厂		余干县瑞洪镇	1967	小艇 80 艘		250
20	磺胺厂			1967	磺胺 100 吨		325

资料来源：《中共上海市委工业生产委员会关于江西小三线建设项目情况一览表》，上海市档案馆馆藏档案，档案号 A38－1－351－8。

由表 3－6 可知，上海市包建江西小三线的 20 个项目当中，其建设时间主要分布于 1965 年至 1967 年之间，其中建设于 1965 年至 1966 年间的共有 8 家，占总数的 40%，建设于 1966 年的共 3 家，占总数的 15%，建设于 1967 年的则有 9 家，占总数的 45%；就其职工总数而言，最多的为特殊钢厂的 4086 人，其余多为数十、数百、一千左右不等的人数。

上海包建江西小三线各项目规划明确之后，为了提高建设效率，加快包建速度，上海市有关方面“在中央和华东局、福州军区、上海市委、江西省委的正确领导下”，很快形成了人员和对口负责单位的分配方案。[①] 在人员配备方面，“干部抽调本着上海方面提供三分之二，江西方面提供三分之一，共同组成干部队伍的原则”[②]；在工人队伍组建上，上海工厂内迁人员均按有关规定实行严格的审查。“政治条件按国防工业办公室的规定，内迁人员的平均技术等级要略高于留厂职工的水平，等级要高低搭配，工种要配套，以便保证去内地后能够正常生产”，另外“内迁工人的身体一般应该健康，无严重疾病，能适应山区特点”。[③] 工厂搬迁方式，“采取一分为二，人员新老搭配，工种齐全，平均技术等级原则上略高于原生产厂水平，设备质量中上水平，专用的多迁，通用的少迁，有二台的搬一台，单一关键设备不迁，但国家订不到的关键专用设备，可具体协商，由上海协助制造”[④]。

为了按时完成江西小三线各项目的包建任务，上海市在结合本市工业状况基础上，将包建任务在本市工业系统内做了更加细致的划分和布置。上海市包建江西小三线的 20 个建设项目分别由上海市机电一局、化工局、仪表局、冶金局等 8 个单位负责。具体分工

---

① 上海市人民政府：《关于从工业系统抽调干部支援华东三线建设的方案》，上海市档案馆馆藏档案，档案号：A36－1－393－157。

② 上海市人民政府：《关于需要抽调 784 名上海各类干部支援华东三线建设的通知》，上海市档案馆馆藏档案，档案号：A36－1－374－134。

③ 上海市冶金工业局：《上海市冶金工业局关于下达江西小三线包建、包产项目和搬迁计划的通知》，上海市档案馆馆藏档案，档案号：B18－1－156－3。

④ 中共上海经济计划委员会：《上海市经济计划委员会关于报送上海市支援华东小三线迁建项目的报告》，上海市档案馆馆藏档案，档案号：A38－1－347－26。

及包建任务详情见表3－7。

表3－7　上海市包建包产江西省小三线工程项目计划汇总

序号	包建单位	项目数（厂）总数	项目数（厂）分类 军工	项目数（厂）分类 配套	投资额（万元）合计	其中 1965年	其中 1966年	其中 1967年	施工单位	备注
	合计	20	14	6	19783	2085	8355	7315		1968年尚有化工项目投资2028万元，合计投资额中已包括此数
1	冶金局	1		1	4400	1000	2500	900	上海建工局	
2	化工局	6	3	3	6360	460	1180	2692	同上	1968年尚有化工项目投资2028万元
3	机电一局	8	6	2	6828	500	3400	2928	同上	
4	仪表局	1	1		545			545	同上	
5	轻工业局	1	1		600		600		江西省安排	
6	计量局	1	1		200	50	150		上海建工局	
7	纺织机械公司	1	1		600	75	525		同上	安装：江西省安排
8	造船工业公司	1	1		250			250	同上	

资料来源：《上海市革命委员会经济计划组关于下达江西小三线包建包产计划和搬迁计划的通知》，上海市档案馆馆藏档案，档案号：B227－2－5－36。

如表3－7所示，上海市包建包产江西小三线的责任单位包括冶金局、化工局、机电一局、仪表局、轻工业局、计量局、纺织机械公司、造船工业公司等不同单位；其项目数量共20个，其中14个为军工项目，占总数的70%，属于配套项目的共6个，占总数的30%；而就其投资年度分布看，排在首位的是1966年，其次是1967年，最后是1965年。

表3－8　　上海市包建包产江西省小三线工程项目详细计划一览

建设项目	包建单位	进度要求	投资总额（万元）	主要建设内容	施工单位	属性	备注
宜春第一机械厂	机电一局	1965—1966年建成	1100	全厂建筑面积31916平方米及附属构筑物、厂区道路、防洪工程等	上海建工局	军工	
永胜机械厂	同上	1966年建成	725	全厂建筑面积37106平方米及附属构筑物、厂区道路、防洪工程等	由江西省安排	军工	原国家计划下达为600万元，另从其他项目调剂125万元
先锋机械厂	同上	1966年建成	1000	全厂建筑面积22201平方米及附属构筑物、厂区道路、防洪工程等	上海建工局	军工	
光明机械厂	同上	1966年基本建成	600	全厂建筑面积21750平方米及附属构筑物、厂区道路、防洪工程等	上海建工局	军工	
爱民翻砂厂	同上	1967年全部建成	940	全厂建筑面积27011平方米及附属构筑物、厂区道路、防洪工程等	上海建工局	军工	与（67）沪计基字第43号文件下达计划同

续表

建设项目	包建单位	进度要求	投资总额（万元）	主要建设内容	施工单位	属性	备注
人民农具厂	同上	同上	1688	全厂建筑面积37104平方米及附属构筑物、厂区道路、防洪工程等	上海建工局	军工	与（67）沪计基字第43号文件下达计划同
江西工具厂	同上	1966年全部建成	475	利用厂房改建，新建部分厂房，全厂建筑面积9427平方米及附属构筑物、厂区道路等	上海建工局	配套	原国家计划下达400万元，另从其他项目调剂75万元
为民机械厂	同上	1967年全部建成	300	利用山洞建设，全厂建筑面积19323平方米及附属构筑物、厂区道路等	同上	配套	与（67）沪计基字第43号文件下达计划同
吉安化工厂	化工局	1965—1966年建成	1200	全厂建筑面积18938平方米及附属构筑物、厂区道路、防洪工程等；在新余县另设原料转运站	上海建工局	军工	原国家计划下达为1400万元，后参照扩充批准数调正为1200万元
庆江化肥厂	同上	1967年建成	4000	全部建筑面积39224平方米，并有部分建筑建入山洞内，附属构筑物、厂区道路及防洪工程等	同上	军工	与（67）沪计基字第43号文件下达计划同；4000万为庆江、安江两厂的总投资数

续表

建设项目	包建单位	进度要求	投资总额（万元）	主要建设内容	施工单位	属性	备注
安江化肥厂	同上	1967—1968年建成		同上	上海建工局	军工	
东风制药厂	同上	1965—1966年建成	440	全厂建筑面积13372平方米及附属构筑物、厂区道路、乐安河取水工程等	同上	配套	投资额中未包括医药公司分装投资50万元及原选厂址变更华东局同意增拨57万元
黎明制药厂	同上	1967年建成	450	全厂建筑面积16922平方米及附属构筑物、厂区道路、防洪工程等	同上	配套	与（67）沪计基字第43号文件下达计划同
前卫化工厂	同上	1967年建成	270	除利用原有厂房外，新建4310平方米及附属构筑物、厂区道路、防洪工程等	同上	配套	同上
江西钢厂	冶金局	1965—1967年建成	4400	电炉炼钢车间、锻造车间、开坯车间、小型车间、管棒车间、冷带车间、拉丝车间、总机修、中试、制氧车间、水厂系统等全厂建筑面积13万平方米以及附属构筑物、厂区道路、桥梁、防洪工程	同上	配套	原计划为4100万元，加上1965年冶金部投资300万元，共4400万元

续表

建设项目	包建单位	进度要求	投资总额（万元）	主要建设内容	施工单位	属性	备注
新民机械厂	仪表局	1967年全部建成	545	全厂建筑面积20476平方米，其中有部分厂房建入山洞内，厂区道路，防洪工程及附属构筑物等	上海建工局	军工	与（67）沪计基字第43号文件下达计划同
连胜机械厂	轻工业局	1966年全部建成	600	全厂建筑面积21394平方米及附属构筑物、厂区道路、防洪工程等	由江西省安排	军工	
华东工具厂	计量局	1965—1966年建成	200	利用原有建筑物改建，新建恒温室等以及附属建筑物、构筑物、新建面积826平方米及厂区道路等	上海建工局	军工	
星火机械厂	纺织机械公司	1965—1966年建成	600	全厂建筑面积27722平方米及附属构筑物、厂区道路、防洪工程等	土建：上海建工局；安装：江西省安排	军工	1965年投资75万元由动员费项目转拨
永新修造厂	造船工业公司	1967年全部建成	250	全厂建筑面积9672平方米及附属构筑物、厂区道路、防洪工程等	上海建工局	军工	与（67）沪计基字第43号文件下达计划同

资料来源：《上海市革命委员会经济计划组关于下达江西小三线包建包产计划和搬迁计划的通知》，上海市档案馆馆藏档案，档案号：B109-4-31-19。

如表 3－8 所示，上海市包建江西小三线建设各项目在具体建设过程上，主体规划为 1965 年至 1967 年。截至 1968 年 1 月份，“上海包建的江西小三线项目，已有十一个厂土建基本完成，设备已安装；江西钢厂、江西工具厂、东风制药厂等三个项目已基本投入生产；其他几个包建工厂的土建也已全面开工”[①]。到 1970 年上海市包建的江西小三线项目正式完成。1970 年 2 月 26 日，上海市包建江西小三线的各有关工业局、公司革命委员会负责同志“与江西省革命委员会国防工业办公室协商，除宜春第一机械厂（高射机枪厂）还有一些问题需要进一步协商外，其余各厂的问题都已协商一致”，并决定“从 1970 年起统一划归江西省，有些生产上必需的工艺装备，二、三类物资和协作配套件，江西一时确实难以解决的，上海负责继续支援”。[②] 1970 年 7 月，江西省基本建设第二指挥部正式宣布工作结束，撤销建制。指挥部的上海派出人员除罗兴华留下外，其余全部回上海原工作单位。上海负责包建的 20 个项目，全部归江西省国防工业办公室领导。包建各厂经过验收达标并划归于江西省，也标志着上海市支援江西小三线的建设任务正式圆满完成。

2. 安徽小三线

在建设江西小三线的同时，上海市还进行了安徽小三线的援建工作。上海在安徽小三线的建设主要分布在安徽省徽州地区（皖南）东西 260 多千米、南北 130 多千米的山区中。“从 1966 年开始建设以来，到 1988 年全线撤走返回上海，历时 22 年。统计到 1980 年年底，共建成 54 个工厂，一个运输场（包括 5 个车队）、一个通

① 上海市冶金工业局：《上海市冶金工业局革命委员会转发上海市革命委员会为加速上海包建包产江西地区小三线建设的会议纪要》，上海市档案馆馆藏档案，档案号：B112－2－82－39。

② 上海市革命委员会：《上海市革命委员会工业交通组关于上海包建江西小三线十九个厂移交的情况报告》，上海市档案馆馆藏档案，档案号：B248－2－290－4。

讯站（下设6个分站）、四个仓库及供应站、四个医院、九所中学和三十九所小学。拥有职工56474名，占地面积679万平方米、建筑面积218万平方米（其中生产用面积106万平方米）、金切锻压设备6000余台、各种车辆1500余辆，全部固定资产价值6.2亿元，是全国各省市‘小三线’中门类最多、规模最大的一个。22年来，上海‘小三线’广大干部和职工响应当时毛泽东同志的号召，劈山开路，艰苦奋斗，克服困难，为三线建设作出贡献；在建设过程中，特别是建设初期，他们发扬了‘抢时间、争速度’，‘不怕苦、不怕死’的革命精神，在极其困难的条件下，为我国的国防建设作出了可贵的贡献。22年间，国家共投资6亿余元（加上宁国水泥厂及电厂以及技术投资等共约7亿余元，约占上海同期总投资的3.7%，国家分配投资的5%），生产了一批五七高炮和炮弹、新四〇火箭筒和火箭弹、八二无坐力炮、手榴弹、枪弹、通信机、载波机、雷达、火炸药等军工产品；同时，还生产了钢材、水泥、机床、汽车、医疗器械、电子元件、精密合金、光学仪器、印刷品等民用产品，累计总产值32.47亿元（占全市同期的0.55%）。上缴利润3.2亿元，上缴税金9600万元，税利合计共收回投资的71.2%。上海小三线虽然建成了一批生产军工产品以及与之配套的工厂，但是，大部分分散建在远离县城、远离主要公路的深山沟里，为了维持正常的军工生产，还建设了独立的社会生活系统。上海‘小三线’的各工厂、单位，都有自己的商店、菜场、中小学校、幼儿园、医院（医务室）、供水和供电系统，甚至治安管理部门（保卫科及公检法）也独立于当地，直接接受上海市公检法等部门指挥。”①

上海皖南小三线建设就所属工业门类来看，主要是机电工业和

① 上海市人民政府：《上海市、安徽省皖南小三线调查交接工作总结会议》，上海市档案馆馆藏档案，档案号：B67－1－316。

轻工业部门，具体建设项目见表3－9。

表3－9　　上海市安徽后方基地情况一览

序号	单位	地址	人数（人）			产品
			合计	职工	家属	
1	基地机关	安徽省屯溪市	262	230	32	
2	基地干校		170	150	20	
3	后方电力组	绩溪县	61	36	25	
4	三六六电厂	宁国县	417	317	100	火力发电
5	三一二电厂	泾县	449	376	73	火力发电
6	三二五电厂	贵池县	933	764	169	火力发电
7	七零三供电所	绩溪县	716	645	71	电业管理
8	输变电工程队	芜湖市	895	515	380	
9	后方卫生组	绩溪县	90	70	20	
10	瑞金医院		630	450	180	
11	古田医院	宁国县	415	350	65	
12	长江医院	贵池县	450	370	80	
13	天山医院	东至县	176	126	50	
14	防疫站	绩溪县	98	80	18	
15	六八三运输场	泾县	3252	2672	580	汽车运输
16	二六零通讯站	宁国县胡乐公社	520	400	120	长途电话通讯
17	五六五仓库	宁国县洪门公社	317	282	35	物资仓库
18	七零七仓库	贵池县	282	255	27	物资仓库
19	六九零八库	铜陵市	180	160	20	战备油库
20	胜利水泥厂	宁国县	2143	1943	200	普通硅酸盐水泥
21	贵池钢厂	贵池县	7115	5115	2000	57高炮毛坯件及炼钢、轧钢、精密铸造等
22	新光金属材料厂	休宁县	1566	1256	310	精密合金线、特种钢材

续表

序号	单位	地址	人数（人）			产品
			合计	职工	家属	
23	群星材料厂	休宁县	767	581	186	单晶硅、硅外延片
24	培新汽车修配厂（5359）	歙县岩寺镇	2674	1824	850	汽车修理、制造
25	红波修配厂	泾县	340	280	60	三路电话载波机、塑料落膜电容
26	计量检定所、机电公司	绩溪县	108	108		
27	公司机关	宁国县	107	97	10	
28	胜利机械厂（5307）	贵池县索溪公社	2027	1515	512	57 高炮总装
29	前进机械厂（5317）	贵池县索溪公社	1936	1178	758	57 高炮炮车及压弹机、平衡机、托架等部件
30	火炬机械厂（5347）	贵池县索溪公社	787	660	127	57 高炮电传动
31	永红机械厂（5327）	贵池县刘街公社	948	750	198	57 高炮瞄具
32	五洲机械厂（5337）	贵池县刘街公社	841	696	145	57 高炮电机
33	联合机械厂（526）	宁国县霞西公社	3011	1901	1110	木柄手榴弹、新 40 瞄准镜、弹珠手榴弹、磁性雷等
34	协同机械厂（9337）	宁国县宁墩公社	1649	1175	574	新 40 火箭筒、82 无坐力炮
35	卫海工具厂	绩溪县华阳公社	726	551	175	模具
36	跃进机械厂	歙县岩寺镇	1503	1280	223	万能铣床
37	红旗机械厂	屯溪市屯光公社	883	703	180	新 40 火箭筒引信
38	协作机械厂（9383）	临安县岛石坞	2331	1573	758	新 40 火箭弹

续表

序号	单位	地址	人数（人）			产品
			合计	职工	家属	
39	机电公司供应站	宁国县竹峰公社	190	175	15	
40	机电一中	宁国县竹峰公社	70	60	10	
41	培进中学	歙县岩寺镇	100	100		
42	轻工公司机关	绩溪县	101	86	15	
43	光明机械厂(5303)	绩溪县云洲公社	1606	1558	48	57高炮弹药筒
44	光辉器材厂(5304)	绩溪县云洲公社	1883	1589	294	57高炮弹引信
45	燎原模具厂(5323)	绩溪县云洲公社	1368	1081	287	57高炮弹总装
46	万星锻压厂(5313)	绩溪县北村公社	1677	1423	254	57高炮弹弹体
47	红星板箱厂	绩溪县华阳公社	792	665	127	57高炮弹包装箱
48	海峰印刷厂	绩溪县杨溪公社	563	441	122	印刷出刊、宣传画片
49	一零一修建工程队	绩溪县杨溪公社	330	300	30	
50	红光材料厂(9391)	屯溪市屯光公社	516	441	75	新40引信晶体、7.62枪弹
51	曙光电料厂	宁国县胡乐公社	630	495	135	干电池
52	轻工中学	绩溪县	105	95	10	
53	仪电公司机关	旌德县	110	100	10	

续表

序号	单位	地址	人数（人）			产品
			合计	职工	家属	
54	东风机器厂(8301)	旌德县白地公社	816	738	78	团、营电台
55	旌旗机械厂(5319)	旌德县白地公社	1030	868	162	雷达天线
56	井冈山机械厂（5309）	旌德县孙村公社	1646	1383	263	雷达
57	五新配件厂(8374)	旌德县孙村公社	905	639	266	电阻器、瓷介电容器、瓷件
58	工农器材厂(8370)	旌德县孙村公社	860	662	198	电容器、微型电路、晶体管
59	卫东器材厂(8372)	旌德县孙村公社	524	411	113	可变电容器
60	险峰配件厂(5349)	旌德县孙村公社	1014	884	130	三米测距机
61	延安机械厂(8374)	旌德县孙村公社	575	494	81	线绕电位器、小型继电器
62	满江红材料厂（8377）	旌德县朱庆公社	432	342	90	印刷线路板、胶木件等
63	星火零件厂(8376)	旌德县朱庆公社	656	506	150	无座电接触元件、波段开关插头
64	向阳机械厂(8350)	旌德县旌阳镇	720	564	156	机械制造、机床
65	仪电计量站	旌德县旌阳镇	70	60	10	
66	韶山电器厂(5329)	旌德县俞村公社	957	692	265	雷达配件
67	遵义器材厂(8321)	绩溪县	532	457	75	载波机
68	东方红材料厂（8331）	绩溪县	1453	1000	453	晶体管、固体电路

续表

序号	单位	地址	人数（人）			产品
			合计	职工	家属	
69	向东器材厂（8371）	歙县黄墩公社	1133	597	536	电容器
70	新安电工厂（5339）	歙县鱼亭公社	964	790	174	指挥仪
71	七一器材厂	祁门县	519	391	128	X 光机、医用手术器械、注射管
72	为民器材厂（8375）	祁门县	407	284	123	磁性材料
73	朝阳器材厂	祁门县	591	493	98	特种微电机
74	仪电供应站	旌德县朱庆公社	108	98	10	
75	仪电一中	旌德县朱庆公社	70	60	10	
76	化工后方管理处机关	东至县	110	95	15	
77	金星化工厂（5305）	东至县合镇公社	947	863	84	梯恩梯炸药
78	红星化工厂（5345）	东至县合镇公社	1033	850	183	黑索金炸药等
79	卫星化工厂（5355）	东至县建新公社	1178	1057	121	单基发射药
80	长江化工机修厂	东至县建新公社	409	374	35	设备维修、非标设备制造
81	自强化工原料厂	东至县香口公社	619	567	52	硫酸、硝酸、合成氨
82	龙江水厂	东至县香口公社	549	504	45	生产用水、水上运输
83	化工一中	东至县香口公社	110	100	10	

资料来源：《关于上海小三线建设情况的汇报》，上海市档案馆馆藏档案，档案号 B246－1－936－31。

由表3－9所示及与前述所列江西小三线表格情况相对照分析，我们可以发现，江西小三线与安徽小三线在建设规模、所涉工业门类上存在明显的不同。首先，在规模上，江西小三线项目数量为20个，安徽小三线项目则为83个。在江西小三线最初的规划中，由"中共中央华东局正式下达《1965—1967年华东区各省、市后方建设规划》中确定江西小三线建设项目为67项，其中，军事工业工程23项，军工后方服务工程44项，而上海市所承担的包建项目为20个"①。而安徽小三线建设项目则"共建成54个工厂，一个运输场（包括5个车队）、一个通信站（下设6个分站）、四个仓库及供应站、四个医院、九所中学和三十九所小学"②。其次，从江西小三线和安徽小三线项目统计中所涉及的项目行业来看，根据表3－9内容显示安徽小三线的项目行业更具广泛性，已然超出了单纯"小三线"建设的范围，严格意义上讲已经成为"后方基地"的规模。

三　历史影响

上海市的三线建设历时20多年，所涉及行业门类较多，客观上为整个国防建设的发展和当地经济社会发展都做出了不可磨灭的贡献。

首先，三线建设在一定程度上改变了当时我国工业整体布局不甚合理的情况，从长远来看，有利于整个国家经济的持久发展。在整个国家的安全和长久发展规划中，整体上的工业布局和民用生产及军用生产部门的抗打击能力是一个非常重要的考察指标。因而，

① 江西省基本建设第二指挥部：《江西省基本建设第二指挥部上海工作组关于华东三线工作存在问题的报告》，上海市档案馆馆藏档案，档案号：A38－2－789－105。

② 上海市人民政府：《上海市、安徽省皖南小三线调查交接工作总结会议》，上海市档案馆馆藏档案，档案号：B67－1－316。

在尊重经济发展的客观规律的基础上，同时在遵循全社会生产力的合理布局规律的原则下，对全国生产力的大致分布按照应对外来侵略战争潜在威胁的要求，更加科学地安排整个国家的国防生产和民生生产，是特定历史情境下以毛泽东同志为代表的第一代领导集体做出的历史选择。在新中国成立之初，由于历史因素的影响，我国的整个工业布局，特别是军事工业的布局过于集中，不够隐蔽的问题非常明显。如前所述，鉴于 20 世纪 60 年代外来威胁的情况，党和国家领导人适时提出了三线建设，做出了将沿海的军事工业向内地向西部迁移的决策。三线建设决策的确立和执行，客观上为当地的工业发展奠定了基础。上海市除了积极参加国家的大三线建设在四川、贵州、云南等地的相关建设项目外，还在江西、安徽甚至浙江和山东等地进行小三线建设，在将工业生产迁入当地的同时，也悄然间为国家工业布局的相关调整工作做出了自己的贡献。

其次，上海的三线建设还为当地的经济发展做出了重要贡献。上海市三线对口援建项目的实施，使得三线地区的新兴工业基地得到了快速的发展和成长，尤其是原来工业基础较为薄弱的西南、西北地区更是得到了长足的发展。上海的三线项目以军工为主的迁建基本上属于重工业门类，对带动这些地区的其他行业发展也起到了基础性的作用。“从上海内迁三线的 304 个项目、411 家工厂的地理分布来说，迁建江西的有 41 个项目和 53 家工厂，迁建四川的有 99 个项目、130 家工厂、24000 多职工，迁建贵州的有 50 个项目、89 家工厂、19000 多职工，迁建湖北的有 22 个项目、48 家工厂、4500 多名职工，迁建山西的有 21 个项目、20 家工厂和 7000 多职工，迁建去向遍布 13 个省、自治区”①，加上由上海各工厂包建的其他项目以及由上海支援的大量机器设备，上海三线建设对于三线

① 孙怀仁：《上海社会主义经济建设发展简史（1949—1985）》，上海人民出版社 1990 年版，第 470 页。

地区的经济发展而言起到了巨大的推动作用。而且，在后来上海小三线撤回过程中，上海小三线还对当地进行了直接的交接管理，为当地的经济发展做出了直接贡献，如今天安徽省的海螺水泥厂即为小三线移交工厂之余绪。以皖南小三线为例，上海小三线撤回时移交给安徽方面的固定资产原值为56130.08万元，净值37876.67万元，残值435.70万元，其中房屋建筑面积195万平方米，金切、锻压设备、车辆和各种专用设备2万余台（套），以及装机容量为5.6万千瓦的发电机组、25座变电站和1500多千米输电线路、13条直通上海的通信线路和设备，还有相当数量的文化教育和医疗卫生等服务设施。另外，还向安徽方面移交国家流动资金7876.96万元。①

当然，除了要充分肯定上海市支援三线建设对于内地经济发展的历史贡献外，对于三线建设过程中存在的问题也需要本着实事求是的态度进行历史的总结。如前所述，上海市三线建设项目本身也存在一定的缺陷。如工厂布局，不顾原料供应等因素片面追求“进山、分散、隐蔽”；工业生产上，片面追求速度、追求数量的倾向，主观随意，不讲科学，不讲经济规律；经济结构和组织体制上，战线长、摊子大、浪费严重、经济效果差、片面追求自成体系；群众生活和公共设施上形成“小社会”问题等，均是上海三线建设过程中客观存在的不足之处。

第四节　上海支援1976年唐山大地震抗震救灾

1976年唐山大地震发生后，上海市积极参加了灾后的救援工作。几十年来，学界对于这段历史的研究和反映屡见不鲜。然而从学科角度而言，目前为止学界对于上海市参加唐山大地震救援的反

---

① 徐建刚主编：《艰难探索》，上海书店出版社2001年版，第433页。

映多为文学或影视作品，而从历史学角度对其梳理之专论则尚付阙如。有鉴于此，本节主要依据上海市档案馆馆藏相关档案，对上海市参加 1976 年唐山大地震救援的相关史实进行大致的梳理，以期可以深化人们对这一问题的认识。

一　现场医疗救护

大地震发生后，伤病员的抢救工作是抗震救灾的首要任务。作为医疗条件最为先进的城市之一，对唐山大地震灾区派出医务人员对伤病员进行医疗救护，是上海参加 1976 年唐山大地震救援工作的首要任务。

上海市首批抗震救灾医疗队在唐山大地震发生后的当天即紧急组建。上海市首批抗震救灾医疗队 880 人，于 1976 年 7 月 29 日上午出发，30 日上午九时半到达天津杨村车站，下午一时开始分批上飞机，晚上十点半陆续到达唐山机场。全体上海医疗队的同志们带着上海市委和上海一千万人民的委托，决心把党中央对灾区人民的亲切关怀，送到广大灾区人民的心坎里。他们发扬“一不怕苦，二不怕死”和连续作战的工作精神，积极投入到救治伤病员的工作当中去。上海邮电医院医疗队在 30 日下午三时半到达机场后就立即收治伤员。待上海医疗队全部到达后，根据河北省抗震救灾指挥部的统一安排，上海南市区的两个医疗队共 31 人立即进入陡河水库发电站。凌晨三点多第二医学院的 7 个队共 120 人进入丰润县；市四、市六、市传染病医院、妇婴保健院、徐汇区、建工、上电、铁路中心医院共 10 个队的 151 人及纺织一、二、三医院，黄埔、卢湾、虹口、闸北区、华东医院、第二结核病院、公用事业职工医院共 11 个队的 167 人，也于 31 日上午分别进入唐山市的路南区 3 个街道和路北区抢救、收治伤员；第一医学院的 5 个队、长宁区的两个队共 111 人，分别进入丰南县城和丰南县的老铺地区；杨浦、普陀区、第一结核病院和市一、新华、胸科、肿瘤、邮电医院共 6 个队的 93 人，分别负责机场附近的灯光球场和八大处的伤员抢救治疗以及飞机转运工作。8月2日，因听说迁西县有唐山市区和陡河水库转去的1400多名伤员，其中重伤员400多，医务力量严重不足，上海市医疗队立即调“中山”“肿瘤”两个医疗队前去支援。[①]

医疗队进入指定救护点后，亲眼看到灾区人民在党和国家的关怀下，在中国人民解放军的大力支援下，发扬自力更生、艰苦奋斗的精神，团结一致，充满信心与自然灾害斗争的动人场面，无不深受教育。他们纷纷表示一定要以实际行动向解放军学习，向灾区人民学习，和灾区人民共甘苦，同战斗，克服困难，战胜地震灾害。他们向广大灾区人民和伤员大力宣传党中央和毛泽东主席对灾区人民的慰问电。很多队员一进现场背包来不及放下，就立即紧张地抢救治疗伤员，并涌现出了多位典型代表。如市二医院外科医生陈凤珍，50多岁了，连续3天夜以继日地进行手术，抢救了许多病员。第一妇婴保健院护士陈玮英，在烈日高温下连续抢救病人，自己中暑发烧，仍带病坚持巡回医疗。市传染病医院药剂员沈慧珠，白细胞值很低，刚病休上班不久，这次坚决报名参加抗震救灾，并坚持在唐山市内条件最艰苦的路南区为伤员服务。该区由于破坏严重交通阻塞，粮、水供应困难，一院护士张守玲同志心脏病发作，发烧，心跳120次，仍在坚持工作。许多医疗队员还将自己的水全部让给伤员喝，自己忍着饥饿，继续工作，从不叫苦。不少队员由于缺水，已经3—4天没有大便，还是坚决把市委慰劳医疗队的苹果全部让给伤员。其他各医疗队大多数同志都不吃或少吃市委送来的苹果，转送给重伤员。南市区医疗队收到北京运来的两个西瓜，领队的南市区卫生组负责人孙茂庭同志召开队员会议讨论“两个西瓜

① 中共上海市卫生局委员会：《中共上海市卫生局委员会关于本市赴唐山救灾医疗队下一步工作安排的请示》，上海市档案馆馆藏档案，档案号：B242－2－374－1。

怎么处理”时，队员们一致要求将西瓜让给伤员。①

除了将亲人般的温暖和及时的救治在第一时间带给伤病员外，上海医疗队还想方设法克服困难，以保障医疗救护工作的顺利开展。许多医疗队员特别是在唐山市区和机场的队员，几天来都没有擦身、洗澡，喝的是冷水，吃的是压缩饼干，因来时匆匆，多数人未带被子，晚上没有盖的，不少人泻肚子，发烧，但没有叫苦，还是带病坚持工作。党员、团员和领导干部在这场战斗中起了先锋模范作用。在抢救中，由于伤员多，药品、医疗器械少，许多医疗队员打破分工界限，千方百计就地取材，因陋就简，进行抢救。如建工局职工医院伤骨科医生余志祥就因地制宜，组织灾区小朋友到市郊采集血见愁、蒲公英等止血消炎的中草药，积极为病人治疗。有位腰部外伤、肾出血伤势较重的病人，在连续服用两天草药后就收到了明显的效果。一医医疗队换药镊子不够就自制竹夹代替，没有夹板就借工具利用旧木料自己做。二医医疗队利用树木和木柱等对骨折病人做牵引、固定，也收到了很好的效果。新华医院、普陀区中心医院和第一妇婴保健院的医疗队在极其困难的条件下，为两位受伤的产妇顺利地接了生，并把自己的住棚腾出来让产妇休息，产妇们都非常感动，一位唐山电子厂的苏姓工人产妇把她的孩子取名为“抗震”，以示感谢。另外，许多医疗队还宣传并发动灾区群众积极改善环境卫生，喷洒消毒药水，开展预防工作。②

二　援建抗震医院

虽然上海医疗队和全国其他支援唐山地震灾区的医疗队一起，舍生忘死，克服艰难，为抢救伤病员的工作做出了巨大贡献，然而

---

① 中共上海市卫生局委员会：《上海市卫生局赴唐山医疗队工作总结》，上海市档案馆馆藏档案，档案号：B242 - 2 - 374 - 32。

② 中共上海市卫生局委员会：《上海市卫生局革命委员会关于赴唐山抗震救灾医疗队的汇报》，上海市档案馆馆藏档案，档案号：B242 - 2 - 374 - 46。

由于伤病员的后续治疗和恢复还需要更多的医疗投入，所以河北省抗震救灾指挥部通过省指挥部医疗药品组向上海转达意见，要求上海在伤员较为集中而又急缺医疗条件的丰润、遵化、迁西及玉田四个县建立抗震医院。①

接到河北方面的上述要求后，上海市即紧急派出后续的医疗支援队，在“河北省抗震救灾指挥部的统一指挥下筹建和主办了唐山市第一、第二抗震医院和玉田、丰润县抗震医院”②。4 所抗震医院从 1976 年组建，到 1978 年主体撤回上海，历时共两年多。③ 关于 4 所抗震医院的组建情形及救治成绩详情，可见表 3 – 10。

表 3 – 10　上海市支援唐山大地震灾区医院情况一览

丰润抗震医院（二医、虹口区）						
单位	第二批			第三批		
	队长	指导员	人数（人）	队长	指导员	人数（人）
第二医学院	李春郊	沈小梅	81	朱济中	路满臣	55
瑞金医院	孙玉玲	林翠珍	24	单友根	田瑞芳	19
第三人民医院	陈铭生	郑红	21	黄佩文	金兰花	27
第九人民医院	陈德堃	唐远明	20	魏原樾		24
新华医院	周爱卿		21	张顺昌		18
上海虹口吴淞地段医院			2			
上海虹口乍浦地段医院			2			
上海虹口中心地段医院			11			
小计			182			143

① 中共上海市卫生局委员会：《上海市卫生局关于赴唐山抗震救灾医疗队的工作汇报》，上海市档案馆馆藏档案，档案号：B242 – 2 – 376。

② 中共上海市卫生局委员会：《上海市卫生局革命委员会关于上海赴唐山抗震救灾医疗队的汇报提纲》，上海市档案馆馆藏档案，档案号：B242 – 2 – 376 – 54。

③ 中共上海市卫生局委员会：《上海市卫生局革命委员会关于上海在唐山地区办四个临时医院有关问题的请示的批复》，上海市档案馆馆藏档案，档案号：B242 – 2 – 378 – 40。

续表

玉田抗震医院（一医、黄浦区）						
单位	第二批			第三批		
	队长	指导员	人数（人）	队长	指导员	人数（人）
上海第一医学院	葛公俊		56	高德明		5
中山医院	马慎瑾		28	峤贞	朱银南	27
华山医院	胡玉华		26	朱慧如	吕传英	39
儿科医院	吴文娟		10	吴实		13
眼耳鼻喉科医院	毛锦城		9	徐秀兰		13
妇产科医院	郁士浩	张荣芳	9	彭杏菊		12
黄埔中心医院			5			
浦东中心医院			4			
黄浦区传染病医院			1			
红光医院			3			
黄浦区张家浜医院			1			
公费门诊部			1			
黄浦区卫生学院			1			
小计			154			109

第一抗震医院（卫生局系统）						
单位	第二批			第三批		
	队长	指导员	人数（人）	队长	指导员	人数（人）
上海市第一人民医院	王荣庆		54			
第六人民医院	冯丽娟	周永昌	45	江光胜	沈霓	64
胸科医院	徐新根		15	沈小军	李美玉	22
华东医院	梁伯仁		1	顾美娣	潘文英	14
上海市儿童医院	陈剑本		11	王如意		20
第一妇婴保健院	吴月珍		15	介坤		22
上海市传染病总院	尹允文	冯郁文	18	陈光铎		17
虹桥医院				杨家昆		
上海市第一结核病医院				张美娟		2
第一结核病分院	何国钧		9	郭孟姑		12
上海第二结核病医院				林秀婉		2
上海精神病总院				黄宗玖		2
上海眼、皮防治所			1	殷唯明		1

续表

第一抗震医院（卫生局系统）						
单位	第二批			第三批		
	队长	指导员	人数（人）	队长	指导员	人数（人）
上海医疗救护大队			1	王志成		1
上海乳肉管理所				高岩		1
上海市卫生局			3	江梓元		
小计			173			180
第二抗震医院（中医、二军大等）						
单位	第二批			第三批		
	队长	指导员	人数（人）	队长	指导员	人数（人）
上海中医学院	陈国发		12	周吉燕		5
曙光医院	钱娴		31	胡振康	陈先觉	31
龙华医院	亦一轩		30	姚培发		25
岳阳医院	汪其昌		14	曹忠良		17
第二军医大学	毕谦溢	刘德华	105			
上海纺织局第二医院				蒋志勇	谷德祥	24
上海第二人民医院				孙明德	张洪	26
上海南市区卫生防疫站				马树桢		4
上海卢湾区中心医院				蒋福棠		12
上海卢湾卫生防疫站				朱宝华		4
上海虹口区中心医院				程祖龙		19
国际和平妇幼保健院	庄留琪		16	蒯本娥		15
邮电医院	张公馥		15			
上海嘉定县人民医院	高炳兴		8			
上海嘉定县南翔医院	严学琪		5			
上海嘉定县安亭医院	郑秋生		4			
上海川沙县人民医院	盛炳然		5			
上海第七人民医院	顾姚良		5			
上海市洋泾医院	蔡志伟		5			
小计			255			182
总计			582			477

资料来源：《上海市卫生局赴唐山抗灾医院名单》，上海市档案馆馆藏档案，档案号：B242－2－376－94。

通过表 3－10 我们可以发现，上海市在抽调医疗力量支援唐山组建抗震医院过程中并不是采取某医院整体搬迁的做法，而是从各个区的医疗机构抽调部分工作人员。这样做既是确保援建唐山抗震医院后不致影响上海各区各医疗机构的正常运转，同时也可以确保筛选各方面最适合前往震区工作的医务人员。另外，从人员派遣的批次配置来看，第二批派遣前往唐山震区的医务人员总数为 764 人，第三批为 620 人，第二批要比第三批多了 144 人。这一点也可以从侧面反映出上海市在援建唐山抗震医院过程中，在两地初步计划人数（第二批）不能满足实际工作需要的情况下，上海医疗界对于抗震医院的后续支援力度。上海在本市医疗资源不很充足的情况下依然向震区派出了后续的医务人员（第三批）。

表 3－11　　抗震医院（医疗队）人员分类统计

单位	总人数	性别		政治面貌		工作人员						学员
		男	女	党员	团员	合计	医生	护士	医技	行政	后勤	
一抗	183	42	141	28	62	183	55	86	29	11	2	
二抗	182	63	119	25	65	182	63	62	35	11	11	
丰润	143	34	61	17	40	95	32	41	11	7	4	48
玉田	110	34	76	17	43	110	27	51	22	7	3	唐山卫校学生 22 人、进修医生 34 人
总计	618	173	397	87	210	570	177	240	97	36	20	

注：“一抗”是第一抗震医院的简称，“二抗”是第二抗震医院的简称，“丰润”是丰润医院的简称，“玉田”是玉田抗震医院的简称。

资料来源：《上海市卫生局关于赴唐山医疗队名单及分工》，上海市档案馆馆藏档案，档案号：B242－2－377。

如表 3－11 所示，上海市援建震区 4 所抗震医院的工作人员在整体构成上，性别以女性为主体，女性工作人员为 397 人，约占工作人员总人数的 64%；政治面貌以党员、团员占很大比重，党员、团员总数为297人，约占工作人员总数的48%；工作分工中，除了绝大部分为一线医务工作者外，还配备了一定数量的行政人员和后勤工作人员，这就为确保抗震医院的正常运转提供了必要的条件，同时也在一定程度上减轻了震区人民的负担，提高了救护效能；而在护士人数与医生人数比例的配置情况方面，护士240人、医生177人，护士明显较多的配置情况，也符合了震后被救人员更需后续护理的实际需要，这也从侧面体现了上海援建抗震医院筹划之初工作安排的细致程度。

表3－12　　上海赴唐山地区医疗队业务统计

（1976年7月30日—1978年2月20日）　　（单位：人）

名称	第一批1976年7月30日至9月24日	第二批1976年9月25日至1977年7月1日					第三批1977年7月1日至1978年2月20日					合计
		一抗	二抗	丰润	玉田	小计	一抗	二抗	丰润	玉田	小计	
培训医务人员赤脚医生人次		197			88	285	184	34	37	145	400	685
门诊人次数	221000	136508	109380	12846	41248	299982	65388	45079	13449	30441	154357	675339
住院人次数		3796	3891	1813	3132	12632	2062	2277	1302	2157	7798	20430
抢救危重病人次数			393	371		764	230	170	200	150	750	1514
门诊手术人次		4555	350	83	616	5604	2349	223	84	362	3018	8622
手术住院人次		3604	1036	819	1545	7004	1357	785	474	813	3429	10433

续表

名称	第一批1976年7月30日至9月24日	第二批1976年9月25日至1977年7月1日					第三批1977年7月1日至1978年2月20日					合计
		一抗	二抗	丰润	玉田	小计	一抗	二抗	丰润	玉田	小计	
人流手术人次		1965	670	58	67	2760	790	229	44	78	1141	3901
分娩手术人次		1043	599	22	84	1748	497	386	1	42	926	2674
派出小分队下乡人次		3161	4693	9523	606	17983	1053	1042	4191	12	6298	24281
预防注射人次		700	3618			4318		1492			1492	5810
医疗队人数	2005					730					618	3353

资料来源：《上海市卫生局关于赴唐山抗震救灾医疗队的工作汇报》，上海市档案馆馆藏档案，档案号：B242－2－376。

表3－12告诉我们，在不到两年的时间里面，上海市派往唐山震区的医疗工作者们在自己的工作岗位上做出了非常突出的工作业绩，仅接待门诊人次就将近68万人次，住院人次也有2万多人次，抢救危重病人1500多例，各类手术将近23000例。另外，除了接收地震伤员外，还承担起了更加广泛的社会救助职能，如为地震灾区当地培训医务人员、赤脚医生，派出小分队下乡服务，为当地群众提供防疫注射等服务。

三 帮助重建和安置灾区人员

除了派出医疗队抢救伤员和援建抗震医院外，上海市有关行业和部门还积极参加了帮助唐山相关企业恢复生产和重建的工作。上海市支援唐山重建的工作主要是厂房的修缮和机器设备的修复、重新安装等，故而从行业门类看主要是工业冶金等部门。[①] 其中，上海帮助唐山钢铁公司的恢复重建工作较具代表性。1976 年 8 月 3 日，上海市通知上海冶金局负责支援唐山钢铁公司修复 630 中型轧钢厂的抗震救灾任务。接到相关任务后，上海市冶金局经过局党委研究后，立即派时任局机动组组长张金生、安装大队党委副书记朱陶法、上钢三厂革委会常委奚林兴、冶金设计院工程科长陈同章 4 位同志，于 8 月 6 日中午到达冶金部，当晚九时抵达唐山。7 日由时任冶金部部长陈绍昆带队到达现场考察。下午四时陈部长在现场召开会议，听取唐钢李书记、曹副主任汇报抗震救灾情况和恢复生产的初步意见。后根据相关部署，上海市承担唐钢的包建任务为第一炼钢厂和中型轧钢厂。[②]

根据包建任务，上海市冶金局由上钢一厂、二厂、三厂、五厂及二机修、机修总厂共抽 240 名工人和干部，先后两批组成了支唐队伍（其中党员 56 名，团员 61 名），并成立了临时党支部，从 1976 年 12 月中旬到 1977 年 11 月中旬，在唐钢公司和第一炼钢厂、中型轧钢厂党委的领导下，与唐山工人、干部一起投入到抗震救灾和恢复生产的战斗中。[③]

在一年多的援建工作中，上海冶金局的援建工作取得了很大成绩。据不完全统计，一年中，上海冶金局援建人员共完成了化铁

① 上海市革命委员会：《上海市革命委员会工业交通组关于上海市建筑工程局、华东电管局承担唐山、开滦矿机修厂电厂复建工程有关建材等物资由上海市供应的通知》，上海市档案馆馆藏档案，档案号：B109-4-519-137。

② 上海市冶金工业局：《上海市冶金局关于支援唐山钢铁公司修复第一炼钢厂、中型轧钢厂的情况报告》，上海市档案馆馆藏档案，档案号：B112-2-671。

③ 上海市冶金工业局：《上海市冶金工业局革命委员会关于抗震救灾、支援唐山钢铁公司修复第一炼钢厂、中型轧钢厂的情况报告》，上海市档案馆馆藏档案，档案号：B112-2-671-1。

炉、转炉、连铸大中修20余次，行车大中修30台，制作60吨电瓶车两台，修理好车床7台，车床的备件备品加工量提高了一倍以上，修复了各种减速箱52只，新装了各种类型减速箱31只，修复了大小电机300余台，大修了80千瓦大电机7台，13.5直流发电机一台，同时还革新了一台电工自动裁带机和一台小型机械拉磨顶压机，改革了200吨机械压力机，自行设计并制作了一台300吨油泵压力机，改革了模具钻床12套，在一定程度上解决了多年来机械加工中的老大难问题。特别是在油管会战中，铆焊工同志担负了双层管的焊接任务，要求高，技术性强，工作环境比较艰苦，由于这些同志发扬了一不怕苦、二不怕死的勇敢精神，从而及时赶在寒流之前，提前三天完成了会战任务，保证了氧气炉的正常开炉。此外，上海冶金局还为唐山市育红学校（即孤儿院）制作了一台烘烛机，为该校自力更生、勤工俭学创造了一定条件。①

在灾后援助重建的一年多时间里，上海冶金局广大支唐职工始终保持一股旺盛的工作干劲，最终他们在为唐山恢复重建做出积极贡献的同时，也获得了社会的广泛认可。通过总结评比，有106名同志被评为先进工作者，占总人数的43.1%，另外很多同志也受到了相关部门的表扬。而在援建工作结束后，上海冶金局与唐山方面协商后决定："凡是上海冶金局所属单位在支唐期间建造的单身宿舍和自办食堂用的锅炉、冰箱等固定资产，按照财务制度办理无价调拨手续"，"备用的日常生活用具，如铁床、办公桌"等均作有价调拨。② 毫无疑问，在震后重建物资奇缺的情况下，上海冶金局援建队撤离后的物资支援，又为唐山震后重建工作提供了一定的助力。

① 上海市冶金工业局：《上海市冶金局关于支援唐山钢铁公司工作的情况汇报》，上海市档案馆馆藏档案，档案号：B112－3－92。

② 上海市冶金工业局：《上海市冶金局关于支援唐山钢铁公司修复第一炼钢厂、中型轧钢厂的情况报告》，上海市档案馆馆藏档案，档案号：B112－2－671。

在组织人力、物力赶赴唐山地震灾区进行救援和帮助恢复生产的同时，上海方面还按照相关部门的统一部署，接需要进一步手术治疗的重伤员到上海进行治疗和恢复。另外，上海方面对唐山到上海的其他人员也制定了相应的安置方案。

为了妥善安置唐山来沪人员并保障他们在沪期间的正常生活需要，以上海市第一商业局为代表的相关部门和单位，制定了周密的接待计划。对于有组织地转移到上海进行治疗的伤员，除由相关医院进行及时治疗外，其生活用品“统一由接收伤员的医院出具证明，由商业部门负责供应”；对于“因公长住或临时来沪工作人员”，其生活用品供应“分别由相关业务单位负责解决”；对于“灾情发生后个别来沪而又没有亲友的人员，其中包括原来家住唐山的或外地赴唐山的”，“建议由民政部门设立接待点，解决食宿问题，有关生活用品由民政部门出具证明，商业部门负责供应”；供应标准为凡住院治疗的伤员，每人供应牙膏、牙刷各一支，香皂、肥皂各一块，面盆一只，毛巾二条，手帕两块，内衣（包括汗衫或背心、短裤）二套；如能起床活动而又没有外衣的，每人供应一套，鞋子一双、袜子两双，所需水瓶由医院集中供应。凡住在民政部门所设接待点的，草席、面盆、水瓶、被褥、卫生纸等物品，由民政部门统一购置，集中公用，商业部门负责供应；个人生活用品原则上每人供应牙膏、牙刷各一支，香皂、肥皂各一块，毛巾一至两条；如果没有替换内衣的供应汗衫或背心、短裤各一件；如果没有外衣的，供应一套；如果没有鞋、袜的，可以供应一双鞋、一至两双袜子。[①]

在对唐山来沪人员进行妥善安置和接待后，上海方面还相继制定了一系列的保障措施，对唐山到沪人员的后续生活进行更加细致

---

① 上海市第一商业局革命委员会：《上海市第一商业局革命委员会关于唐山灾区来沪人员在沪期间生活用品和票券问题的处理意见》，上海市档案馆馆藏档案，档案号：B242－3－763－1。

的关怀。如随着时间的转移，当天气逐渐进入秋冬季节后，上海市第一商业局委员会还制定了《关于唐山灾区继续留沪人员秋冬令服装供应问题的请示报告》，对他们的御寒保障问题做出了专门的安排。①

除了生活用品外，粮食供应也是上海方面在接待唐山来沪人员工作中重点安排的事情。鉴于“近日来唐山灾区来沪人员增加，根据市委办公室和市革委会财贸组对市商业局《关于唐山灾区来沪人员在沪期间生活用品和票券问题的处理意见》的指示，按照抗震救灾斗争的需要”，上海市商业局专门对相关人员的粮食供应问题做出妥善计划：对“有组织转移来沪治疗的伤员，统一由医院出具证明，由当地粮食部门负责发放”；“住在旅馆或民政部门接待点的灾区人员，统一由旅馆或接待点出具证明，由当地粮食部门负责发放”；“灾区来沪投靠亲友的人员，一般先由亲友调剂解决，调剂有困难的，由里弄居委会出具证明，向所在地区粮管所领取”；“借粮标准，居民、小孩参照本市定量标准，职工每人每天掌握在一斤二两以下”；“上述借支粮票由发放单位专项统计，上报，由上海市商业局统一核销”。②

四　结语

1976 年唐山大地震发生后，全国各地均对地震灾区人民进行了相应的支援。与其他省市的救助措施相比，上海市的援助措施主要以医疗援助和后续厂矿重建、修建为主。一方面是因为上海与唐山震区距离较远，不可能像北京、天津、山东等省市那样，向震区派

① 上海市第一商业局革命委员会：《上海市第一商业局革命委员会关于唐山灾区继续留沪人员秋冬令服装供应问题的请示报告》，上海市档案馆馆藏档案，档案号：B242 - 3 - 763 - 12。

② 上海市粮食局革命委员会：《上海市粮食局革命委员会关于唐山灾区来沪人员借支粮票问题的请示报告》，上海市档案馆馆藏档案，档案号：B248 - 2 - 935 - 58。

出大量义务搜救人员和接收大量危重伤病员；另一方面，上海市作为近代以来医疗、科技、文化、经济发展水平较高的城市之一，其在全国占据区位优势地位的同时，也负有服务全国整体发展的历史使命和责任。这一点在新中国成立以后的历史发展过程中显得尤为突出。在整个支援唐山大地震灾区的过程中，从医疗抢救、援建抗震医院到帮助恢复生产和安置灾区人员等一系列举措的实施，不但为唐山地震灾区的恢复与重建做出了重要的贡献，同时也为当今的抗震救灾、灾后重建工作积累了宝贵的历史经验。

本章小结

在1958年到1978年的20年间，上海支援全国的历史过程继续发展。然而与前一历史时期相比较而言，上海支援全国的具体实践展现了一系列的新特点。由于沿海紧缩战略的调整，上海自身的发展也纳入了党和国家的整体规划中。因此，在第一个五年计划结束后，上海在支援全国建设的同时更加注重考虑自身的建设需要；而且与新中国成立初期支援全国主要以中西部地区为重点支援对象不同，从1958年开始上海支援对象也开始兼顾同属东部的华东地区。在这一时期，随着上海自身发展纳入规划当中和上海自身经济实力的增长，上海支援全国的范围虽不像前一时期那样广泛，但从其支援成效而言，其贡献非但没有减小反而更具实效性。如这一时期对于三线建设的支援、对于唐山大地震救灾及灾后重建的支援都是在上海市自身经济得到一定发展的基础上，在支援全国方面由新中国成立初期的全面铺开到重点发挥的典型诠释。

第四章

支援福建：上海支援全国的个案研究

福建与上海同属沿海地区，在近代历史上两地就有着诸多移民和商贸的经济联动。1949 年 5 月 27 日上海解放后，为了支援福建地区的解放以及解放后的建设事业，上海组织了南下服务团。在 1950 年到 1956 年的六年时间里面，由于受到中央沿海紧缩战略的影响，上海支援全国主要是针对内地省份。自毛泽东同志作《论十大关系》讲话之后，沿海与内地关系逐渐得以调整，上海支援全国除了延续对于内地经济的支援以外，也对福建等华东六省进行了兼顾。整体而言，在支援福建解放和接管工作方面主要是以南下服务团为代表的人力支援，而 1957 年之后的经济协作支援中则既有人力，也有工业设备，而且在支援方式上既有工厂搬迁，也有配套支援。本章主要将上海支援福建作为上海支援全国的一个具体个案，对上海支援福建的相关历史事实进行大致的梳理。

第一节　1949 年上海组建南下服务团

为支援福建地区的革命进程和解放后的建设事业，1949 年上海南下服务团应运而生。加强对于 1949 年上海南下服务团的研究不仅可以有利于深化我们对于这段历史史实的认识，亦可以为我们科学认识现当代中国社会的历史变迁提供一个独特而鲜活的历史视角。本节主要依据各种资料的相互印证，对 1949 年上海南下服务团的组建原因、过程及历史贡献等方面进行大致的梳理和分析。

一　南下服务团组建的原因

1949 年南下服务团的组建首先是由革命形势的进展和解放全国大业的需要所决定的。自“三大战役”之后，中国人民解放军对国民党军作战势如破竹。1949 年 4 月解放南京之后，很快上海和杭州等大城市也回到了人民的怀抱。考虑到人民解放大军继续南下，为满足解放整个华南地区的需要，党中央、军委决心部署各路大军继续南下，目标直指福建。经过慎重地研究之后，华东军区做出相关部署，最终决定解放福建省的作战任务由叶飞和韦国清所率三野的第十兵团担任。同时，确定了福建省解放后的政府干部人选，决定由原担任华中军区司令员、华东局组织委员的张鼎丞为福建省人民政府主席并兼任中国共产党福建省委员会书记，组织接管干部队伍，随解放部队南下福建。

考虑到全国解放以后，各地新解放区急需配备大量干部队伍，早在 1949 年 2 月，党中央就曾做过相关指示，要求从老解放区抽调和训练干部，充实到新解放区去配合解放进程，担任接管工作。然而，随着全国解放进程的不断加快，原先从老解放区抽调出来准备支援新解放区的干部队伍已经明显不够。有鉴于此，中共中央组织部在 1949 年 6 月 11 号作出指示，为了弥补南下接管干部人数之不足，可以吸收大中学知识青年参加革命，加以训练，以充实接管干部队伍。六天后，由张鼎丞和叶飞等同志研究讨论后，用华东局的名义向党中央发出电报，汇报了《关于福建工作的准备问题》之打算。其中，除了向中央详细汇报了福建省委及各大城市的干部人选准备之外，还特别向中央提出了南下干部的抽调计划，“建议还是以冷楚所率三千干部到福建为宜，因为时间仓促另行准备干部来不及，同时在沪积极招收三千名知识青年和职工到闽工作”①。随即，南下服务团的组建工作正式展开。1949 年 6 月 18 号，上海知识青年南下服务团招生通告在《解放日报》等媒体刊登，向上海广大的青年学生发出号召：“为适应胜利形势，培养革命青年，服务南方新解放区，特设立上海知识青年南下服务团，招生名额三千名，凡思想纯洁，初中以上文化程度，身体健康，年龄十八岁以上、卅岁以下之男女青年，均可报名。报名手续缴验毕业、肄业证书或学联证件，缴一寸半身相片二张，填明履历表。报名后听候本团招生委员会考验。合格者即集中进行短期训练，学生除被、帐自备外，膳宿、服装、学习用具均由本团供给。训练后可南下分配宣传、组织群众工作及参加各项建设工作。”②

毫无疑问，华东局从配合解放福建的形势发展需要出发，又鉴于南下抽调干部严重不足的现实，决定在上海动员青年学生的决定，为南下服务团的创建提供了政策方面的客观条件。而上海知识青年的踊跃响应则是南下服务团得以最终成立的主观条件。

上海在中国近现代历史上就是一个很有代表性的城市，不仅是最早遭受外来侵略的城市之一，也是中国工人阶级最集中的地方，同时还是工人阶级和中华民族先锋队——中国共产党诞生的地方。在先进思想氛围的影响和城市革命精神的感召下，上海的青年人也有着光辉的历史传统。从五卅运动中以上海大学学生为主体的青年抗议者，到日本侵略者占领上海过程中的青年反抗者，再到解放战争时期反蒋、反独裁、反内战及“第二战线”的青年参与者，上海青年知识分子身上就一直体现着革命而先进的爱国精神。1949 年 5 月 27 日，上海获得解放后，上海的知识青年们更加心潮澎湃，纷

① 中共上海市委党史研究室、上海市档案馆编：《南下服务团》，中共党史出版社 1999 年版，第 558 页。

② 佚名：《上海知识青年随军南下服务团招生通告》，《解放日报》1949 年 6 月 18 日。

纷跃跃欲试，争相为全中国的解放事业和解放后的接管及建设事业做出自己的一份贡献。

在革命传统和勇敢奉献精神的双重激励下，当面临前述华东局决定在上海地区招收青年学生，组建南下服务团，为解放福建做出贡献的历史机遇时，上海的广大青年学生群体更是普遍地油然而生了一种为全国彻底解放而无私奉献的历史使命感和对革命工作无限向往的参与热情。这些在上海青年学生 1949 年参加南下服务团的思想动力中均有鲜明的体现。如 1949 年 6 月 16 日，在复旦大学文法学院的提前动员大会上，300 多师生在热烈座谈“当前形势和同学们的当前工作任务”时，大家就“一致认为目前的任务为迅速完成解放全中国的事业，彻底消灭国民党匪帮残余力量”，周谷城教授也“鼓励同学们说：这是很难得的机会，历史上仅有的最后一次，希望同学们一面积极参加解放工作，一面努力改造自己”。① 再如 1949 年 6 月 17 日，国立暨南大学文法学院也召开了“南下西南工作动员大会，讨论中心是为什么要参加南下服务团和西南服务团。同学们纷纷发言，大家认为今天再不能允许敌人有喘息的机会，要很迅速地打到广州、台湾、云南、贵州、四川去，解放全中国。过去上海长期在反动派的摧残压迫下，今天得到了自由，然而，西南、华南的同胞们仍在反动派的压迫下不见天日，这就要我们青年挺身而出，参加革命工作”②。

毫无疑问，一方面是革命形势发展需要所形成的巨大随军接管干部的缺口，另一方面是上海广大青年学生的革命热情和参与全中国解放事业、为祖国勇于奉献的迫切心情，南下服务团的组建也即应运而生了。恰如时任南下服务团团长的张鼎丞同志总结的那样，“南下服务团是在革命形势发展的需要与广大进步青年的迫切要求

---

① 佚名：《响应南下号召各校同学纷纷参加服务团》，《解放日报》1949 年 6 月 18 日。

② 同上。

下产生的”①。

二　南下服务团的组建过程

上海南下服务团的组建过程是由内部动员到扩大招生再到各校青年学生踊跃报名参加的几个环节所构成的。

所谓“内部动员”，是指华东局最早筹划解放福建时打算动员福建籍的在沪青年学生随军入闽进行接管的计划，因涉及人员总数较少，且主要对象是原籍福建的青年学生，动员方式也都是由上海青工委和上海学联按籍贯寻找并经过考察后谈话进行，这与公开向各学校进行招生的方式不同，故称“内部动员”。

上海南下服务团的内部动员，以目前最早见到的史料判断，是从1949年6月5日上海市青工委讨论会议开始的。根据即将展开的解放大军南下，将解放区继续向南推进，进入福建地区的形势需要，上海市青工委决定“在经过严格考察程序”的基础上，有计划地动员300人随军解放福建。1949年6月7日，上海市青工委会同组织部、上海各区学委、青委召开联席会议，讨论动员300闽籍学生随军南下的具体实施方案，并最终确定了300闽籍学生中240个名额在各校的分配计划，即“复旦大学100人、暨南大学60人、大夏大学40人、美术专科学校10人、沪江大学5人、学联5人、光华上法20人、南区10人、音乐专科学校10人”；同时要求上述240人要在“十三日以前动员编组报到，三小组为一中队，每小组10—15人，欢送由学联统一做”，欢送时“编组按性质编，最好10人一组”。1949年6月12日，上海市青委又与学委、学联党组等单位进行联席会议，继续讨论动员闽籍学生随军入闽事宜。经过讨论，调整了6月7日讨论决定的初步计划，名额分配改为“复旦

① 佚名：《南下服务团昨成立，把胜利旗帜插到华南去》，《解放日报》1949年6月18日。

100 人，暨南 60 人，大夏 40 人，南一二、西一二、北一二、东区各 20 人，合计 340 人”。①

经过几次讨论和内部动员之后，1949 年 6 月 15 日，340 名闽籍学生报到完毕，南下服务团正式成立。然而，考虑到 340 人对于巨大的南下干部缺额而言，还是远远不够的，故而张鼎丞提议继续动员，范围扩及所有上海青年学生，而不仅仅针对闽籍者。南下服务团的招生工作遂由内部动员阶段进入到扩大招生阶段。1949 年 6 月 18 日，《解放日报》刊登“南下服务团招生通告”，呼吁广大青年学生积极报名参加随军南下，“将解放的红旗插遍全国”②。

为了配合上海青年学生报名南下服务团事宜，各校学联也积极行动。如前所述，在革命形势发展需要的时代召唤和勇于奉献、积极进步的主客观因素的共同促使下，上海各校青年学生纷纷积极参加南下服务团的报名工作，其场面之热烈、热情之高涨，充分体现了上海青年学生崇高的时代责任意识和勇于奉献、不怕牺牲的爱国情怀。

复旦大学是南下服务团早在内部动员阶段即重点发展的学校，所以复旦大学同学们的踊跃报名情况也最早见诸报端。据报载，“解放后 20 天的大上海，全市同学对革命工作已热切渴望，他们要随着人民解放军，解放全中国。当同学们得知自己有参加南下服务团为人民服务的机会时，大家的情绪像海潮一样泛滥起来”。而当南下服务团招生通告公布后，“复旦自治会办公室从早上六点多起，有时直到晚上熄灯钟响，进出的同学川流不息，有的同学是一天去了四五趟。第一批核准南下服务团的一百二十名同学欢欣鼓舞，准备行装，未被核准的同学纷纷说：‘我为什么不够条件？第二批什

① 上海市交通局：《青年团上海市公用事业公共交通公司总支委员会关于青工委员工作的总结》，上海市档案馆馆藏档案，档案号：B260－1－64－2。

② 共青团上海市委：《1949 年南下服务团纪事》，共青团上海市委青运史研究室 1984 年编印，第 2 页。

么时候？只有这一点点名额？'统计系周荫亭看见核准的名单上只有周荣亭，没有他，顿时极沮丧地将已经打好的背包提到宿舍里，睡倒在床上，后来经同学告诉他，是名单上写错了一个字，他高兴得立即从床上跳了起来；新闻系邓志华同学对自治会同学说：'我为了参加革命工作，头发都剪了，怎么能不批准我？'；统计系的林承璋有几天是整天跑三个地方：南下服务团、学联、自治会；中文系的曾际时，戒了烟，表示他参加工作的决心；数理系的黄瑞琼，她看见自己没有被核准，痛哭了一番。核准了的，走路始终是跃跃欲试，他们精简了自己的行李包裹，思想包裹也精简了，临上车前，'四·二六'被捕的同学陈根棣说：'以前我是被抓了去，今天我要追了去，揪他们！'"①。

与复旦大学一样，上海其他高校也掀起了青年学生踊跃报名服务团的热潮。"同济文法学院的南下服务团登记表不够用，同学自己画表格填好送来，法律系杜姓同学，身体差，左臂断过的，他怕参加南下条件不够，他就说南下不成功，不论哪种工作我都要想法子参加的。"②

暨南大学同学也热烈要求献身人民解放事业，"参加南下服务团。十二日上午布告刚一贴出，全校立即沸腾起来，立刻有成百的同学拥向报名处来，当晚就有两百多人报名要求参加。很多福建、广东籍的同学，他们更是迫切地热望把人民解放军的大旗插到他们的家乡。十三日一天，学生自治会办公室门口就拥着很多人等消息。十四号六十名批准的名单终于发下来了。核准的都喜欢得跳了起来，禁不住高声大唱，未核准的同学中有五六个亲自跑到市学联

① 佚名：《革命热潮汹涌澎湃，男女同学踊跃要求南下》，《青年报》1949年6月16日。

② 共青团上海市委：《1949年南下服务团纪事》，共青团上海市委青运史研究室1984年编印，第3页。

要求给他们想办法”[①]。

美专自治会号召参加南下服务团后，也立即得到了全校同学的热烈响应，五位被批准参加南下的福建、广东籍同学都兴高采烈地说：“‘我们一定要解放那些在蒋匪压迫下的乡亲和同学们。’很多同学因迟到一步未报上名，他们决定继续参加第二批、第三批。”[②]

除了大学生之外，中学生也都踊跃参加。“十四日下午三时半，麦伦中学学生自治会举行‘欢送大会’欢送参加‘南下服务团’工作和文工团的同学。十三日核准名单发布，当时被核准的同学都手舞足蹈，兴奋异常，有几个立刻奔回宿舍收拾铺盖，而榜上无名的同学都懊丧万分，有好几位同学，就跟着自治会的负责同学，吵着要求参加。在欢送大会上，参加南下服务团的同学代表坚决地说：‘我们本来是希望好好地在学校学习的，但是现在有更重要的任务要我们去完成，反动派势力还占据在华南，华南人民需要人民解放军去解放他们，所以我们现在不得不暂时抛弃书本，去参加工作，为华南人民服务’。”[③]

在各个学校同学们的热情参与下，南下服务团的招生报名工作进展极为顺利。据统计，仅“十八日一天之中即有一千数百名同学分向各校自治会要求参加”[④]。至 1949 年 6 月 22 日，上海全市各校动员报名参加南下服务团“人数已在六千人以上”，具体分布情况如下：“南一区七百人、南二区一千四百人、中区七百五十六人、西一区七百人、西二区九百人、沪东区三百人左右、北二区四百

---

① 共青团上海市委：《1949 年南下服务团纪事》，共青团上海市委青运史研究室 1984 年编印，第 5 页。

② 佚名：《革命热潮汹涌澎湃，男女同学踊跃要求南下》，《青年报》1949 年 6 月 16 日。

③ 同上。

④ 佚名：《革命青年的英勇姿态——各校响应南下号召一日间达千数百人》，《青年报》1949 年 6 月 19 日。

多、北一区在一千五百人以上”。[①] 至1949年6月25日，参加南下工作登记告一段落。28日，南下服务团录取工作结果公布，录取名单于29日《解放日报》予以刊登。[②] 至此上海市南下服务团从动员到报名、录取、组建的一系列工作基本完成。

三 南下服务团的历史影响

南下服务团组建完成后，经过一系列培训学习，全团在张鼎丞团长率领下于1949年7月19日早上6时左右出发南下。在途中遭到敌机空袭和克服千难万险之后，服务团终于在1949年9月15日抵达目的地福州，并立即进入了工作角色，开始着手接管和建设以及迎接新中国成立的准备工作。

新中国成立后，南下服务团成员被陆续分配到不同的工作战线上去。1949年10月8日，南下服务团第一大队长郭良代表团部召集全团人员，开会宣布了全团人员的工作分配方向：“分配到福建省人民革命大学358人，分配到福建省公安厅152人，分配到10兵团司令部机要人员训练队95人，分配到青年团福建省工委系统226人，分配到福建省财经部门301人，分配到福建省文教部门194人，分配到福建省省委机关39人，分配到福建省人民政府办公厅21人、民政厅31人，分配到对台工作委员会6人，分配到华侨委员会7人，分配到医务队4人，分配到福建省总工会14人；分配到各地市的名额为：福州市73人、厦门市85人、闽侯地区73人、龙溪地区82人、晋江地区97人、福安地区97人、建瓯地区92人、南平地区105人，另有100多人分配到其他部门。”[③]

南下服务团成员经过统一分配，在踏上各自的工作岗位后，为

---

① 佚名：《各校积极动员参加南下服务团》，《青年报》1949年6月22日。

② 佚名：《南下服务团录取名单》，《解放日报》1949年6月29日。

③ 中共上海市委党史研究室、上海市档案馆编：《南下服务团》，中共党史出版社1999年版，第46页。

福建的解放和建设事业做出了积极而突出的贡献。他们在虚心向老同志们学习的基础上，结合自身文化素质较高的优势，积极投身本职工作。他们纷纷延续了当初报名参加南下服务团时的那份高昂热情，发扬勇于吃苦、不怕牺牲和勇于奉献的精神，艰苦奋斗，以苦为荣、以苦为乐，在诸如剿灭土匪、铲除恶霸、土地改革、政权建设以及支援前线等一系列工作中，经受住了各种各样的考验和洗礼，为福建全省乃至全国的解放和建设事业做出巨大历史贡献的同时，也为我们留下了宝贵的历史启示。

首先，上海南下服务团的组建充分展现了解放后上海青年学生的爱国热情和不怕牺牲、勇于奉献的时代意识。每个时代有每个时代的时代意识，而对时代意识最敏感和最具热情的是青年学生群体。自五四运动开始，中国的爱国青年学生即勇敢地挑起了完成时代任务和践行时代意识的重担。如前所述，面对全国解放需要从上海抽调大批青年学生充任随军工作干部的时代意识召唤，上海各校的青年学生，纷纷主动放弃安逸而舒适的学校生活，踊跃报名。而在南下服务团南下途径莘庄遭到敌机机枪扫射，遭受一定伤亡的情况下，同学们的斗争热情非但不减，反而愈加高涨。在敌人的袭击中，卫明、冯日初、金基和、李清明4位同志不幸遇难，另有魏任清、赵丽倩、竹立、商铭、钱炳芬、林慰慈、任福民、吴士提、韩世勤、王俊、贺蓝泓、张增和、吴文斌、邢洪朱14位同志受伤。[①] 全团及上海人民在悲痛送别了4位烈士后，纷纷表达了进一步支援福建解放和建设的决心。甚至，连负伤入院接受治疗的同学们也都纷纷表示，“敌人的残暴，并不能阻止我们南下的决心，南下服务团的同志们在敌人机枪扫射后仍然积极前进了”，“我们等伤势一好

① 共青团上海市委：《1949年南下服务团纪事》，共青团上海市委青运史研究室1984年编印，第8页。

马上就追上去!”[①] 很明显，对于每一个南下服务团青年学生而言，他们早已把随军南下，支援福建解放、建设，作为时代意识的召唤，深深镌刻到了自己的心灵最深处。

其次，上海南下服务团的青年学生们进入福建工作后，为福建的解放和建设事业做出突出历史贡献的同时，也使自身得到了很好的锻炼和成长，并最终为全国建设事业的发展积累了必要的干部和人才。上海南下服务团“在党和人民的抚育下，经过几十年的锻炼，绝大多数同志勤勤恳恳为福建人民贡献一生，多数成为各级各部门、各单位的骨干。其中有 7 人担任省部级领导职务，1 人授少将军衔，104 人担任地厅级领导职务，800 多人担任县处级领导工作或享受县处级待遇；相当一部分成为科学家、文学家、艺术家、教育家、企业家、学者、教授以及各行各业的专家，被评为高级职称者有 239 人，许多人获得劳动模范、五一劳动奖章以及各种荣誉称号，有些还荣获国务院颁发的有特殊贡献证书，他们为振兴中华作出了重要贡献”[②]。1994 年 11 月，“在福州隆重举行的纪念南下服务团入闽 45 周年的大会上”，时任中共福建省委书记的贾庆林即代表党和政府，对南下服务团的历史贡献做出了高度概括和总结：“福建解放后，党指向哪里，同志们就奔向哪里，八闽大地处处留下同志们奋斗的汗水和足迹”，“在各条战线上，全心全意为人民服务，取得了卓越成绩，为党和人民的事业鞠躬尽瘁”，“你们无愧为团结战斗的一代，无私奉献的一代，自我牺牲的一代”，“你们为福建人民留下了一笔宝贵的财富”。[③]

---

① 佚名：《等伤势一好，马上就追上去！——南下服务团受伤同志访问记》，《青年报》1949 年 8 月 2 日。

② 洪水：《南下服务团简介》（http：//blog. sina. com. cn/s/blog_ 4c078cc40100e79w. html）。

③ 中共上海市委党史研究室、上海市档案馆编：《南下服务团》，中共党史出版社 1999 年版，第 2 页。

再次，上海南下服务团的青年学生在为福建解放和建设事业做出贡献并得到锻炼成长、成才而实现自我社会价值的同时，也在当代青年学生的自我发展、价值抉择等方面提供了宝贵的历史启示。青年人是一个国家和民族的希望及未来，而青年时期又是每一个社会个体人生事业的起步阶段，同时也是确立人生观、世界观、价值观，并决定其人生走向的关键时期。对于每一个要想成为社会有用之才的青年人而言，他们只有经过必要的教育和培养以及社会实践的磨砺，才能健康而顺利地发展，进而成长为社会有用之才和国家栋梁，最终真正托起国家和民族所寄予的重任。对于 1949 年参加南下服务团的青年学生而言，他们在后来回忆自己的成长过程时，均不约而同地强调了南下服务团的经历对自己发展的重要作用。他们认为，“当年服务团给予自己的教育，虽然时间很短，但影响深远，它是革命的启蒙，是人生道路的转折”，“许多同志的发展与成才，就是从南下服务团这条起跑线上出发的”。[①] 众所周知，当今社会的时代环境与时代任务与新中国成立前后的情况已经有了很大的不同，但摒除不同时期历史环境差异的因素，青年人自我成长、成才的条件及价值选择却是始终如一的。即作为任何一个时代的青年人要想最终实现自己的社会价值和自我价值，必须要像当年参加南下服务团的上海青年学生们那样，将爱国、奉献作为自己的价值选择，也只有这样，才能最终在历史磨炼和时代意识的指引下走向自己人生的辉煌远方。

最后，从后续历史发展的连续过程分析，1949 年上海南下服务团和西南服务团一起，作为上海支援全国建设的先声，无论是在动员策略、方式上，还是在组织、人员选择范围等方面，都做出了有益的历史探索，进而为新中国成立后一系列上海支援全国

① 中共上海市委党史研究室、上海市档案馆编：《南下服务团》，中共党史出版社 1999 年版，第 133 页。

建设举措的有效开展打下了坚实的历史铺垫。继“南下服务团”和“西南服务团”之后，上海支援全国的力度不减。新中国成立初期，因战争原因和紧张的国际形势，中央从国家发展全局出发，在“一五”计划期间，不得不实施沿海紧缩战略，将国家工业发展的重点放在内地，对沿海工业采取限制发展的方针。但是，考虑到内地工业基础薄弱，中央要求上海等老工业基地，充分发挥其作用，支援内地新兴城市工业发展，支援国家重点建设项目。进入全面建设社会主义时期，中央又审时度势，提出利用和发展沿海工业的方针，同时中央从“全国一盘棋”的战略出发，要求上海等国家最主要的工业城市和工业基地，立足全国，树立全国全面发展的观点，在技术、人才、设备等方面帮助工业不发达地区，支援中小城市发展地方工业。总之，无论是新中国成立后各个时期上海支援全国各项举措实施过程中动员、组织模式对于南下服务团组建经验的传承上，还是南下服务团组建本身与后续一系列上海支援全国工作的历史连续性、整体性而言，1949 年上海南下服务团的组建都为上海支援全国建设事业的后续发展做出了开创性、启发性的历史铺垫。

第二节　上海对福建工业建设的协作与支援

1957—1965 年间，上海对福建工业建设的协作与支援是共和国发展史上沪闽两地经济交流的重大事件，加强相关研究，具有重要的理论和现实意义。然而或许囿于认识及史料的局限，长期以来形成了一个学术空白点。本节主要依据各种零散史料的相互印证，就 1957—1965 年间上海对福建工业建设进行协作与支援的相关史实进行大致梳理。

一 上海对福建工业建设的协作

众所周知，近代以来，上海一直都是我国重要的工业基地之一。新中国成立之后，在国民经济恢复时期和第一个五年计划时期，在“充分利用、合理发展”方针的指引下，上海工业在人力、物力、财力方面对国家建设贡献了不少力量，很好地发挥了旧有工业基地的功能。

第一个五年计划顺利完成以后，尤其是随着毛泽东《论十大关系》的发表及其指导思想在全国范围内得到不断的贯彻与落实，上海在自身经济的区域功能定位方面逐渐形成了面向华东六省“经济协作”的构想。根据上海与华东其他省市开展经济协作的指导方针，上海认识到要想使上海工业生产在今后国民经济建设中更好地发挥作用，必须在国家计划的统一平衡和指导之下，加强对华东六省的地区综合平衡和经济协作。

华东六省包括江苏省、浙江省、安徽省、福建省、江西省和山东省，在20世纪50年代，六省人口共有1亿8千万，占全国总人口的30%；耕地4亿2千万亩，占全国耕地总数的25%；粮食总产量占全国的30%；地方工业总产值占全国的40%。这个地区人口众多，资源丰富，工业基础较好，只要加强地区经济协作，大力挖掘潜力，在短时期内尽快使华东六省的经济取得发展和提高不仅有客观可能，而且有许多有利的现实条件。上海与华东六省进行地区经济协作是有历史条件和地理优势的。解放前上海与六省的经济交流就十分频繁，解放后彼此间的联系更加紧密。新中国成立之初在华东财政经济委员会的领导下，上海及六省在恢复和发展国民经济过程中的相互协调与支援方面就做了不少工作，积累了不少经验。1954年华东大区机构撤销后，华东各省、市间的地区经济合作非但没有因此而中断反而随着工农业生产的发展而继续有所推进。1957年7月，为了适应客观形势的发展，在中共中央上海局的领导下，建立了华东六省一市的经济协作委员会，自此上海与华东六省的经济联系与协同方面得到了组织机构方面的保障和强化。①

1957 年 7 月 20 日，上海局召开了上海与福建等各省经济协作会议。会议一致认为在国家统一计划指导下，充分发挥地方积极性，通过协作关系，互相帮助、互相支援，对各地发展地方经济具有重大作用。而且鉴于上海及福建在内的华东各省经济联系极为密切、经济协作具有许多有利条件，与会代表“一致同意在上海局领导下成立经济协作委员会”，“委员会的任务是：（1）研究有关发展地方经济的协作问题；（2）组织物资交流，互相帮助，互相支援；（3）积极挖掘潜力，组织国家计划外的物资出口，换取急需进口的物资；（4）加强联系，调整地区之间的矛盾；（5）交流经济情况和工作经验”。②

根据上海与福建等其他华东地区省份的协作协议和具体协作实践开展情况分析，其协作内容中除了其他省份对上海原材料和副食品协作支援外，上海对各省的协作任务主要有以下几方面。

> 一、根据华东六省一市的资源、材料、技术等力量，制定发展国民经济的长期规划。在国家统一计划指导下，本着互相支援、各尽所长、合理分工、共同发展的精神，研究华东地区经济发展的具体任务和要求，并组织地区的初步综合平衡，为全国制定长期发展国民经济计划的综合平衡打下初

① 中共上海市计划委员会：《上海市计委综合计划处关于上海市与华东六省的经济协作情况》，上海市档案馆馆藏档案，档案号：B29－1－252－1。

② 上海市人民政府：《中共中央上海局经济协作委员会办公室关于送上海市对华东六省计划执行情况和计划外互相支援情况表的函》，上海市档案馆馆藏档案，档案号：B76－3－260－166。

步基础。

二、开发新资源的协作。华东地区的地理资源和自然资源是丰富的，有不少资源还没有充分利用和开发，对于国家和各省来说是很大的损失。同时很多资源又是上海工业生产发展中所迫切需要的。新资源的大量开发不仅有利于临近六省经济事业的发展和人民经济生活的改善，对于上海工业生产的发展和新兴工业部门的建立，也具有莫大的帮助。

三、生产和基本建设设备的协作。上海机电工业生产力较大，技术基础较好，临近六省为了迅速发展地方工业以及支援农田水利所需要的化肥设备、排灌机械等，除了由国家统一平衡和分配外，还可以进一步挖掘潜力，在完成国家计划以后，大力组织超产，尽可能供应华东六省的迫切需要，也可以补充国家分配之不足。此外，上海还有一部分旧机器设备，也可以支援六省一部分的需要。同时有些省的机器制造工业也有一定的基础，也有一定条件和力量支援上海和各省的需要，或者建立协作关系，组织部件生产，充分发挥机器制造工业的能力，满足生产和基本建设设备方面的需要。

四、技术设计和培训工人的协作。华东六省为了满足地方工业发展的需要，除了由中央主管部门帮助解决技术设计和技术人员外，主要由省内挖掘潜力，解决生产和基本建设的需要。此外，还需要由上海在一部分技术设计方面进行协作，包括重点协作项目的设计，以及一般公益设计、产品设计等，并帮助培训一部分工人。

五、生产资金的协作。大力发展地方工业和农副业生产需要很多基本建设投资，除了由国家拨款投资外，主要依靠地方自筹，包括群众力量在内。上海也同华东六省一样，地方财政也是比较紧张的。但是为了支持华东六省工农业生产的发展，除了支援人力、物力以外，还要从财力上在可能范围内给予适当帮助，以补省内财政之不足。①

在上述协作精神的指导下，上海对于福建省的工业发展进行了积极的协作支援。根据不完全统计，仅1959年至1960年短短的一年之内，上海市就与福建方面进行了8次大的经济协作。

1959年，上海和福建先后开展了5次不同形式的相互协作。“第一季度是保三明、古田，以大协作形式互通有无，福建支援上海木材4万立方米，上海协助福建制造和供应原材料15项146台（件），原材料132吨；第二季度是保冶金、三钢、福钢、厦钢、轻工糖机以及重点项目上马，以来料加工形式进行两次协作31项3635台（件），钢材240吨；第三季度是糖机补充协作6项170台（件）；第四季度是抓森工、采煤、钢铁、发电、交通运输、工业支援农业六项任务，开展协作29项338台（件）。全年共计设备81项/4289台（件）/1070吨，总值433.2万元，耗用材料约1400吨。”②

1960年，上海和福建又开展了3次大协作，共计设备6788台（件）/12873吨。“第一次协作，上海为福建加工木材综合利用设备32套，1500千瓦发电机配套6套，冶金、森工、化工等零星配套设备1454台（件）/3487吨，福建支援上海木材2万立方米；第二次协作，上海为福建加工发电、冶金、轻工等设备13项/2586台（件）/5581吨，福建支援上海木材10万立方米、毛竹40万根、糖1000吨、石墨400—500吨；第三次协作，以来料加工形式，开展采煤、炼铁等项目协作34项，共计设备2748台（件）/3805吨。此外，双方各厅局、专市、重点厂矿还通过同行业关系，开展各种形式的

① 上海市人民政府：《上海市计委综合计划处关于上海市与华东六省的经济协作情况》，上海市档案馆馆藏档案，档案号：B29-1-252-1。

② 福建省人民委员会：《福建省人民委员会驻上海办事处1959年工作总结》，见中共上海市委党史研究室编《上海支援全国·上卷》，上海书店出版社2011年版，第115页。

小协作。据不完全统计，上海共计支援福建机电设备 15746 台（件）、钢材 681 吨、化工材料 1657318 吨（块）。”①

二 上海工厂南迁入闽

上海除了对福建经济发展进行了大力协作外，从 1959 年开始还先后几次将上海工厂南迁入闽，以支援当地的工业经济发展。

1959 年，时任上海市委书记的陈丕显祖籍是福建长汀，受关怀桑梓情怀的影响，他对福建省的工业建设较为关心，并于当年夏天专门赴闽考察了一番。而当福建方面向他表达是否可以将一些小型工厂南迁入闽时，陈丕显当即表示同意。鉴于福建省在森林资源方面较为丰富但木材加工业却相对落后的现状，上海将闸北锯木厂和普陀锯木厂作为了第一批南迁入闽的工厂。1959 年秋季，上海市计委又将上海纺织工业局所属的正义兴、维大、鼎顺 3 家丝绸厂南迁。

进入 20 世纪 60 年代，上海工厂南迁入闽规模更加庞大，而且管理与规划也愈加严谨。1960 年 6 月 8 日，上海市委决定迁往福建“30 个工厂或生产小组，其中安排在轻工业系统的有裕成昌丝绸厂、鼎顺染绸厂、虹桥毛巾厂、启新内衣厂、奇美衬衫厂、付振兴锁厂、新光玩具厂、天光德记汽灯五金厂、永久皮鞋厂、大乐糖果厂、长宁印刷厂、上海麻丝厂等 12 个厂，全部职工 1156 人”②。

福建省工业厅根据福建省委和上海市委“既积极又稳妥，只需做好、不许做坏”的迁厂指导方针，结合迁入地区的具体情况积极准备，最终按照分批转移的原则，将 12 个厂共分为四批搬迁：第

---

① 福建省人民委员会：《福建省人民委员会驻上海办事处 1960 年工作总结》，见中共上海市委党史研究室编《上海支援全国·上卷》，上海书店出版社 2011 年版，第 115 页。

② 福建省人民委员会：《福建省人民委员会驻上海办事处关于迁厂工作的情况报告》，上海市档案馆馆藏档案，档案号：B163－1－855－16。

一批8月迁1个厂，第二批9月迁2个厂，第三批10月迁6个厂，第四批11月迁3个厂。在具体的搬迁操作上，原则上迁厂所需一切费用均由迁入地区负责，“但由于迁厂时间紧迫，地区经费有限，故福建省工业厅根据迁厂规模、职工人数、机器设备、厂房布局、生产协作及适当兼顾地区经济条件等因素拨款和建筑三材予以补助，补助费用共为人民币128万元，分配三明市66万元，厦门市18万元，福州20万元，福安10万元，泉州8万元，龙岩6万元”①。

除了上述12家轻工系统工厂外，同时迁往福建的还有“化工局系统8家，分别是孚中化工厂、茂雄化工厂、大达橡胶厂、淮海制药厂、金星玻璃厂、明艺玻璃厂、兴化橡胶厂和协风橡胶厂；机械厅系统5家，分别是中国金属制品厂、五金螺丝加工厂、丽明电瓷厂、张协记电刷厂和电器组；另外，还有出版局系统3家，分别是大同印刷厂、新联照相制版厂迁入福州，长宁印刷厂迁入三明；邮电局系统1家，星火有线电器厂，迁入福州；燃料局系统1家，合成兴铁工厂，迁入邵武”②。

由于上海工厂南迁福建既是上海特殊的经济地位和优势所赋予的责任，也符合沪、闽两地经济社会发展的共同需要，所以无论是上海方面还是福建方面都对迁厂工作十分慎重。为了确保迁厂取得良好的社会效益和经济效益，经上海与福建协商，对迁厂的管理步骤进行了非常严谨的安排。

> 第一步，建立组织以加强领导，并由对口厂专职进行具体工作，组织迁厂人员学习有关迁厂的方针、政策，以及兄弟省

① 福建省人民委员会：《福建省人民委员会驻上海办事处关于迁厂工作的情况报告》，上海市档案馆馆藏档案，档案号：B163－1－855－16。

② 中共上海市委党史研究室编：《上海支援全国·上卷》，上海书店出版社2011年版，第117页。

的迁厂先进经验；分工负责与有关专业局、公司、区委行业党委建立关系，共同协商迁厂工作规划和解决迁厂中具体问题。定期召开会议汇报工作，研究存在问题，向有关单位反映协助解决。

第二步，依靠和武装骨干，层层深入，发动群众，在建立关系，摸清情况的基础上结合具体迁厂准备条件对迁出厂逐级公开迁厂决定。先党内后党外，从厂、车间、工段到小组；第一，与厂领导（厂长、党支书）见面后研究迁厂工作计划，成立迁厂小组在区委领导下进行迁厂工作的具体事宜，并在厂内全面地进行社会主义教育；第二，在迁厂准备工作成熟的基础上召开中层干部（全体党员、非党的积极分子及生产关键人员）会议；第三，推向群众，公开宣布迁厂决定。

第三步，组织力量进行拆卸包装，搞好运输工作，但在摸底过程中就应摸清所要搬运的机器设备，职工眷属搬家的物资，详细做出搬运计划，交给运输部门进行安排，至于拆卸机器设备的包装用具（木材、草绳、钉子等）该由省人委办事处申请调拨，费用由迁入单位负担。①

继1960年上海许多工厂南迁入闽，1965年上海又向福建迁入了一些工厂。1965年7月13日，福建省为了解决一部分市场需要，发展闽西、闽北山区建设，根据和战结合原则，拟利用福建省丰富的林产资源和一部分下马厂房，从上海市迁出11个工厂，职工人数4354人（详见表4－1）。

① 福建省人民委员会：《福建省人民委员会驻上海办事处关于迁厂工作的情况报告》，上海市档案馆馆藏档案，档案号：B163－1－855－16。

表 4－1　上海市迁往福建省的工厂名单

厂名	主要设备及生产能力	职工人数（人）	行业属性
静安棉纺织印染厂	纱锭 2.52 万锭，布机 612 台，粘胶人造毛日产 3 吨（印染不迁）	2000	纺织工业
秦余织造厂	台车 26 台，棉毛车 18 台，年产内衣 73.4 万打	675	纺织工业
华光被单厂	被单织机 42 台，年产被单 34.7 万条	350	纺织工业
锦新丝织厂	丝织机 109 台，年产丝织品 305 万米	343	纺织工业
立丰染织厂	卷染机 20 台、轧染机 2 台，丝光机 1 台，年产漂、色布 3377 万米	351	纺织工业
丝昌染织二厂	织布机 106 台，年产色织布 214 万米	285	纺织工业
泰昌胶合板厂	胶合板 3400 立方米	171	轻工业
永昌五金厂	指甲钳	52	轻工业
曙光锁厂	锁	93	轻工业
上海农药厂	外迁部分美曲膦酯设备，年产能力 1000 吨	35	轻工业
桃浦化工厂	外迁部分合成樟脑设备，年产能力 300 吨	17	轻工业

资料来源：《上海市经济计划委员会关于搬迁 11 个工厂给福建省的通知》，上海市档案馆馆藏档案，档案号：A38－1－356－80。

由表 4－1 可见，上海搬迁到福建省的 11 个工厂所涉行业较广，包括纺织印染、织造、被单、丝织、胶合板、五金、锁业、农药及化工等多个种类；就随迁职工人数分析，静安棉纺织印染厂最多，为 2000 人，其次是秦余织造厂，为 675 人，再次为华光被单厂、锦新丝织厂、立丰染织厂等也都将近 350 人左右，其余各厂则数十人到一二百人不等。

上述上海工厂南迁福建之后，不仅使得各南迁工厂相应获得了较好的发展，也为福建地区的工业进步提供了长足的动力。大批上海工厂迁入福建后，“不仅带来了大批先进的机械设备和先进技术，还带来了上海工人阶级的优秀品质。成千上万的上海职工毅然放弃上海舒适的生活和工作环境，在福建各地安家落户。他们怀着‘好儿女志在四方’的豪情壮志，抱着支援福建经济建设的满腔热情，奉献出自己的青春年华和聪明才智。他们以主人翁的态度，克服迁厂过程中生产、生活上的重重困难，经过短期安排和准备，迅速投入生产。他们无私奉献、吃苦耐劳，勇于进取，善于创造，团结协作、积极生产，有的还成为福建省工业战线上的尖兵，为福建建设做出了杰出的贡献”①。

三　上海对福建部分新兴工业城市的配套支援

除了上述经济协作和工厂南迁入闽之外，上海还对福建部分城市的建设进行了相应的配套支援。以福建省三明市为例，三明市在“一五”计划完成之前一直是一个农业山城，但被确定为福建省工业重点建设城市之后，情况就有了明显的变化。作为重工业建设的城市，三明轻工业发展非常落后，也不利于三明市民生活水平的提升。为了支援三明的轻工业发展，上海市对三明市进行了相应的配套支援。

1960 年 3 月，上海市首先将三星糖果厂南迁入三明。② 三星糖果厂迁入三明后，“坚决贯彻自力更生和两条腿走路的方针，边基建边生产，在短短一年时间里，不仅成功完成了迁厂任务，而且由

① 中共上海市委党史研究室编：《上海支援全国·上卷》，上海书店出版社 2011 年版，第 119 页。

② 上海市轻工业局：《中共上海市轻工业局党组、中共上海市经济计划委员会关于上海闸北锯木厂、普陀锯木厂、三星糖果厂外迁福建生产的报告》，上海市档案馆馆藏档案，档案号：B163－2－760－1。

原来一个糖果车间发展到包括冷饮、糕点、饼干、饴糖、蜜饯等多个车间，由单一品种的生产发展到多品种的生产，产品覆盖福建全省各地，在国内有很高知名度，有的产品还打入香港市场，成为全省最大的一家食品企业”。①

继三星糖果厂之后，1960 年第二季度之后，上海一批公私合营的轻工业小厂，如金属制品厂、衬衣厂、皮鞋厂、印刷厂、汽灯厂、锁厂、毛巾厂、针织厂、橡胶厂、玻璃厂等共 10 多家工厂陆续迁入三明市，并迅速成长为食品、服装、玻璃、陶瓷、印刷、皮鞋和五金等轻工业的骨干企业，生产出了三明市第一批日用轻工业产品，不但填补了三明轻工业生产的空白，而且还使得三明从原来的山区城市很快繁荣起来。

与三明情况类似，福建建阳市也得到了上海的有力支援。建阳市是一个林业资源丰富的小城市，但由于诸多客观条件的限制，20 世纪 50 年代其林业发展一直没有较大突破，为了配套支援建阳地区的林业建设，20 世纪 60 年代初，“将近有 6000 名上海青年积极响应党中央支援福建省三线建设的号召，自愿到福建省南平、三明、闽西等地支援山区建设，其中有 600 多人安排到建阳市林业系统交溪、桂林、红旗、外墩、岩后等伐木场工作，这些来自大上海城市的青年人，为了闽北山区林业跨越发展，他们深入深山老林，吃住在伐木工区，种树造林伐木，开垦林地，奉献自己的热血青春。除了一部分人按照政策调回上海工作外，大部分仍然在该市林业系统工作，现在已经退休，但他们的第二代、第三代子女继续继承父辈的自愿，继续为林业腾飞贡献力量”②。

---

① 中共上海市委党史研究室编：《上海支援全国·上卷》，上海书店出版社 2011 年版，第 120 页。

② 建阳市人民政府：《上海支援福建林业建设 50 周年联谊会成立》，建阳市人民政府网站资料（http://www.jyszfw.gov.cn/cms/cms/siteresource/article.shtml?id=20209017704920004）。

上海除了对福建部分中小城市进行配套支援外，还对福州进行了文化方面的配套支援。1959 年上海芳华越剧团南迁福州就是一个十分典型的事例。

为了配套支援福州市的建设，1959 年 1 月 26 日，上海市文化局将芳华越剧团全团 66 人连同家属 83 人，由团长尹桂芳率领，迁到福州。“芳华到福州后，在深入部队、下工厂、下农村，为解放军、工农群众和干部演出等方面，做出了一定成绩，并在艺术演出质量、技术革新、艺术人才培养等方面，有了不同程度的提高，受到了广大群众的热烈欢迎。1960 年，曾被评为福州市文化先进单位，在当时影响相当大”；“经过三四年的发展，全团有工作人员 75 名（其中，演员 25 名，乐队 11 名，舞台工作人员 20 名，编导、作曲、舞美、设计 7 名，行政和勤杂 12 名），另有大班学员 25 名，小班学员 40 名，总计 140 人。期间，全团创作、改编、移植了 9 个剧目，安排上演了 17 个剧目，如《屈原》《红楼梦》《梅玉配》等成了群众欢迎的保留剧目，《闽江徐日红》《杨立贝》等现代剧也为群众所熟悉”；之后“芳华越剧团克服各种困难，努力排演新戏，逐渐争取到大批新观众，以尹桂芳为代表的尹派艺术逐渐在八闽大地生根、开花、结果，福建人民也渐渐爱上了越剧”。①

四　结语

1957—1965 年间，上海对福建工业经济的协作与支援对双方都产生了重要的历史影响。从沪闽两地经济发展而言，上海对福建工业经济进行协作与支援是双赢。一方面，大量工厂、人员的迁入，不但在很大程度上丰富了福建当地的工业门类、提升了福建当地的工业技术实力，更从根本上推动了福建整体经济面貌由农向工的改

① 中共上海市委党史研究室编：《上海支援全国·上卷》，上海书店出版社 2011 年版，第 125 页。

观；另一方面，大量工厂、人员迁出，对工业实力丰厚、工业结构亟待优化的上海而言，对福建工业经济进行协作、支援的过程也是其自身工业资源重新整合、工业结构优化、升级的过程。

揆诸史实，1957—1965 年间上海对福建工业经济的协作与支援不仅是共和国经济发展史上的一次全国工业布局的跨省区的优化与整合，亦为当今国内各地区在经济发展过程中在如何实现优势互补、相互协作方面提供了宝贵的历史镜鉴。

本章小结

上海与福建同属华东地区，虽然由于新中国成立初期的沿海紧缩战略，上海支援全国主要以中西部地区为主，但如果从解放初期的上海南下随军服务团算起的话，福建则是解放以来上海最早支援的地区之一了。1949 年南下服务团的组建是为了支援福建解放事业及解放后的接管、重建工作。南下服务团进入福建以后不但为支援福建当地各个方面事业的发展做出了突出的贡献，而且还为新中国成立后上海支援全国的工作在人员、物资及技术设备的动员、组织等方面提供了宝贵的历史经验。从 1957 年华东地区的经济协作开始，上海又对福建地区进行了一系列的支援，从而为福建地区的经济发展做出了积极的贡献。

第五章

改革开放后上海支援全国的延续和发展

历史地考察，“上海支援全国”作为一个概念有其经济体制的语境。作为1949年上海财经会议上面为应对上海与全国困难局面而提出来的“经济联动”性质的概念，其顺利实施的体制语境是新民主主义经济和后来的计划经济体制。严格地说，1978年改革开放后计划经济体制逐渐为社会主义市场经济体制所取代，那么“上海支援全国”的原始概念语境也就消失了，其历史发展过程也告一段落。但一方面考虑到改革开放以前上海支援全国的历史必然会对改革开放后的经济、社会发展产生后续影响；另一方面改革开放后上海对全国的支援仍然客观存在，因此为了尽可能地使历史线索完整，本章还是严格从前面“上海支援全国”原始概念中“经济联动”的角度出发，对“改革开放后上海支援全国的语境变迁”“新时期的内联协作和对口支援”以及“防疫、救灾中的上海力量”等内容进行梳理和探讨。

第一节　改革开放后“上海支援全国”历史语境的变迁

改革开放是中国社会转型的重要节点，它不仅带来了经济体制的变化和人们思想的大解放，更是社会利益的重新调整。而“上海支援全国”作为计划经济时期局部与全局经济利益关系的一种格局，必然会在全国性的利益关系调整过程中出现一些新的变化。

一　经济体制转型与社会价值观念变迁

“文化大革命”结束后，经过短暂的过渡与调整之后，中国社会走向了改革开放的转型之路，而其中最主要的就是经济体制的变革。

改革开放后我国的经济体制变革，从 1978 年中国共产党的十一届三中全会明确提出要对国家的经济体制进行改革开始，到 1992 年中国共产党第十四次代表大会提出确立社会主义市场经济体制的总目标，走过了一个长期摸索的过程。同时，随着经济体制的转型，社会伦理也出现了明显的变化。

在改革开放之后的发展历程中，伴随社会主义市场经济在中国社会的不断发育，国人内心深处的价值判断和固有的伦理基础都遭遇了前所未有的冲击。特别是在价值规律影响下等价交换的社会交往观念，在某种程度上已经在人与人之间、人与社会组织之间，甚至是人与国家权力之间关系处理过程中，产生着潜移默化的历史影响。

新中国刚刚成立的时候，全社会百废待兴，而且当时整个国家所面临的国际、国内环境都非常严峻，加之后来高度集中的计划经济体制的建立，所有这些都在自觉不自觉中将革命的集体主义树立成了那个特定历史时期的社会伦理基础。在革命集体主义社会伦理的影响下，个人在处理与他人、社会、国家之间关系时都是以“无私奉献”“先人后己”的“革命集体”观念为正统指导原则的，当社会成员的个体利益和整个国家发展需要出现分歧或者冲突的时候，个体利益往往是被倡导无条件服从集体利益和国家需要的。

当然，这种社会伦理价值之所以出现，是与当时中国社会转型的特定社会历史条件相适应的，而且其社会整合功能的发挥，也为当时我们整个国家的发展和进步产生过积极的推动作用。可尽管如此，站在历史发展的角度，我们在重新审视它的时候，有一点我们必须要清楚，那就是，在革命集体主义社会伦理影响的历史时期，因为“左”倾意识的影响，社会个体对于国家利益的服从和让步，非常容易走向极端化的不良倾向。社会个体的利益往往容易被忽视，甚至是被挤压，这种长期僵化的社会伦理一旦遭遇体制性变革的冲击，则很容易出现变异。

1978 年开始的改革开放，既是我国发展方向的变革，更是全社会、全方位利益格局的全新调整。而这种利益关系的主导性调整，也就不可避免地要对旧有的社会伦理产生巨大的冲击。

随着改革开放进程的不断深入，全社会在思想上和政治上得以拨乱反正，社会个体的思想也逐渐从过度僵化的“文革模式”中解放出来，尤其是随着极“左”的社会意识和国家政策逐渐地被舍弃以后，由“阶级斗争为纲”向“以经济建设为中心”的社会发展战略的重大转变，使得整个国家逐渐从封闭的状态转向了对外开放。而改革开放的日益深入，使得过去那些跟不上生产力发展步伐的落后的生产关系被不断地调整和改变，同时生产关系的变革也就带来了社会利益格局的大变化。毕竟，经济基础的变化不可避免地会对社会伦理价值产生影响。尤其是在处理社会个体与国家利益关系的伦理价值方面，尽管由于公有制的主体地位和社会主义国家核心价值体系的引导，集体主义的社会伦理仍然为广大人民群众所认可和遵循，但是，伴随改革开放后社会转型的日益加剧，在多种因素的复合作用下，社会个体已经逐渐抛弃了计划经济时期所流行的“革命集体主义”，也不再自觉贯彻革命集体主义伦理观念影响下对自己个体利益绝对排斥和否定的绝对化、片面化的伦理规范了，而是在社会主义市场价值观念的耳濡目染之下，慢慢调整了自己的伦理价值诉求，逐渐探寻在确保国家利益和集体利益的基础上，如何尽量追求合法、合理的个体利益了。毫无疑问，改革开放以后，随着国家经济体制的逐渐转型，如何兼顾社会个体、国家集体的利益，日益成为社会伦理价值的主流诉求。

二 上海区域经济功能的全新定位

随着改革开放和思想解放的历史步伐不断前行，上海的区域经济功能定位也有了新的发展。

众所周知，作为近代以来全国对内、对外贸易的枢纽，上海在经济方面的对内、对外联系均非常的紧密。自新中国成立到“文化大革命”结束之前的历史时期，因为“左”的路线之影响，特别是全国经济发展过程中对“商品经济”的人为否定，上海和全国其他省、市的经济联系从内容到形式上，都受到了计划经济体制的严重束缚，虽然取得了一些成绩，但未能充分发挥其区域功能的全部潜力。①

1978 年中国共产党十一届三中全会召开之后，尤其是随着改革开放的发展政策和解放思想、实事求是的思想路线得到不断贯彻，上海作为全国核心城市的区域功能定位慢慢得以重新认识和重视。②然而，作为新时期全国经济发展的重要辐射中心，上海想尽快追上世界发展潮流，进而在整个国家的现代化建设事业中发挥更大的历史作用，必须要有更明晰的功能定位，即对外要更加地开放，对内则要不断地增强区域辐射和区域带动的经济功能。

在全国经济区域发展规划中，上海的区域经济辐射功能主要体现在其与长江三角洲地区的经济联系当中。因为自然因素和历史传统的影响，整个长江三角洲地区早在近代就发展成为了一个无论在

① 翁志伟、张永庆：《长三角区域经济发展现状及趋势研究》，《当代经济》2009 年第 1 期。

② 靖学青：《长三角发展与上海的经济中心地位》，《上海经济》2005 年第 S1 期。

社会经济还是科学文化方面都较为发达的城市群。在长江三角洲城市群落内部，进一步打破各地区之间的行政性条块隔阂，深化区域经济联系，是包括上海在内的长三角各城市自身发展的必然需要。[①]“文化大革命”结束之前，尽管由于计划经济体制的束缚和各城市间行政区划的条块阻隔，上海市与其他城市间的各企业、各行业之经济往来仍然较为密切。尤其是苏州、无锡和常州地区的各类工厂、企业均和上海市的一些大型企业、科研院所及高等教育机构之间保持了良好的合作关系，在诸如“开发新型产品”“推广科研成果”“促进经济交流”等方面取得了积极的效果[②]，最终在推动整个长江三角洲地区经济发展的同时，体现了上海在区域经济发展中的辐射和带动作用。

改革开放后，为了进一步提升上海的区域经济功能，1982 年 12 月，国务院出于落实全国“以城市为重点的经济体制改革”之目的，同时为了更好地挖掘重点城市的辐射能力，决心建立以上海为中心，范围包括长三角部分中、小城市在内的“上海经济区”[③]。

根据 1982 年上海经济区成立之初的规划及 1984 年、1986 年国务院批准的调整计划，上海经济区无论是在范围还是在产业上都出现了一系列的调整，最终扩大了的上海经济区不但有我国上海、连云港、南通、宁波、温州、福州、厦门等沿海开放城市，而且还包括苏州、无锡、常州全部和嘉兴、湖州一部分的经济开放区；不但有传统的轻纺、机械加工行业，而且还有以两淮、徐州煤田和新安

① 解艳波、陆建康：《长三角地区一体化发展思路研究》，《江苏社会科学》2010 年第 2 期。

② 曲伟：《区域经济的创新与发展——来自上海和长三角地区的启示》，《学习与探索》2007 年第 3 期。

③ 张仲礼：《上海和上海经济区在中国经济现代化中的地位和作用》，《社会科学》1988 年第 1 期。

江水电站为载体的能源基地以及江西丰富有色金属资源以及苏州、杭州、太湖、黄山、庐山等名闻遐迩的旅游胜地。①

毫无疑问，上海经济区的不断发展，不但进一步增强了经济区内部的优势互补，也彰显了国务院在上海市区域经济功能定位方面的国家期许。而对于这一点，上海市在自身的发展规划中也有明确的认识和定位。

与 20 世纪 80 年代初国家设立上海经济区强调进一步挖掘上海的区域经济功能潜力相适应，上海市在制定自身功能定位时也相应地提出了将上海自身打造成“三个基地”的目标和任务。②

1979 年 12 月 24 日，上海市七届二次人代会提出了积极利用上海有利条件加快“三个基地”建设的任务。彭冲代表上海市革命委员会所作的《政府工作报告》（以下简称《报告》）指出，建成我国先进的工业、科学技术和外贸基地，是全国四个现代化建设对上海的要求也是上海 1000 万人民的共同愿望。《报告》还分析了当时上海建设“三个基地”的有利条件，而为了充分利用上海有利条件，《报告》还提出了加快三个基地建设应采取的措施：“（1）立足于挖潜、革新、改造，逐步地使现有企业接近和达到现代化水平。（2）要把发展科学技术与经济建设密切结合起来，使科学技术尽快地转化为生产力。（3）大力发展对外贸易，以外贸促生产、促科研。（4）积极进行经济管理体制改革扩大企业自主权，在国家计划指导下实行计划调节与市场调节相结合。（5）严格控制城市人口，合理调整工业布局。”③

显而易见，改革开放初期上海市建成“三个基地”规划的提出

---

① 上海市地方志办公室：《上海市人民政府志》之“经济建设篇”，见上海市地方志办公室网站（http：//www. shtong. gov. cn）。

② 孙怀仁：《上海社会主义经济建设发展简史（1949—1985 年）》，上海人民出版社 1990 年版，第 596 页。

③ 同上书，第 596—597 页。

及其实施，与国家对于上海区域经济潜力的一系列挖掘措施一起，共同推动了新时期上海城市经济功能的全新定位。

三 上海支援全国的新语境

改革开放后，由于受到国家经济体制转变及其所引起的社会价值观念转型以及上海城市功能定位变化的影响，“上海支援全国”的时代语境也出现了新的调整，进而其概念的内涵与外延也都相应地出现了诸多新的变化。

首先，因为国家经济体制的转型，“上海支援全国”的时代语境发生了变迁。如前所述，上海解放后，随着新民主主义经济的建立，在国家对于全国经济发展调控不断加强的历史语境下，上海与全国的经济联动关系非常密切。上海的发展离不开全国的支援，而上海在得到全国支援的同时也为全国的发展做出了巨大的历史贡献。“全国支援上海，上海支援全国”，这是1949年上海财经会议上形成的发展策略。为了稳固上海形势，同时也希望上海得到稳定后可以在全国的经济发展中发挥重要的作用。

从本质上而言，上海支援全国属于国家经济规划和实践的一项重要举措，是国家的经济导向，而其背后所体现的却是计划经济的行为特征。众所周知，“作为一种资源配置方式和经济体制，计划经济具有两大特点：一是集中性。在计划经济条件下，国家可以运用强制性的手段来集中全社会的一切人力、物力、财力进行经济建设。所以，计划经济对资源的配置具有高度的集中性。二是计划性。在计划经济条件下，经济资源如何分配，各部门分配多少，全由国家的计划来安排；全社会生产什么，生产多少，怎样生产，由国家的计划说了算。所以，计划经济对资源的配置具有高度的计划性。由计划经济的特点决定，在计划经济条件下，国家能够在短期内集中全社会的经济资源来发展社会经济急需发展的产业，来解决社会急需解决的重大经济问题”[1]。然而，1978 年之后的社会变革开启了计划经济向社会主义市场经济体制的转变过程。在社会主义市场经济体制内部，国家对社会资源的使用方式与计划经济体制时期出现了截然不同的变化。“国有经济对关乎国家命脉行业、部门进行有效把控的前提下，逐步放开其他经济成分对于社会各种资源的占有和使用，同时在社会资源、利益交换过程中充分尊重市场规律的作用，而且国家对于整个国家经济发展的规划上也摈弃了计划经济时期的僵化思想。”[2] 这样一来，由于社会主义市场经济体制与高度集中的计划经济体制下国家发展规划思路的调整以及实施过程中国家对于社会资源的分配方式从指令性向市场化的转变，“上海支援全国”的时代语境也就自然而然地产生了变迁。

其次，我们在充分考虑经济体制变化给“上海支援全国”时代语境带来变迁的同时，也要深刻认识新时期“上海支援全国”继续发展的可能性和必要性。

虽然社会主义市场经济体制与高度集中的计划经济体制相比，更加尊重经济规律本身的客观性，然而社会主义市场经济体制内部公有制仍然占有主体性的地位。“坚持公有制的主体地位，是社会主义的一条根本原则，也是我国社会主义市场经济的基本标志。在整个改革开放和现代化建设过程中，我们都要坚持这条原则。只有确保公有制经济的主体地位，才能防止两极分化，实现共同富裕。任何动摇、放弃公有制主体地位的做法，都会脱离社会主义的方向。”[3] 而“坚持公有制的主体地位，重要的是要把握好以下几个方面：一是在社会总资产中要保持国家所有和集体所有的资产占优势，二是国有经济在关系国民经济命脉的重要部门和关键领域占支

---

① 张德利、彭宜佳：《市场经济学》，武汉大学出版社 1998 年版，第 14 页。

② 吴松主编：《论全面建设小康社会》，人民出版社 2002 年版，第 267 页。

③ 中共中央文献研究室：《十四大以来重要文献选编》（中），人民出版社 1997 年版，第 1469 页。

配地位，三是国有经济对整个经济发展起主导作用，四是公有制经济特别是国有企业要适应社会主义市场经济发展的要求，不断发展和壮大自己”①。公有制经济在社会主义市场经济体系中仍然占主体地位，这就保证了国家对于社会资源进行宏观调配的正常进行，从而最终保证了新时期“上海支援全国”仍然可以继续发展的体制基础。

除了公有制经济的主体地位外，我国发展整体规划中关于“共同富裕”的方针也为新时期“上海支援全国”的继续发展提供了政策性的保障。邓小平同志在关于社会主义根本任务的论述中就明确提出要“一部分地区有条件先发展起来，一部分地区发展慢点，先发展起来的地区带动后发展的地区，最终达到共同富裕”②，另外在消除地区差别方面也要求“通过国家政策率先富裕起来的沿海地区要通过一系列渠道支持和带动相对落后的内陆地区”③。而新时期、新时代语境下的“上海支援全国”则恰恰是国家提倡“共同富裕”方针的具体实践。

最后，在科学认识改革开放以后国家经济体制转变和新时期“社会主义共同富裕”语境的基础上，科学认识改革开放后上海支援全国的表现形式和主要内容。

“上海支援全国”从其历史过程和表现形式上而言，主要体现的是上海对于国家及全国其他地区经济发展过程中的人力、财物甚至是技术设备方面的支援，但从本质上而言，却代表的是上海市区域经济辐射或带动功能在全国范围内的扩大化效应。1978年改革开放之后，高度集中的计划经济逐渐被社会主义市场经济所取代，在

① 中共中央文献研究室：《十四大以来重要文献选编》（中），人民出版社1997年版，第1469页。

② 邓小平：《邓小平文选》（第3卷），人民出版社1993年版，第373—374页。

③ 熊晞：《党的三代领导集体对实现共同富裕的探索与创新》，《中国特色社会主义研究》2006年第3期。

考虑上海支援全国建设方面，国家已不再依靠指令性计划将上海的人力、物力、技术设备等直接通过行政计划调拨出去，但上海市在自身经济实力逐渐壮大的基础上却真正起到了其区域经济辐射功能在全国范围的扩大化效应。

具体而言，新时期上海支援全国的主要内容虽然不再延续计划经济时期的一些具体表现，然而却在一定程度上继承了其内涵。一方面，新时期上海的内联协作策略仍然以其自身的区域经济辐射功能为基础，继续发挥对周边省份或地区经济发展的带动作用；另一方面，新时期上海市对特定地区或城市的“对口支援”也在某种意义上延续了其对内地相对落后地区发展的无私援助。此外，上海市以其特有的经济、科学、技术、设备等区位优势在全国性的“防疫”“救灾”过程中亦发挥着巨大的作用。

在新的历史时期，上海市“内联协作”“对口支援”、参与全国性的“防疫”和“救灾”等内容与改革开放前上海支援全国的诸多实践相比，其外延无疑相对压缩，但从其在全国经济发展过程中的区域功能发挥的角度而言，却大大凸显了其精神内涵的时代意识。

第二节　内联协作与对口支援

改革开放后，由于经济体制的转型，计划经济时期单纯依靠国家计划和行政指令为体制保障的上海支援全国已经逐渐停止，而内联协作与对口支援则逐渐成为改革开放后上海支援全国的重要表现形式。

一　内联协作

新中国成立后上海内联协作的历史由来已久。上海解放后，市委、市政府领导强调上海作为老工业基地，必须处理好局部与全局的关系，处理好上海与全国各地的关系，并提出上海广大干部要树立全国一盘棋思想，加强与其他各省、市、自治区的经济技术协作，为全国经济服好务。[①] 1957 年 7 月 20 日，上海市与江苏、浙江、安徽、福建和江西等省召开了经济协作会议，提出了加强优势互补、共同发展的协作精神，并决心“在国家统一计划的领导下，充分发挥地方积极性，通过协作关系，互相帮助、互相支援”[②]。同年 8 月 6 日，中央批复上海局，同意成立“经济协作委员会”。[③]

1958 年“大跃进”开始之后，其他省市和地区出于促进本地区经济发展的目的，纷纷向上海市提出申请，要求和上海市建立或强化经济协作关系。在经济协作关系中，其他省市和地区为上海市提供相关原材料和燃料，而上海市则负责向他们提供机器设备、工业产品甚至技术力量和资金等的支持。[④] 自 1958 年之后，上海市根据党和国家有关允许“在保证完成计划任务之外地方可以挖掘潜力开展互惠互利的经济协作，作为国家计划的补充政策，大力开展地区之间互通有无的调剂活动”[⑤]，充分发挥自身工业生产优势，加快自身经济发展的同时，支援其他省市和地区的经济进步。[⑥]

---

① 中共上海市经济计划委员会：《上海市经计委关于上海市与各省、市、自治区经济协作资料》，上海市档案馆馆藏档案，档案号：B29 - 2 - 892。

② 中共上海市经济计划委员会：《上海局关于苏、浙、闽、皖、赣、沪五省一市经济协作会议给中央、主席的报告》，上海市档案馆馆藏档案，档案号：B29 - 1 - 252 - 1。

③ 中共上海市经济计划委员会：《中央复上海局同意成立经济协作委员会及对几个问题的意见》，上海市档案馆馆藏档案，档案号：B29 - 2 - 889 - 14。

④ 中共上海市经济计划委员会：《中共中央上海局经济协作委员会办公室关于送上海市对华东六省计划执行情况和计划外互相支援情况表的函》，上海市档案馆馆藏档案，档案号：B76 - 3 - 260 - 166。

⑤ 中共上海市经济计划委员会：《上海市计委综合计划处关于上海市与华东六省的经济协作情况》，上海市档案馆馆藏档案，档案号：B29 - 1 - 252 - 1。

⑥ 中共上海市经济计划委员会：《1958 年上海市与各省、市、自治区经济协作资料汇编》，上海市档案馆馆藏档案，档案号：B29 - 2 - 892 - 19。

1966 年“文化大革命”开始以后，由于极“左”思潮的冲击，上海市与其他省市的经济协作关系受到较大的破坏。1969 年，国家为了进一步协调区域经济发展的优势互补，计划把毗邻上海的一些铁矿及煤炭等生产基地划归上海市，由上海方面进行开发和利用。之后，上海市先后实施了梅山、莱芜铁矿和大屯煤矿等原材料生产基地的开发和建设工作，并在 1972 年着手进行安徽新桥硫铁矿的开采项目。①

总之，改革开放前，在上海和其他省市和地区的内联协作过程中，先后建立起了包括煤炭、纸浆、香料、水泥、花岗岩、铝、锌、铜等物资在内的原料基地，协作的方式包括提供资金、共同开发项目、物资串换及无偿支援等。上海与其他省市和地区的内联协作，对支援全国经济的发展具有重要而积极的推动作用，然而不容否认的是，由于受计划经济弊端的影响，上海的内联协作主要是通过政府计划和指令的安排进行的，不但与市场脱钩，更谈不上根本地实现资源配置和效率提高。

1978 年实行改革开放以后，上海的内联协作重新焕发了青春和活力，在推动全国经济发展方面起到了更大的历史作用。②

自 1979 年开始，上海市政府逐渐批准恢复了在“文化大革命”时期关闭了的国家及其他省市和地区的驻沪办事机构，从而为重新加强上海与全国其他地方的经济协作关系打下了坚实的基础。1982 年 2 月，“为了加强对全市横向经济联合的领导，成立上海市人民政府协作办公室”，“各区县也相继成立协作工作机构”，“大多数工业局也有专人负责”。③ 1983 年 4 月，时任上海市市长的汪道涵在上海市第八届人民代表大会的一次会议上，在其所作的政府工作报告里就总结和部署了内联协作的相关问题，并明确了新时期上海

① 参见上海市地方志办公室：《上海人民政府志》“内联协作”部分。

② 姜光裕：《上海经济协作的回顾与展望》，《上海综合经济》1996 年第 1 期。

③ 陈沂：《当代中国的上海》（上），当代中国出版社 1993 年版，第 316 页。

市发展横向经济联合的原则："坚持全国一盘棋，从有利于经济调整出发，按照各自的基础和条件组织协作；坚持互惠互利，调动双方积极性；立足于现有企业的改造，充分发挥双方各自的优势；强调可行性分析，注意投入产出效益；强调相互学习，有层次地传递和交流技术管理经验。"①

1984 年 10 月，上海市人民政府颁布了《关于兄弟地区来本市开店办厂的暂行办法》。11 月，又颁布了《关于本市企业同兄弟地区企业经济技术合作若干问题的规定》，鼓励上海企业到兄弟地区开店办厂。② 1986 年 3 月，全国城市改革工作会议之后，上海市的内联协作进入了新的阶段。"根据国务院颁布的有关进一步推动横向联合的规定，同年 6 月，市人民政府颁布了《上海市进一步推动横向经济联合的试行办法》"③。1987 年和 1988 年时任上海市市长的江泽民同志在上海市八届人大六次会议和九届人大一次会议上所作的政府工作报告里面又进一步对上海与其他省市和地区的内联协作进行了宏观性的指导。1989 年、1990 年，上海先后和黑龙江、吉林、四川等省订立了《关于横向经济联合中企事业合法权益的保护协定》。④

20 世纪 90 年代，上海的内联协作又有较大进展。1990 年 4 月，中共中央、国务院宣布开发开放浦东的决策后，上海把横向经济联合的重点放在改善投资环境，吸引内资共同开发浦东，推动双向联合上。1991 年 4 月，市九届人大四次会议通过《上海市国民经济和社会发展十年规划和第八个五年计划纲要》，提出此后十年上海要为全国服务，为长江流域乃至全国经济的发展做出应有的贡

① 孙怀仁主编：《上海社会主义经济建设发展简史》，上海人民出版社 1990 年版，第 612 页。

② 陈沂：《当代中国的上海》（上），当代中国出版社 1993 年版，第 317 页。

③ 杨学富：《浅论上海发展经济技术协作的重要意义》，《财经研究》1985 年第 5 期。

④ 参见姜光裕：《推进上海与各地的经济协作》，《上海综合经济》1996 年第 3 期。

献。1994 年 7—8 月，市政府领导率团出访湖南、湖北、安徽、江西、黑龙江、吉林、辽宁等省，提出“优势互补、互惠互利、联合发展、共同繁荣”的原则，与兄弟省、市共同探讨开展新一轮横向经济联合。1995 年 6 月，时任市长徐匡迪在会见外省市赴沪考察团时，对建立横向经济协作与发展的新的运行机制问题提出需要遵循的四条原则。[①] 1996 年 9 月，徐匡迪在中央扶贫开发工作会议上对在推进新一轮东西部合作和扶贫工作中如何贯彻上述原则作了进一步阐述。1997 年 12 月，中共上海市第七次代表大会提出了“对内开放做到优势互补，重在服务全国，促进联动发展和共同繁荣”的总的目标要求。1998 年 5 月，上海市政府发布《关于进一步服务全国扩大对内开放的若干政策意见》。随即，市计委、市协作办等有关部门又制定了《实施细则》和《关于市外在沪企业和大企业认证实施办法》等文件，使进一步服务全国、扩大对内开放的工作更加具有操作性和务实性。[②]

而在 20 世纪八九十年代上海内联协作实践开展的基础上，进入 21 世纪以后上海与其他省市和地区的经济合作更加稳健而深入。

二　对口支援

对口支援，是指由政府主导，由发达地区对重点欠发达地区实施重点帮扶和援助的实践活动。[③] 上海市的对口支援，从严格意义上来讲，也是上海内联协作或横向经济联合的内容之一。然而，鉴

---

① 四条原则为：建立互惠互利的新型合作关系的原则；以推进跨地区产业结构战略性调整为主线的原则；政府搭戏台，企业唱主角的原则；优势互补，双向流动的原则。

② 上海市地方志办公室：《上海人民政府志》的“内联方针政策”部分，上海地方志办公室网站（http://www.shtong.gov.cn/node2/node2245/node72907/node72913/node72992/node73014/userobject1ai85789.html）。

③ 参见李延成：《对口支援：对帮助不发达地区发展教育的政策和制度安排》，《教育发展研究》2002 年第 10 期。

于对口支援在改革开放以后的历史进程中其内容发展也渐渐超出了经济的范畴，而且因为上海市的对口支援对象多为民族地区，对全国的民族关系和统战工作都有着重要的社会意义，所以在此我们将上海市对口支援的内容单独拿出来进行专题探讨。

早在1979年全国边防会议上，中央就要求上海等发达地区要对边疆少数民族地区进行对口支援。1983年国务院又批准了《关于经济发达省、市同少数民族地区对口支援和经济协作工作座谈纪要》。“根据国家的相关要求，上海市和云南、宁夏、新疆及西藏等少数民族聚居的省、自治区先后结成了对口支援。截至1983年底，上海市与云南、宁夏、新疆、西藏等地的40余州、县确定了长期协作，并完成3000多个扶贫或经济技术协作项目。1993年，上海市又和三峡移民工程中的四川省万县市五桥区、湖北省宜昌市宜昌县结成了对口支援。1995年，上海市在此前长期坚持对口支援民族地区的基础上，实施新一期的援藏工程，并派干部49人援藏；同时也在云南、新疆及三峡库区开展了一系列的经济支援项目。”①

根据《上海年鉴》相关记载以及上海市人民政府合作交流办公室公开的资料表明，在继之前十几年开展对口支援的基础上，从1996年开始，上海市在对口支援方面，无论是范围、力度还是内容拓展上均有了较大发展。综合1996年至2011年上海市的对口支援之整体概况，我们可以作如下几点总结。

（1）从20世纪80年代以来上海对口支援的连续性和实施力度的发展情况我们可以看出，上海的对口支援不但已然形成了一种长效的机制，而且更是体现出了上海的城市特色。在前后持续的对口支援实践过程中，上海对口支援在管理上具有非常稳定而完备的机制。上海市的对口支援管理和实施不但组建了具体的负责部门，明

① 上海市地方志办公室：《上海市年鉴1996》，上海市地方志办公室官方网站（http://www.shtong.gov.cn/node2/node19828/node19829/node19844/node64452/userobject1ai68657.html）。

确了领导班子及其工作职责，而且还在筹措对口支援的专用资金过程中也形成了非常高效而稳定的工作机制。

（2）从上海对口支援的具体项目用途来分析，具体对口支援主要是针对帮助困难地区群众的实际困难而展开的。无论是早期对口支援项目中的经济帮扶，还是进入20世纪90年代特别是21世纪之后上海对口支援从扶贫项目到民生工程乃至教育专项等对口支援内容的更加全面和细化，都体现出了上海对口支援努力追求的“三个能”[①] 的工作原则。

（3）从上海对口支援实践开展的历史趋势分析，上海的对口支援越来越向着“政府主导、社会参与”的先进模式发展。众所周知，上海是全国经济发展最具活力的地区之一，上海市有着很多有品牌、有实力、有社会责任感的公司、企业，在上海对口支援的具体实践过程中，紧紧依靠政府的主导力量是必需的，但从长远发展趋势而言，如何通过政府的主导作用，引导更多的社会力量参与到对口支援中来也是非常有必要的。

第三节　改革开放后全国防疫和救灾中的上海力量
——以防治“非典”和“5·12”地震救灾为例

由于人类对于自然资源的过度开采以及对自然环境的破坏日益严重，自然灾害及群体性疫病的爆发也越来越频繁了。而无论是防灾救灾还是防疫治疫都需要良好的经济、技术条件。改革开放后上海市经济、社会、科技、文化得到全方位发展和提高后也在全国防

① “三个能”，即能让贫困人群直接受益，帮助改善贫困人口基本生活、基本生产、基本教育和基本医疗条件；能与当地经济社会发展规划相衔接，推动对口支援地区“十一五”规划的实施，促进实现可持续发展；能让中央、对口支援地区和上海“三满意”。

疫和救灾工作中发挥了积极的作用。本节主要以上海市支援2003年全国“非典”防治工作和2008年汶川地震救灾这两个事件为例进行一定的梳理和探讨。

一　上海市支援2003年全国“非典”防治工作

2003年非典型性肺炎的疫情，使得整个国家都陷入了紧张而严峻的境遇。在防治非典的过程中，全国一盘棋，充分发挥了各地的积极性和区位优势。其中上海市在防治非典过程中，在接受来自全国支援的同时，也充分发挥自身优势，对全国其他地区的非典防治工作进行了有力的支援，最终与全国其他地区一起取得了防治非典斗争的胜利。

（一）支援防治非典所需要的医疗物资和设备

非典型性肺炎的突然袭来，使得人们措手不及，其中不仅是心理的恐惧，更有防治非典所必需的医疗产品之供应。

随着非典防疫工作的全面开展，能够在一定程度上有助于阻断呼吸道疾病传染的医用口罩，一时间全国奇缺。2003年4月20日，首都北京的医疗机构向上海市发出求助信息，希望上海可以每天向首都提供10万个医用口罩。北京是祖国的心脏，确保北京的医用口罩供应，在一定意义上有着稳定全国秩序和人心的意蕴。鉴于此，上海市对于北京的求助，高度重视，上海市人民政府立即做出协调指示，责成上海市人民政府经济委员会予以落实。经过认真研究，上海市经济委员会将供应首都口罩的生产任务下达到了纺织控股集团。接到任务后，纺织控股集团也做出了积极回应和紧急部署，即“由海螺集团、三枪集团、针织21厂、五洲服装厂”4家可以大批量缝纫作业的企业马上进行生产结构的调整，停止原有生产计划，而全力以赴生产医用口罩，以确保首都供应。

上述4家企业均有着既定的生产计划和利润指标，然而出于服务全国防疫工作的社会责任，他们纷纷不计损失地选择了转产。

"以海螺集团的龙头企业七宝衬衫厂为例，在接到市里生产口罩的任务之前，工人们都在赶制外贸订单，然而一接到转产任务，他们在第一时间抽调了100台电脑平缝机和100位生产技能最为娴熟的工人，筹建了专门用于生产口罩的车间，为了开辟高标准的专业消毒室，他们甚至将原车间办公室拆除，改造成了紫外线消毒室。"[①]

同样的奉献精神也体现在了三枪集团改产医用口罩和上海十七、十八棉厂改产棉纱的过程中。

三枪集团在改产口罩过程中，"医用口罩的棉纱规定是21支的纱做16层，但现在市场上没有21支的棉纱，他们就用40支的纱做20层，质量更高；口罩的纱带一时买不到，就用本来做三枪内衣领口绲边的带子替代"[②]。上海十七、十八棉厂面对供应生产口罩所需棉纱的任务，也实行全厂紧急动员，"不仅承担了数百万元的翻改、转产损失，还调集所有资金、人力，抢产医用纱布"[③]。

最终，在上海各方共同努力下，上海圆满完成了国家交给的生产任务。据统计，"截至5月15日，上海向北京等地运送的口罩就达255万只"[④]。

除了医用口罩之外，上海市还向全国其他兄弟省市支援了大量的药品、医疗设备以及防护用品等。如据《人民日报》2003年5月20日的报道统计显示："到目前为止，上海向北京、山西、内蒙古等15个省区市，提供了价值超过4500万元的治疗非典所需的西药、中成药、医疗器械和防护用品，其中包括甲泼尼龙等13种西药，板蓝根等7种中成药，体温计48万多支，耳温计2500支，呼吸机25台，X光机260台，以及口罩255万只、灭菌手术衣4740

① 郑蔚、任荃、张艳：《筑就新的长城——上海与兄弟省市互助抗非典纪实》，《文汇报》2003年5月17日。

② 同上。

③ 同上。

④ 同上。

件、药皂4万多箱。”①

（二）派出医疗工作人员支援全国其他地区的非典防治工作

上海作为全国教育、科技较为发达的直辖市，有着优越的医疗资源，“在建国以来的历次全国性救援工作中都发挥了自己的技术和人员优势”②。2003年在支援全国防治非典的斗争中，上海市也充分发挥自身医疗资源优越的特点，派出医护人员，赶赴首都、内蒙古等兄弟省市，协助应对危重疫情。

以北京市主要的防治非典指定医疗单位的小汤山医院为例，在全国防治非典最为紧张、激烈的时期，小汤山医院的第18、第19两个病区就是由来自上海第二军医大学附属的三家医院抽调的63位专业医疗工作者支援、负责的。

在具体的支援工作中，来自上海的专业医疗工作者们均践行了自己的岗位职责，为支援全国抗击非典的斗争可以取得最终的胜利，无不是舍小家为大家、顾病人而别亲情。如，据2003年5月13日的《解放日报》报道：

> 护士骁克和“非典”真是“狭路相逢”：原定5月18日婚礼“无限延期”了。那晚一接到出征令，小骁二话没说就把婚纱包好束之高阁。上百封请柬发出了还能登门去解释，可为婚礼留了三年及胸的飘逸长发，一到小汤山就按防护要求必须剪短。护士长怕骁克难过，特来看她剪发准备好好安慰。没想骁克压根没犹豫，剪好后还觉得不够短，又从齐下巴剪到了齐耳根。刚知情的长海医院李院长含泪说：回来我做证婚人！
>
> 医生余凤海不怕“非典”怕电视，怕的是远在黑龙江的

① 田泓、谢卫群：《同舟共济 全力以赴——上海支援全国抗击非典纪实》，《人民日报》2003年5月20日。

② 谢忠强：《上海市参加1976年唐山大地震救援工作述略》，《防灾科技学院学报》2013年第1期。

80岁老母亲，看到电视担心。那晚，央视新闻里，姚明为上海军医壮行，自己和几名医院代表人人捧个篮球笑吟吟，镜头足有好几秒……重播时余医生看到了，赶紧打电话到黑龙江"试探"。老母亲一门心思在看当地台的电视连续剧，余凤海这才一块石头落地。正庆幸着，母亲来电，说刚刚隔壁王大妈看了新闻转告了她，余凤海心一下揪到嗓子眼。没想母亲笑语轻松："支持你，我儿子精忠报国！"

护士曹琴则暗自高兴——"父母做梦都想不到我来了小汤山。"家住杭州的父母一直被曹琴瞒得死死的，"昨天我妈还打来手机，说看了电视里抗非典文艺晚会，被白衣天使的故事感动得流泪呢。"曹琴电话里唯唯诺诺，心里在想：女儿正上演真实一幕，放心吧，凯旋时分享好消息！[①]

毫无疑问，上述三位医护人员的个人事迹是防治非典时期支援全国的所有医护人员的缩影，他们的个人表现不仅让读者了解到了他们身上的无私奉献精神，更让我们看到了全国人民齐心协力最终取得抗击非典斗争胜利的希望。

（三）发动群众及企业进行专项捐款

除了相关企业根据上海市委、市政府的相关指示，全力以赴，保证抗击非典所必需的医疗物资、药品及设备等之外，很多普通的上海市民也通过捐款的方式，为支援全国的防治非典工作增砖添瓦。

翻阅2003年防治非典时期的报纸文章，即可轻易感知到非典时期上海平民百姓的慷慨与无私。他们在日常生活中大多勤俭节约、精心理财，但当非典来袭，全国动员之际，他们却不分社会地位、不分财富多寡，争先恐后地赶赴慈善组织，奉献出了自己的积

① 郭泉真、尤莼洁：《小汤山月夜》，《解放日报》2003年5月13日。

蓄、月薪，甚至是准备筹备婚礼的资金，以支援全国抗击非典的斗争。

如据2003年5月18日新华社发自上海的电文报道："一位姓赵的市民带着6岁的儿子来表爱心，不料祖母知道了，也执意前来。父亲捐助了一辆新买的面包车，祖母拿出了3000元生活费，孩子献上了压岁钱。一位头发雪白、衣服上缀着补丁的老伯拖着收旧货的铁板车，留下200元钱，头也不回地走了；一位老干部乘车到上海市慈善基金会，司机得知老人是去捐款的，怎么也不肯收路费。老人说：'最近出租生意不好，收下吧！'司机拗他不过，趁老人转身，悄悄将钱丢进了募捐箱。在红十字会捐款晚会上，篮球明星姚明悄悄捐赠50万元。他说：'在祖国人民一起为抗击非典而不懈努力时，我不能坐视不理。我希望可以尽到一份努力，为更多的患者争取更多的帮助，让医务人员得到更多的保护。'"①

据统计，截至2003年5月16日，"上海市慈善基金会已从募集的1349万元中拿出1075万，捐赠给北京、内蒙古、山西、河北和安徽等省市，市红十字会也从募集的款项中拿出310万元捐往外地"；另外，"上海还向内蒙古捐款500万元，与当地指定医院建立会诊热线，必要时开展远程会诊"②。而截至5月19日，"上海已向全国20个省区市及香港地区提供了总价值超过7000万元的防治'非典'物资和钱款"③。

（四）发挥自身科研优势支援全国防治非典斗争

防治非典是一项十分系统而复杂的工程。防治非典不仅需要大量的医用物资和技术设备，更需要相关生物科学研究的新探索和新

① 徐寿松、仇逸：《千万里相助相依——上海人民支援全国抗击非典纪实》，新华社上海2003年5月18日电。

② 同上。

③ 佚名：《上海支援外省市抗"非"总价值超过7000万元》，《新闻晚报》2003年5月22日。

突破。上海是全国教育、科研最为发达的城市之一，为了推动全国防治非典的工作能够取得实质性的胜利，上海的科研人员也纷纷和病毒进行了争分夺秒的斗争，从而为支援全国防治非典的斗争提供了科学技术层面的有力贡献。

如据2003年5月20日《人民日报》的报道：

由中科院刘新垣院士创办的华新生物，主要研制生产重组人干扰素a—2b注射液和注射用重组人白介素—2。全球SARS疫情出现后，美国一些科研、药物研究机构从1200种现有药物中筛选证实，重组人干扰素a—2b对抗SARS有效。一时间，来自全国的订单像雪片一样飞向华新。为了确保全国的需要，仅有80名正式员工的华新生物公司，每天24小时连轴工作，并持续一个多月，有的员工已七天七夜没下岗。4月份，华新生产的5万支干扰素a—2b捐赠给了内蒙古、山西等省区。在新药报批的同时，华新公司还加紧生产出一批样品，已送往内蒙古等地的高危人群使用。

中科院技术物理所利用现有的红外测温技术，仅用16天就开发出了适宜大流量人群的红外测温仪。首批40台送到上海各主要道路要口后，来自各地的订单达到2.5万台。为支援全国，特别是广大农村抗击非典的斗争，该所红外测温课题组奋战一周，又开发出第二代便携式、干电池式的小巧型红外测温仪。该研究所正全力以赴，努力实现每日50套的生产目标，以支援全国的群防群控。

得知一线医务人员穿隔离服闷热难耐，东华大学的科研人员在中国工程院院士周翔带领下，连续攻关十昼夜，开发出新型的防护口罩和防护服。这种防护服能有效过滤空气中自然微生物、多种病毒和微小颗粒；对有一定压力和速度喷射的水、血液、体液等具有100%阻挡作用。现在，该校正在积极联系企业生产，争取让各地的医务人员早日脱下厚重的隔离服。①

除了2003年5月20日《人民日报》报道的上述“华新生物”“红外测温技术”和“新型防护服”之外，上海市的科研人员还在研制非典“灭活疫苗”的工作中进行了积极的探索和努力，最终在支援全国抗击非典斗争的过程中做出了自己平凡而又伟大的一份贡献。

二 上海支援2008年“5·12”大地震抗震救灾

2008年的汶川大地震是新中国成立以来我们国家发生的破坏性最强的一次自然灾难。大地震发生后，在党和国家的号召下，举全国之力支援灾区人民的铁流瞬间汇聚。上海作为全国经济、科技、医疗等条件最为发达的地区之一，在2008年支援抗震救灾过程中充分发挥自身的优势条件，积极参加了抗震救灾，再一次展现了“上海支援全国”的奉献精神和责任意识。

（一）地震废墟中搜救幸存者

2008年5月12日我国四川省的汶川地区发生了震级为里氏8.0级的特大地震。灾情发生后，全国各地紧急动员，全力投入抗震救灾工作当中。2008年5月12日当晚，上海市党政部门紧急召开大会，动员和部署支援抗震救灾工作。

2008年5月13日，上海市派出的救援队伍一赶赴灾区就立即投入到了紧急救援的工作当中。在紧急救援过程中，上海救援队伍充分发扬“一不怕苦、二不怕死”的奉献精神，“连续奋战，与全

① 田泓、谢卫群：《同舟共济 全力以赴——上海支援全国抗击非典纪实》，《人民日报》2003年5月20日。

国人民一起谱写了一曲曲感人的救援赞歌”。①

2008 年 5 月 14 日早晨，“上海消防救援队的救援工作一路推进到位于汉旺地区的一处汽车制造厂厂区。根据当地一名妇女反映，其母与刚满周岁之幼子均被地震废墟所埋压。上海消防救援队马上展开了搜救工作。搜救区域原为一幢七层的住宅楼房，而祖孙二人在地震发生时却身处二层。救援队的搜救工作从早上一直持续到了晚间，却一直没有发现被地震废墟埋压的人员。而且，依据生命探测仪器探测结果显示，该处地震废墟下已然没有任何幸存者了，但救援人员均未放弃，仍然加紧搜救。最终，在一块被掀开的水泥预制板下，搜救人员看到了孩子的一对脚丫，而且，最让搜救人员感到鼓舞的是孩子的小脚丫仍在活动。大受鼓舞的搜救人员加快了对孩子周围废墟的清理速度，到 19 点半左右，孩子上方及周围的废墟被清理干净，救援人员将孩子抱出并裹入棉被之中。当救援人员把生理盐水用奶瓶给孩子喂食时，孩子小嘴吸吮奶嘴的力度充分显示出了其生命力依然旺盛”②。

2008 年 5 月 15 日早上 7 时，有消息称在绵竹中国人民银行所在的坍塌现场仍有幸存者，上海救援队闻讯立刻前往。“七点零一分，搜救人员在地震废墟发现一处小洞，从小洞里隐约可以听到类似有人在发出呼救的声音，此时离地震发生时间已超过六十多个小时，在发现这处小洞之前救援人员在坍塌废墟下已经救出六位遇难者遗体。七点零五分左右，在勘查现场的基础上，救援人员制定完成了一套相对完善的营救方案，具体由三名上海消防搜救人员负责实施。七点零十分左右，一位搜救队员缩身进入洞中，据洞内的一位幸存者说，被困在洞内的幸存者共有三位，自己的身体状况尚

① 缪毅容：《俞正声赞扬赴灾区抢险救援的上海公安干警消防官兵》，《解放日报》2008 年 5 月 31 日。

② 潘高峰：《1 岁婴儿被埋废墟 52 小时成功生还——上海消防救援队四川灾区抢险救灾纪实》，《新民晚报》2008 年 5 月 16 日。

可。七点二十分许，隐约有类似手机铃声从小洞深处传出，是一位深埋在地震废墟中的幸存者利用电量所剩无几的手机发出铃声求救。搜救人员根据手机铃声，大致确定了该幸存者被埋压的位置所在。七时三十分许，搜救队员经过紧张而细致的挖掘、清理工作，最终成功地将幸存者从地震废墟中救出。”①

2008 年 5 月 16 日，“280 多名上海消防救援队员从都江堰出发，不顾余震、泥石流、山体滑坡和桥梁坍塌的危险，连续徒步强行军 14 小时抵达映秀镇，一进入现场全体人员立即投入战斗，设备不足就‘手刨’救人，最终从废墟下挖出了 14 名幸存者和 42 名遇难人员”②。

2008 年 5 月 16 日，“在映秀小学，上海救援队根据生命探测仪所发出的信号判断，位于一幢教学楼坍塌废墟的底部，疑似有生命体存在。救援人员紧贴坍塌楼房废墟的缝隙，用喊话的方式与废墟下的幸存者取得了联系。然而，在距离地震发生时间超过九十多个小时以后，幸存者由于体力消耗严重，其神智已然有些不太清晰了。上海救援队一边向幸存者喊话以尽量保持其意识清醒，一边使用起重设备和破拆器具展开了争分夺秒的废墟清理工作。当第一块楼板从坍塌废墟中被缓缓搬开后，搜救队员救出了多个遇难孩子的遗体。为了防止废墟清理动作过大容易给幸存者造成二次伤害，上海救援队果断调整了清理废墟的预定方案，放弃使用大型机器设备，改用小型手动的清理设备，小心翼翼地清理地震废墟。在经过了差不多前后持续达三百分钟的清理工作后，到十八点半左右，搜救人员在搬开一块水泥预制板后，最终找到了一位在地震废墟中被

---

① 李宁源、祝玲：《被压 60 小时后等来上海消防救援队　手机音乐救出“幸运儿”》，《新闻晚报》2008 年 5 月 15 日。

② 李征、许沁：《市公安消防总队总队长陈飞少将带领官兵徒步 14 小时“强突”汶川》，《新闻晚报》2008 年 5 月 16 日。

埋压长达九十六个小时的小女孩”[①]。

2008 年 5 月 20 日凌晨一点钟，“上海救援队通过持续十五个钟头左右的地震废墟清理工作后，最终成功将汶川大地震中被地震废墟埋压时间最长的幸存者救出。该位幸存者名叫马元江，三十一岁，地震发生时任汶川县映秀镇映秀湾发电厂发电部副主任之职，被救出废墟时，其被埋压时间差不多一百七十九个钟头了”[②]。而被埋压一百七十九个钟头后获救的马元江和“被困一百二十四个钟头获救的蒋雨航”以及“被困一百四十六个钟头获救的沈佩云”一起共同上演生命奇迹的同时[③]，他们也见证了上海救援队在 2008 年“5・12”大地震抢险救援中“不抛弃、不放弃”的信念追求。

根据相关新闻报道的统计数据显示，上海救援队连续奋战，“到达映秀镇的第一天，即从废墟中救出生还者 14 人，5 月 15 日至 18 日，上海公安消防 327 名将士在无水、断电、缺睡、少粮的情况下，决战映秀四天四夜，从废墟下救出生还者 22 人，搜索到遇难者 180 多名”[④]。

（二）现场医疗救护及伤员转沪治疗

在地震救援实施过程中，“除了尽量在第一时间将压在废墟下的幸存者救出来外，及时而有效的现场医疗救护也是非常必要的”[⑤]。2008 年汶川大地震发生后，上海市于当天夜里就紧急“组

---

① 李征、许沁：《10 岁女孩废墟下苦撑 96 小时奇迹生还》，《新闻晚报》2008 年 5 月 17 日。

② 潘高峰：《迄今被困最久幸存者今晨获救》，《新民晚报》2008 年 5 月 20 日。

③ 丁波、徐蒙：《生命的奇迹正在上演——追访上海消防队营救的三位被埋百小时以上生存者》，《解放日报》2008 年 5 月 21 日。

④ 何勇：《上海救援队汶川大地震救灾纪实》，《中国经营报》2008 年 5 月 25 日。

⑤ 谢忠强：《上海市参加 1976 年唐山大地震救援工作述略》，《防灾科技学院学报》2013 年第 1 期。

织了8支医疗救援队”[①]。由“109名医务人员”组成的上海市“第一批医疗救援队（含中国红十字会华山医院紧急救援队）于5月14日抵达灾区”[②]，后续批次的医疗队伍组建完成后也相继赶往灾区[③]。而为了疏导和抚慰灾区人民的心灵，使他们尽快走出阴影，上海市还专门组织了“上海志愿者心理援助服务队”[④]。

上海医疗救援队抵达灾区后，责任与使命并重，连续作战，为抢救幸存者和伤员的生命发挥了巨大作用。据统计，“以上海第二军医大学医疗队为例”，“全体医疗队220名医生5月15日凌晨抵达重灾区安县、江油，抵达后立即就地搭起野战帐篷，截至5月20日，6天来他们成功实施了453台手术，抢救1134名伤员”。[⑤]而就上海市在援救地震灾区的整个医疗队医疗救护统计情况而言，“汶川大地震发生后，上海市前后共向地震灾区调派了一千三百多位医疗救护工作人员及六十多台医疗救护车辆，上海派往灾区一线的医务人员共为灾区群众实施各类手术七百多台次，抢救伤病员总数达两万七千多人次，即使进入重建阶段，上海医疗队仍有数百人在灾区承担医疗防疫工作”[⑥]。

上海市在支援抗震救灾中的医疗救护工作，除了包括派出医疗队伍赶赴灾区外，还包括将一些危重病人接到上海安排后续治疗等。

---

① 陈洁：《上海市委市政府致电四川、陕西和甘肃省委省政府表示慰问》，《解放日报》2008年5月14日。

② 缪毅容：《上海首批6支医疗队驰援灾区》，《解放日报》2008年5月15日。

③ 孙刚：《上海第四批20名急救人员奔赴四川抗震救灾第一线》，《解放日报》2008年5月25日。

④ 张骏：《首批心理咨询专家出征灾区》，《解放日报》2008年5月25日。

⑤ 何勇：《上海救援队汶川大地震救灾纪实》，《中国经营报》2008年5月25日。

⑥ 缪毅容：《1300多沪医疗防疫队员奔赴灾区》，《解放日报》2008年6月17日。

对于灾区伤员来沪治疗的工作，上海方面的各级党政部门负责人均给予了高度的重视。为了确保灾区伤员到上海接受治疗的工作顺利开展，“上海市专门委派一名副市长负责伤员抵达上海后转运现场的协调与指挥工作，同时向上海全市人民发出号召，希望可以同心同德，做好灾区伤员到上海后的医疗和救治工作，既要体现出全体上海市民和灾区广大受灾民众共渡难关的深情厚谊也要充分展现上海先进的医疗和救护能力”①。

根据上海市接收汶川大地震灾区伤员到沪治疗的整体规划，上海市各医疗机构共接收400位左右的伤病员。“接收灾区伤员的上海医疗机构主要有瑞金医院、长海医院、长征医院、上海市第六人民医院、上海市第十人民医院、华东医院、上海市第一人民医院、中山医院、华山医院、仁济医院、新华医院、上海市第九人民医院、同济医院、曙光医院、儿科医院、儿童医院、儿童医护中心、东方肝胆医院十八家医院。对于各自要担负的接收地震灾区伤病员的任务，上述十八家医院均表示要抽调各自医院最好的专家及护理人员，并确保充足的床位数量，以最大的工作努力为来沪治疗的灾区伤病人员之康复做出自己应有的贡献。”②

2008年5月26日，第一批140位灾区伤病员乘机抵达上海并进入指定医院接受治疗。灾区伤病员在上海治疗期间不但受到了科学而全面的医疗护理，还受到了全市人民的亲切关怀。③ 至2008年6月18日，“通过前述十八家医院专家及护理人员的精心诊疗和护理工作，从灾区转送到上海的二十五名伤病员作为首批顺利康复人

① 孙刚：《上海迎来首批140名灾区伤员》，《解放日报》2008年5月27日。

② 同上。

③ 缪毅容：《俞正声看望四川转移来沪伤病员》，《解放日报》2008年5月29日。

员出院”[①]。

（三）捐助救灾及支援重建

大地震发生后，2008 年 5 月 12 日上海市连夜召开紧急会议，“在第一时间向汶川地震灾区受灾群众捐款人民币一千二百多万元”，“同时紧急向地震灾区空运了一批应急物资，以支援灾区人民的抗震救灾工作”。[②] 5 月 14 日，上海市又有“两批物资发出”，同时“全市人民已行动起来，纷纷为灾区人民捐款捐物、奉献爱心”。[③] 据报道，仅仅不到一天时间，“截止到五月十四日的十六时左右，上海社会各界共向灾区捐款一千二百七十六万六千元，其中由上海市各级民政部门收到的捐款共计一千一百零一万四千元，由上海市各级红十字会收到的社会捐款共计一百四十三万元，由上海市慈善基金会收到的社会捐款共计三十二万两千元”[④]。

为了深入推动广大市民向灾区献爱心，上海市各级政府部门的工作人员带头组织捐赠活动。2008 年 5 月 14 日，“上海各级党政部门及人大系统、政协系统分别发起了为地震灾区捐款的活动”，此外，“驻上海的各部队也纷纷组织了捐赠活动”，“参加捐赠活动的人们排起了很长的队伍，大家争先恐后地慷慨解囊，为抗震救灾及灾后重建工作表达自己的一份爱心”。[⑤]

除了带头捐款、捐物外，上海市政府部门还主动压缩日常经费，以节约部分支援灾区人民。2008 年 5 月 26 日，时任上海市市长的韩正同志在“主持召开市政府常务会议”时，“号召全市各级党政机关要开展节约活动，将通过开展节约活动而省下来的每一分

① 陈静：《首批四川地震灾区来沪伤员康复返川》，《解放日报》2008 年 6 月 19 日。

② 佚名：《上海人民向灾区献爱心》，《解放日报》2008 年 5 月 15 日。

③ 陈洁：《上海市委市政府致电四川、陕西和甘肃省委省政府表示慰问》，《解放日报》2008 年 5 月 14 日。

④ 佚名：《上海人民向灾区献爱心》，《解放日报》2008 年 5 月 15 日。

⑤ 同上。

钱都用于受灾民众的救助工作之中。为了进一步推动全市的节约活动，上海市党政机关做出决定，全市市级机关的日常预算开支减至原来计划总数的九成，同时呼吁全市各区、县级党政部门也将日常性预算开支减至原来计划总数的九成五，而所有通过节约活动而压缩下来的经费悉数捐助灾区”①。

为了进一步发挥中国共产党党员的带头捐助作用，2008 年 5 月 29 日，上海市全体中国共产党党员纷纷以自愿缴纳“特殊党费”的形式向地震灾区进行爱心捐助。据统计，截至 5 月 26 日 12 时左右，上海市全体中国共产党党员缴纳特殊党费总数共计 3605.2 万元，其中缴纳特殊党费总数在人民币 1000 元以上的党员数量多达 9549 人。②

在响应市政府的捐助活动过程中，上海市政协也积极行动起来，努力发挥自身工作优势，推动捐助工作。汶川大地震过后，“上海市政协系统的工作人员通过各种渠道向灾区民众奉献爱心，据统计，仅仅截止到 5 月 30 日，上海市各级政协委员及所在工商企业就累计捐款人民币二亿六万元、港币九千三百多万元”③。

在政府部门及广大党员的带头作用下，上海市广大人民群众从一开始也积极参与到向灾区人民献爱心的活动当中去了。

自 2008 年 5 月 13 日起，上海市就专门设立了献血和捐款热线，“30 余个献血点，每天都有两千余名市民争相捋袖，献血量达平时的两倍”，“市红十字会门前也每天都会排起上百米的长龙”。④

---

①　韩正：《机关削减预算开支厉行节约支援抗震救灾》，《解放日报》2008 年 5 月 27 日。

②　佚名：《上海党员“特殊党费”已交纳逾 3600 万元》，《劳动报》2008 年 5 月 29 日。

③　曲冬：《积极为灾区重建献计出力　市政协召开主席会议》，《解放日报》2008 年 5 月 30 日。

④　佚名：《献血：热线打爆；捐款：排起长龙》，《解放日报》2008 年 5 月 15 日。

2008 年 5 月 17 日，上海市社会各界举办了震灾文艺晚会，“上海各界人士纷纷捐款”，“晚上 9 时临近晚会尾声时，上海连日来的捐款总数，已达到 5.09 亿元”。[①] 而到 5 月 28 日统计数字显示，“有关部门已筹集调拨抗震救援物资总价值 4875.74 万元，社会各界捐款总计约 21.88 亿元”[②]。

除广大市民的个体捐助行为外，上海的一些企业或工厂也纷纷开展献爱心活动。如“东方航空公司为医疗队提供了专机，虹桥机场为医疗队出发和救灾药品、物资运送开辟了‘绿色通道’”。而到 2008 年 5 月 24 日 17 时止，据不完全统计数字显示，“铁路和东航、上航、国航、川航、吉祥航空、货运航空、春秋航空、长城航空、中国邮政航空、扬子江快运等运输单位，共安排 1570 个车皮、233 个航班，运送救灾物资 96231.6 吨”[③]。

截至 5 月 30 日，“奉浦钢结构工程有限公司承担了 4000 套安置房生产和现场组装任务”，“上海洋帆实业有限公司在已运往灾区帐篷 3.5 万顶的基础上，又加紧生产民政部、市政府和其他救灾机构定购的 8 万套帐篷任务”。[④]

综上所述，在向灾区人民献爱心的捐助活动中，上海从政府到企业，由党员至群众，人人踊跃向前，个个争先恐后，在爱心汇聚的同时也使上海城市精神得到了又一次升华和凝聚。

灾难发生后在第一时间派出救援队伍、医疗队伍、捐款捐物，对受灾群众进行救助固然重要，救灾工作结束后的家园重建工作则更关乎灾区人民的长久幸福。

---

① 伍沁沁：《截至昨晚 9 时上海社会各界捐款 5.09 亿元》，《解放日报》2008 年 5 月 18 日。

② 周文菁：《上海救灾捐款已达 21.88 亿》，《解放日报》2008 年 5 月 30 日。

③ 张骏：《上海市委市政府向川陕甘省委省政府分致慰问电》，《解放日报》2008 年 5 月 25 日。

④ 缪毅容：《俞正声强调上海要按照党中央、国务院要求千方百计全力以赴生产救灾物资》，《解放日报》2008 年 6 月 1 日。

在救灾工作告一段落后，上海又为灾区人民的家园重建工作进行了对口支援。2008 年“5 月 26 日，党中央做出了建立对口支援机制的决定”，“6 月 9 日，国务院公布《汶川地震灾后恢复重建条例》”，决心“举全国之力，支援灾区重建”。[①] 根据统一安排，上海负责对口支援对象是都江堰。汶川特大地震发生后，“上海在抓好经济社会发展的同时，贯彻中央的统一部署，全力支援灾区抗震救灾和对口支援都江堰市的灾区重建，成立对口支援都江堰市灾后重建工作领导小组，与都江堰市签订恢复重建首批启动项目意向书，确定建设修复住房、学校、医院、道路等 23 个硬件项目以及派遣医护人员、师资等 10 个软件项目”[②]。

经过 2008 年、2009 年、2010 年连续三年的对口援建都江堰工作，在“上海市与都江堰市的对口支援工作取得了重大胜利基础上，上海市为了继续推动两地的经济协作关系，又在 2010 年的 8 月 15 日与都江堰市签署了‘长效机制框架协议’，继续谱写两地‘长效合作交流的新篇章’”[③]。

（四）结语

2008 年的汶川大地震是新中国成立以来最大的一次地震，更是对中华民族的又一次大考验。在地震发生后，全国人民心系灾区、全体动员。上海作为全国经济、文化、教育、科技最为发达的城市之一，在整个救援及灾后重建工作中发挥了自身的优势和作用。与全国其他省份的抗震救援工作相比较，上海市所派往灾区的救援人员队伍数量以及所解救受灾群众的数量都是名列前茅的；在对口支

---

① 佚名：《胜利属于英雄的中国人民——汶川大地震救灾一月全景纪录》，《新华社》2008 年 6 月 11 日。

② 上海市地方志办公室：《上海市年鉴 2009》，见上海市地方志办公室网站（http：//www. shanghai. gov. cn/shanghai/node2314/node24651/node24652/index. html）。

③ 上海市协作办：《上海市对口支援都江堰市灾后重建工作纪实》，见上海市协作办网站（http：//www. djy. gov. cn/department/zhengxie/article. php？ content =49394）。

援方面，上海市的资金投入数量、项目落实情况以及实际效果等方面也都是全国数一数二的。揆诸史实，无论是上海救援队在废墟中抢救幸存者的不怕艰辛，还是上海医护人员对灾区伤病员治疗、护理的无微不至，乃至上海人民捐助及对口援建过程中的倾囊无私，都在体现中华民族“一方有难八方支援”的协作精神的同时，再一次升华了整个上海的城市精神。

本章小结

改革开放后，随着社会主义市场经济体制取代了之前的高度集中的计划经济体制，“上海支援全国”作为概念的体制语境发生了明显的变化。然而鉴于计划经济时期上海支援全国的历史惯性必然会对改革开放后的社会变迁产生历史影响，同时在社会主义市场经济内部公有制依然占主体地位确保了上海支援全国在特定的历史情境下依然可以延续和发展。当然，“上海支援全国”虽然在改革开放后得到了一定的延续和发展，但其表现形式和实践特点均与在计划经济体制下有着明显的不同。改革开放以后上海对全国的支援主要体现在经济协作、对口支援以及全国性的防疫及救灾等方面。

结　语

“上海支援全国”是中华人民共和国发展史上的一条重要线索，“上海支援全国”对于新中国成立以来的经济、社会发展产生了巨大的历史影响，值得认真总结。下面主要从内涵、特点、意义等方面，对“上海支援全国”进行一些宏观的分析和概括，以期可以形成对“上海支援全国”的整体性认识。

一　历史内涵

在1949年的上海财经会议上，为克服当时上海及全国新解放区的财经困难，同时着眼整个国家经济建设的长远布局，陈云同志提出了“全国支援上海，上海支援全国”的发展方针。[①]“全国支援上海”和“上海支援全国”这两个“支援”是相辅相成的两个方面。就其提出的原始语境分析，两个支援之间是时间上先后承继的逻辑关系，即先调集全国的物资帮助上海实现经济稳定，待上海困难局面得以扭转之后，再充分发挥上海的工业力量，支援全国的经济建设，尤其是工业化建设。当然，作为全国的发展理念而言，“两个支援”的发展策略既显示了党和国家统筹规划的能力和远见，又体现了着眼全局基础上“重点突出”的执政智慧。然而，作为上

① 姜华宜：《中国共产党重要会议纪事：1921—2011》，中央文献出版社2011年版，第257页。

海方面而言，“上海支援全国”则是对“全国支援上海”的一种反哺与责任。[①]

从本质上分析，“上海支援全国”是一个指涉解放后上海与全国经济联动关系中“单向”的“上海输出”的特定历史概念，其所追求的发展目标是充分发挥和挖掘上海的资源及潜力以支援整个国家或者其他地区的发展，力争实现共同进步、协调发展的理想状态。从其顺利开展的外在环境而言，是在新民主主义经济和计划经济体制语境下，为了完成某项发展或建设任务，通过政府指令对资源（主要是人力、财力和技术设备等经济资源）进行调配或划拨的方式进行的。而且，受不同时期国家发展规划调整的影响，在解放以来上海支援全国的具体开展过程中，还出现了一系列关联性的概念演变，如“全国一盘棋”“经济协作”和“对口支援”等。“全国一盘棋”是一个在1958年“大跃进”背景下由上海首先提出后在全国推行的、旨在“强调在经济发展过程中要有大局观念”的理念。“经济协作”是表征不同地区“优势互补、共同发展”的经济发展模式的概念，上海与华东其他省市的经济协作最早是从1957年开始的[②]。“对口支援”则是改革开放后，在政府主导下，由发达地区对重点欠发达地区实施重点帮扶和援助的实践活动。早在1979年全国边防会议上，中央就要求上海等发达地区要对边疆少数民族地区进行对口支援。[③]

二　历史特点

加强对事物的认识必须总结其特点。解放以来，上海支援全国

---

① 谢忠强：《1949年之后“上海支援全国”的发展历程》，《东方早报》2013年10月8日。

② 中共上海市经济计划委员会：《上海市经计委关于上海市与各省、市、自治区经济协作资料》，上海市市档案馆馆藏档案，档案号：B29－2－892。

③ 李延成：《对口支援：对帮助不发达地区发展教育的政策和制度安排》，《教育发展研究》2002年第10期。

的历史，在其发展过程、主要内容、地域分布及内涵特质等各方面都具有较为典型的历史特征。

首先，从其发展过程的时间延续而言，“上海支援全国”具有持续性的特点。自新中国成立前夕组建随军服务团支援全国其他地区的解放和建设事业，到20世纪50年代支援国家水利工程、工厂内迁、支援“一五计划”重点项目，及20世纪六七十年代支援新疆农业建设、支援三线建设、支援唐山大地震抗震救灾，再到改革开放后上海的经济协作、对口支援、支援全国防疫救灾，这一系列“上海支援全国”的具体表现在见证共和国一路成长的同时，也明确体现了其历史过程发展的持续性特点。

当然，我们在充分肯定其历史持续性特点的同时，也应客观分析其不同阶段的差异性因素。如，在新中国成立后的头几年内，由于受到“沿海紧缩战略”的影响，国家并没有将上海作为重点投资和发展的地区。按照整个国家工业化建设的规划，上海充分调动自身的人力、物力和技术设备等方面的力量，大力支援全国及其他地区的经济建设。1956年毛泽东作了《论十大关系》的讲话，党和国家对沿海与内地的关系定位进行了调整，上海在支援全国的同时，也更加注重自身的发展和积累。而随着上海自身经济的不断发展和积累，上海支援全国的能力也更加增强了，不仅继续承担国家的整体规划任务，还对华东其他兄弟省市进行了经济协作，从而发挥了更大的历史作用。改革开放后，虽然经济体制转型了，“上海支援全国”作为概念的原始语境消失了，但上海对全国的支援并没有停止，反而是“好钢用在刀刃上”，在与周边地区的经济协作、对重点困难地区的“对口支援”以及全国性的防疫救灾等方面发挥了积极的作用。

其次，从其支援内容上而言，“上海支援全国”具有丰富性的历史特点。上海对全国的支援包含人力、物力、财力、技术设备甚至是管理模式及文化教育等多个方面。仅以20世纪50年代上海支援全国的内容为例，“上海动员赴外地参加工农业建设的劳动者累计达150万人以上；支援各地的机器设备、工业品、原材料更是数目巨大，其中机床4万多台、各种电机300千瓦、棉布85亿米，汽车外胎86万条，胶鞋4亿双；通过商业部门调出的工业品总值达302亿元之多；外迁的工厂企业，1950年到1962年，共计679家，涉及纺织、轻工日用品、五金、医药、电机等20多个行业，分布在山西、四川、贵州、云南、福建、新疆等20多个省区；此外，还有相当一部分商业企业，包括服装、美发、餐饮，以及文化单位、学校、医院等，先后迁往各地，为推动中小城市的建设与发展，加快国家工业化进程，做出了特殊贡献”①。

然而，上海支援全国其内容上的丰富性在不同阶段也是有不同表现的。新中国成立初期，由于受到国际局势紧张的影响以及上海“生产型”城市定位的影响，包括上海在内的广大沿海地区实行大紧缩战略。② 按照紧缩战略的要求，不但人口要精简，工厂要外迁，而且就连学校等也要到内地去，所以在这一阶段，上海支援全国的内容是最为丰富和全面的。沿海紧缩战略调整之后，上海对全国的支援在内容上则主要是以工业力量为主。③ 改革开放后，上海支援全国在内容上与计划经济时期相比更是体现了由“粗放”到“集约”的新特征。

再次，从其支援对象的地域分布而言，“上海支援全国”具有广泛性的历史特点。在整个发展过程中，根据不同历史时期全国经济社会发展的客观需要，上海几乎对全国各地都做出过支援。上海

---

① 上海市统计局：《胜利十年：上海市经济和文化建设成就的统计资料》，上海人民出版社1960年版，第18页。

② 当代上海研究所：《当代上海大事记》，上海辞书出版社2007年版，第150页。

③ 谢忠强：《20世纪50年代上海工厂内迁研究》，《中国经济史研究》2013年第3期。

解放后的南下随军服务团支援广大华南地区的解放和接收，支援全国各地的“一五”计划建设项目，支援大、小三线建设，实行经济协作和对口支援，支援全国性的防疫和救灾，等等。所有这些，其支援对象的地域分布几乎涵盖了全国范围。当然，在不同的历史阶段，由于受到国家整体规划的影响，上海支援全国的对象在地域分布上也是有所侧重的。在解放之初，上海支援全国解放和城市接管的过程中，其对象地域分布主要是华南和西南地区；在新中国成立后头十年内，上海支援全国主要是以“一五”计划重点工程分布地区为主；在“大跃进”开始之后，则在继续支援中西部地区的基础上，同时兼顾华东其他兄弟省市；改革开放后，则重点是欠发达的少数民族地区和发生重大自然灾害的地区。

最后，从其自身历史内涵分析，“上海支援全国”兼具“政治任务”“经济联动”和“城市责任”的丰富性。上海是全国的上海，自近代以来上海与全国的经济联动关系就十分密切。上海解放后，随着新民主主义经济的建立，在国家对于全国经济发展宏观调控不断加强的历史语境下，上海与全国的经济联动关系非常密切。上海的发展离不开全国的支援，而上海在得到全国支援的同时也为全国的发展做出了巨大的历史贡献。“全国支援上海，上海支援全国”，这是 1949 年上海财经会议上形成的发展策略。为了稳固上海的形势，同时也希望上海得到稳定后可以在全国的经济发展中发挥重要的作用，中央提出既要着眼当时的困难局面之解决，又要着眼全国经济后续之发展，从而号召加强上海与全国的经济互助与协作。上海在全国支援下克服解放初的困难局面并获得不断发展的基础上，也在不同历史时期对全国的发展进行了大力的支援。毫无疑问，在整个“上海支援全国”的发展过程中，对于上海而言，在新中国成立初期应对困难局面时是政治任务，在计划经济体制下为推动全国经济发展则更多体现的是经济联动，而在改革开放以后则除了经济联动的因素之外，城市责任则成了上海继续支援全国的重要动力。

三　历史评价

“上海支援全国”伴随共和国的一路成长，具有积极的历史和现实意义。

首先，“上海支援全国”有力地推动了不同历史时期全国经济、社会的发展。在国民经济恢复时期和第一个五年计划里面，全国以工业化建设为重点，上海市为了支援全国的经济建设，充分动员本市资源，在人员、技术设备等方面均对这一时期国家的大型工程建设项目进行了有力的支援，自“全国一盘棋”的发展理念确立之后，在从“大跃进”开始到十一届三中全会之间的20年时间里面更是全面展开。改革开放以后，虽然高度集中的计划经济被社会主义市场经济取代，“全国支援上海，上海支援全国”的体制语境消失，但上海服务全国的脚步没有停止。改革开放后，无论是“内联协作”“对口支援”还是在全国救灾过程中的无私援助，都很好地延续了计划经济时期上海支援全国的发展趋势。

其次，“上海支援全国”在推动全国经济社会发展的同时也客观上有利于缩小地区间的贫富差距。改革开放以来，我国各地的国民经济得到了很大发展，但由于自然环境、历史基础以及政策差异等方面的原因，东部沿海、中西部地区的发展落差仍然较大。“随着生产力发展和社会进步，逐步缩小区域发展差距成为经济社会发展的客观要求。中央强调，要把区域协调发展摆在更加重要的位置，切实贯彻落实好区域发展总体战略。实现区域协调发展是一个长期的历史过程和巨大的系统工程，需要持之以恒、不懈努力。”①上海作为经济文化实力较为雄厚的城市，在不同历史时期支援全国各地的发展，尤其是对于中西部地区的支援推动了当地经济社会的

① 唐钧：《贫富差距：事实与原因》，《中国党政干部论坛》2010年第6期。

发展，这就在客观上有利于缩小全国各地区间的贫富差距。①

再次，“上海支援全国”在推动全国经济社会发展，缩小地区间贫富差距的基础上，也升华了上海城市精神中“协作”与“奉献”的内涵特质。在解放初期全国支援上海的基础上，上海自身得到稳定与发展的同时充分发挥自身的经济、科技优势支援全国，其实就是一种取长补短、谋求共赢的团结互助精神的具体体现。换言之，上海在得到全国无私援助的同时，以自身的技术、人才、资金等支援兄弟省市，共同创造了我国社会主义建设的新成就。恰如论者所言，“以自立自强、革新创造与协作奉献为特征的上海城市精神，是新中国成立后在党和人民政府的领导下，在上海人民建设社会主义的过程中逐渐培育并发展起来的”；“自立自强精神奠定了上海城市自立的基础，革新创造精神给予了上海城市自新的能力，协作奉献精神使上海城市拥有了可持续发展的潜能”；“这些精神体现了上海不畏艰难、勇于挑战自我和依靠自身力量、努力追赶世界先进潮流、与时俱进的信心和决心；体现了上海以国家利益为重，与全国人民一起，自力更生、奋发图强的可贵品质”；“如今，以自立自强、革新创造与协作奉献为特征的上海城市精神，早已积淀成为上海薪火相传、弥久不衰的城市历史的可贵精神资源”。②

当然，我们在充分肯定上海支援全国历史意义的同时，也应该看到在计划经济时期上海支援全国的过程中，也的确存在一定的不足，而其中一味依靠行政指令而忽视价值规律就是最主要的表现之一。

---

① 谢忠强：《“一五”计划时期上海支援国家重点工程建设的历史考察》，《兰州财经大学学报》2015 年第 5 期。

② 张永斌等：《永立潮头——上海城市精神的历史回眸和启示》，《上海党史与党建》2003 年第 5 期。

参考文献

一　报纸

[1] 佚名:《革命热潮汹涌澎湃，男女同学踊跃要求南下》,《青年报》1949 年 6 月 16 日。

[2] 佚名:《上海知识青年随军南下服务团招生通告》,《解放日报》1949 年 6 月 18 日。

[3] 佚名:《响应南下号召各校同学纷纷参加服务团》,《解放日报》1949 年 6 月 18 日。

[4] 佚名:《南下服务团昨成立，把胜利旗帜插到华南去》,《解放日报》1949 年 6 月 18 日。

[5] 佚名:《革命青年的英勇姿态——各校响应南下号召一日间达千数百人》,《青年报》1949 年 6 月 19 日。

[6] 佚名:《各校积极动员参加南下服务团》,《青年报》1949 年 6 月 22 日。

[7] 佚名:《南下服务团录取名单》,《解放日报》1949 年 6 月 29 日。

[8] 佚名:《等伤势一好，马上就追上去！——南下服务团受伤同志访问记》,《青年报》1949 年 8 月 2 日。

[9] 佚名:《沿海地区工厂内迁，铁路运输减半收费，规定地区范围外其余亦可享减费优待》,《文汇报》1950 年 1 月 13 日。

[10] 佚名:《开封工商局长刘明远来沪接洽本市工厂内迁，指出

开封设厂的有利条件》，《解放日报》1950 年 3 月 4 日。
[11] 佚名：《欢迎上海工厂内迁，郑州人民代表协商会议决定办法》，《文汇报》1950 年 3 月 24 日。
[12] 佚名：《郑州市协商会议表示欢迎东南工厂内迁，协同发展中原工业》，《文汇报》1950 年 3 月 28 日。
[13] 佚名：《郑州市欢迎沪市工厂内迁，希望纺织碾染造纸电气等工业迁去，该市工商局长函复沪工商局之询问》，《文汇报》1950 年 4 月 11 日。
[14] 佚名：《全国普遍展开捐献运动——救济上海失业工人》，《甘肃日报》1950 年 4 月 25 日。
[15] 王法林等：《根治淮河痼疾!》，《文汇报》1950 年 10 月 13 日。
[16] 佚名：《向淮河洪水作坚决斗争!》，《文汇报》1950 年 10 月 16 日。
[17] 佚名：《以蓄泄兼筹为治淮方针，水利部召开治淮会议，建议有关地区组委员会统一领导》，《文汇报》1950 年 10 月 17 日。
[18] 陆续：《参加治淮学生在宁编队》，《文汇报》1950 年 10 月 21 日。
[19] 天放：《上海参加治淮学生受到皖北人民欢迎》，《文汇报》1950 年 11 月 4 日。
[20] 佚名：《沪杭两地参加治淮同学访问灾区热烈捐助灾民》，《文汇报》1950 年 12 月 20 日。
[21] 佚名：《淮河水闸机件全部完成》，《解放日报》1951 年 5 月 30 日。
[22] 佚名：《沪五金工人发挥集体创造精神提前完成了治淮工程所需机件》，《文汇报》1951 年 7 月 20 日。
[23] 佚名：《庆祝上海五金工人胜利完成治淮任务》，《文汇报》

1951 年 7 月 23 日。

[24] 佚名：《复旦参加治淮同学认识祖国伟大可爱》，《文汇报》1951 年 8 月 2 日。

[25] 钱正英：《在祖国的伟大建设中锻炼与提高自己——在上海市各高等学校参加治淮师生大会上的讲话》，《文汇报》1951 年 9 月 23 日。

[26] 徐洁人：《从祖国的伟大建设中锻炼自己——记参加第一期治淮工作的上海同学们》，《文汇报》1951 年 9 月 28 日。

[27] 佚名：《沪文艺工作者八十六人参加治淮工作日内出发》，《文汇报》1951 年 11 月 21 日。

[28] 南谷：《上海文艺界治淮工作队已抵漴潼河疏浚工程区》，《文汇报》1951 年 12 月 19 日。

[29] 佚名：《沪文艺界治淮工作队胜利归来》，《文汇报》1952 年 3 月 12 日。

[30] 佚名：《沪文艺界治淮工作队在淮河工地工作经过》，《文汇报》1952 年 3 月 27 日。

[31] 佚名：《治淮机械陆续运往工地》，《文汇报》1952 年 5 月 16 日。

[32] 佚名：《治淮机械第一期任务接近完成》，《文汇报》1952 年 5 月 16 日。

[33] 全一毛：《五金工人对治淮的伟大贡献——介绍上海铁路、五金、纺织工人生产成绩展览会》，《文汇报》1952 年 5 月 17 日。

[34] 佚名：《上海机器、钢铁等厂工人赶制大批机械设备》，《文汇报》1953 年 5 月 8 日。

[35] 艾长青：《上海在国家五年计划的第一年》，《解放日报》1953 年 11 月 5 日。

[36] 佚名：《上海市 100 多家工厂完成今年支援鞍钢的生产任

务》,《解放日报》1953 年 12 月 30 日。
[37] 佚名:《上海市人民政府和上海总工会召开大会动员技术工人参加国家重点建设》,《解放日报》1954 年 7 月 2 日。
[38] 佚名:《继续抽调优秀干部积极支援国家工业建设》,《解放日报》1954 年 8 月 4 日。
[39] 佚名:《100 多家重工业工厂在去年一年中制造了多项产品支援鞍钢》,《解放日报》1955 年 1 月 10 日。
[40] 佚名:《上海重工业产品支援全国经济建设的简况》,《解放日报》1955 年 2 月 8 日。
[41] 佚名:《为其他工厂培养技术人才》,《解放日报》1955 年 2 月 10 日。
[42] 佚名:《大批机械、电气设备和电缆运往鞍钢》,《解放日报》1955 年 4 月 13 日。
[43] 佚名:《积极培养技术工人大力支援国家建设》,《解放日报》1955 年 5 月 3 日。
[44] 佚名:《输送了 5000 多名五金技工参加重点建设》,《解放日报》1955 年 5 月 3 日。
[45] 佚名:《一批服务性商店昨天迁往洛阳》,《解放日报》1955 年 12 月 1 日。
[46] 佚名:《本市 21 个国营和私营工厂正加快速度为第一拖拉机厂培养技工》,《解放日报》1956 年 3 月 10 日。
[47] 佚名:《本市一批商店即将北迁首都西移洛阳》,《解放日报》1956 年 5 月 29 日。
[48] 佚名:《本市一批名店即将前往兰州》,《解放日报》1956 年 6 月 20 日。
[49] 佚名:《上海工人生产大量工业品支援全国重点建设》,《解放日报》1957 年 7 月 2 日。
[50] 佚名:《社论:全国一盘棋》,《人民日报》1959 年 2 月

24 日。
[51] 吕网大、田泓：《上海支援全国抗击非典》，《人民日报》2003 年 5 月 13 日。

二　著作

（一）译著

[1] [美] 罗兹·墨菲：《上海——现代中国的钥匙》，章克生等译，上海人民出版社 1986 年版。
[2] [美] 麦克法夸尔（MacFarquhar，R.）、费正清编：《剑桥中华人民共和国史：1949—1965 年》（上、下），谢亮生等译，中国社会科学出版社 1990 年版。
[3] [美] 伯恩斯坦·托马斯：《上山下乡》，李枫等译，警官教育出版社 1993 年版。

（二）国内著作

[1] 全一毛、徐开垒：《上海工人支援全国建设的成就》，上海人民出版社 1955 年版。
[2] 山西人民出版社：《上山下乡的人》，山西人民出版社 1958 年版。
[3] 中华人民共和国国家统计局：《伟大的十年：中华人民共和国经济和文化建设成就的统计》，人民出版社 1959 年版。
[4] 上海市统计局：《胜利十年：上海市经济和文化建设成就的统计资料》，上海人民出版社 1960 年版。
[5] 上海人民出版社：《伟大的十年》，上海人民出版社 1960 年版。
[6] 上海教育出版社：《好儿女志在四方》，上海教育出版社 1964 年版。
[7] 上海教育出版社：《好儿女志在四方》，上海教育出版社 1965 年版。

[8] 上海教育出版社：《远方来信》，上海教育出版社 1966 年版。
[9] 陈云：《陈云文选：一九四九——一九五六》，人民出版社 1984 年版。
[10] 上海市公安局户政处：《上海市人口资料汇编（1949—1984）》，上海市公安局户政处 1984 年编印。
[11] 钱之光：《当代中国的纺织工业》，中国社会科学出版社 1984 年版。
[12] 中国人民政治协商会议上海市委员会文史资料工作委员会编：《上海解放三十五周年》，上海人民出版社 1984 年版。
[13] 朱镕基：《当代中国的经济管理》，中国社会科学出版社 1985 年版。
[14] 王毅之：《当代中国的轻工业》，中国社会科学出版社 1986 年版。
[15] 上海市档案馆编：《上海解放》，档案出版社 1989 年版。
[16] 蒋家骏：《中华人民共和国经济史》，陕西人民出版社 1989 年版。
[17] 谢百三：《当代中国的若干经济政策及其理论》，中国人民大学出版社 1989 年版。
[18] 孙怀仁：《上海社会主义经济建设发展简史：1949—1985 年》，上海人民出版社 1990 年版。
[19] 上海研究中心编：《上海 700 年》，上海人民出版社 1991 年版。
[20] 薄一波：《若干重大决策与事件的回顾·上卷》，中共中央党校出版社 1991 年版。
[21] 胡绳：《中国共产党的七十年》，中共党史出版社 1991 年版。
[22] 中共上海市委党史研究室编：《陈毅在上海》，中共党史出版社 1992 年版。
[23] 陈沂：《当代中国的上海》，当代中国出版社 1993 年版。

[24] 薄一波：《若干重大决策与事件的回顾·下卷》，中共中央党校出版社 1993 年版。

[25] 赵梦涵：《中华人民共和国财政税收史论纲（1949—1991）》，山东大学出版社 1993 年版。

[26] 杜鸿林：《风潮荡落 1955—1979：中国知识青年上山下乡运动史》，海天出版社 1993 年版。

[27] 中华全国妇女联合会：《青春颂》，中华全国妇女联合会妇女运动史研究室 1993 年编印。

[28] 姚俭建：《无形的历史隧道：观念变革与当代中国的社会发展》，上海人民出版社 1994 年版。

[29] 刘树发：《陈毅年谱》（上、下），人民出版社 1995 年版。

[30] 夏东元主编：《二十世纪上海大博览》，文汇出版社 1995 年版。

[31] 中共上海市委党史研究室编：《潘汉年在上海》，上海人民出版社 1996 年版。

[32] 中共上海市委党史研究室编：《周恩来在上海》，上海人民出版社 1998 年版。

[33] 中国社会科学院、中央档案馆编：《1953—1957 中华人民共和国经济档案资料选编（工业卷）》，中国物资出版社 1998 年版。

[34] 上海市计划委员会办公室、编志办公室编：《上海市计划报告集》，上海市计划委员会 1998 年版。

[35] 中共上海市委党史研究室：《南下服务团》，中共党史出版社 1999 年版。

[36] 熊月之主编：《上海通史》（12 卷），上海人民出版社 1999 年版。

[37] 吴承明：《中华人民共和国经济史：第 1 卷（1949—1952）》，中国财政经济出版社 2001 年版。

[38] 林蕴晖：《中国 20 世纪全史：第 7 卷 奠基创业（1949—1956）》，中国青年出版社 2001 年版。
[39] 当代中国史研究所编：《中华人民共和国史编年》（1951 年卷），当代中国出版社 2004 年版。
[40] 当代中国史研究所编：《中华人民共和国史编年》（1950 年卷），当代中国出版社 2006 年版。
[41] 当代中国史研究所编：《中华人民共和国史编年》（1955 年卷），当代中国出版社 2006 年版。
[42] 谢敏干：《新疆上海知识青年上山下乡四十年（1963—2003 年）大事记》，珠海出版社 2008 年版。
[43] 当代上海研究所编：《当代上海历史图志》（上卷），上海人民出版社 2009 年版。
[44] 熊月之、周武主编：《上海：一座现代化都市的编年史》，上海书店出版社 2009 年版。
[45] 中共上海市委党史研究室编：《口述上海：1949》，上海教育出版社 2009 年版。
[46] 李功豪：《上海崛起：从渔村到国际大都市》，上海大学出版社 2010 年版。
[47] 苏智良：《上海：城市变迁、文明演进与现代性》，上海人民出版社 2011 年版。
[48] 中共上海市委党史研究室编：《上海支援全国》（上、下），上海书店出版社 2011 年版。

三　期刊

[1] 奎鑒：《欢迎内地青年到边疆少数民族地区参加社会主义建设》，《中国民族》1959 年第 1 期。
[2] 徐廷方：《十年来上海市场的变化》，《学术月刊》1959 年第 5 期。

[3] 孙阿洪：《动员内地青年前往边疆和少数民族地区参加社会主义建设的意义》，《民族研究》1959 年第 6 期。

[4] 佚名：《有关内地青年参加边疆建设的一些问题》，《中国农垦》1959 年第 14 期。

[5] 佚名：《进一步做好动员内地青年支援边疆民族地区社会主义建设的工作》，《中国民族》1960 年第 4 期。

[6] 张根福：《试论近代移民对巩固中国边疆的作用》，《史学月刊》1997 年第 5 期。

[7] 柯寿俊：《上海，修个支内支边的纪念物很值得》，《人才开发》1997 年第 12 期。

[8] 夏同济：《上海涂料工业支援三线建设回顾》，《中国涂料》1998 年第 2 期。

[9] 姚勇：《上海知识青年支援新疆建设的历史回顾》，《新疆大学学报》（哲学社会科学版）1999 年第 2 期。

[10] 佚名：《上海鼓励人才柔性支援西部大开发》，《新疆农垦经济》2002 年第 3 期。

[11] 张振华、郑坤亮：《毛泽东屯垦思想及实践典范研究》，《西北民族大学学报》（哲学社会科学版）2004 年第 1 期。

[12] 艾力·伊明：《新疆教育事业对口支援与协作的历史回顾》，《内蒙古师范大学学报》（教育科学版）2006 年第 7 期。

[13] 宋学勤：《跨学科研究与当代中国史学科发展的前景》，《当代中国史研究》2008 年第 2 期。

[14] 袁武振、梁月兰、高喜平、柴云：《1950 年代上海对陕西建设的支援》，《西安邮电学院学报》2008 年第 4 期。

[15] 冯筱才：《跨过 1949：二十世纪中国整体研究刍议》，《社会科学》2012 年第 5 期。

四　学位论文

[1] 黄荣华：《试论 1964—1978 年的“三线”建设》，硕士学位论

文，河南大学，2001 年。
[2] 刘建军：《对口支援政策研究》，博士学位论文，新疆大学，2007 年。
[3] 阮清华：《上海游民改造研究（1949—1958）》，博士学位论文，复旦大学，2008 年。
[4] 李浩：《上海三线建设搬迁动员工作研究》，硕士学位论文，华东师范大学，2010 年。
[5] 张绪雄：《建国初期上海失业工人社会救济研究（1949—1952）》，硕士学位论文，上海师范大学，2011 年。

五　网站资料

[1] 上海市地方志办公室（http：//www. shtong. gov. cn/）。
[2] 上海市人民政府合作交流办公室（http：//xzb. sh. gov. cn/）。

附　录

上海支援全国大事年表

1949 年

6 月 18 日，上海知识青年南下服务团招生通告在《解放日报》等媒体刊登。

6 月 28 日，南下服务团录取工作结果公布。

9 月 15 日，上海南下服务团抵达目的地福州。

7 月 22 日至 8 月 15 日，上海财经会议召开，陈云同志作《克服财政经济的严重困难》和《目前财经工作中应注意的问题》的报告，形成了应对当时上海及全国财经困境的一系列办法，并明确提出了“全国支援上海，上海支援全国”的口号。

8 月 3 日至 5 日，上海召开了旨在粉碎敌人封锁和克服困难局面的各界代表大会，时任上海市委书记的饶漱石代表上海市委市政府明确提出了六条工作方针，其中第二条即明确指出，要有计划有步骤地实行疏散人员和实行将部分学校工厂内迁。

8 月 21 日，上海私营中国标准铅笔厂将半数机器迁往哈尔滨，成为上海市产业界响应政府号召，为粉碎敌人封锁、克服生产困难而内迁的第一家工厂。

9 月 5 日，上海私营新华、康乐等 4 家卷烟厂又分别迁至郑州、天津、汉口等地。

10 月，河南省安阳市、郑州市即从当地交通、原料、劳动人口富足等便利条件出发，向上海市提出欢迎机器厂、针织厂、面粉厂、卷烟厂、榨油厂等工业迁入的邀请。

年底，上海共有10多个行业、20多家私营中小工厂根据靠近原料产地和市场的原则，先后完成内迁。

1950年

1月2日，全国实行沿海地区工厂内迁铁道运输优待办法。

10月底，上海各校参加治淮工作的大学生开赴皖北、苏北等处治淮工地。

1951年

1月26日，上海市文化局将芳华越剧团全团66人连同家属83人，由团长尹桂芳率领，迁到福州。

5月20日，上海市组织了700余五金工人组成了工程队，开赴皖北润河集就地安装，在7月13日胜利完成装配任务，比预定安装完工日期提前两天。

11月22日，上海文艺治淮工作队筹组完成并出发至淮河工地。

1952年

12月，上海市第一劳动教养所遣送游民757人赴皖北治淮劳改指挥部参加治淮工程劳动。

1953年

2月，中共中央华东局在上海市召开了华东工业会议，专门讨论并形成了第一个五年计划时期关于华东地区工业紧缩与加强的指导原则。

1954 年

6 月 30 日，为鼓舞上海市广大技术工人积极报名参加国家重点工程建设，上海市人民政府和上海总工会举行上海市技术工人参加国家重点建设动员大会。

上半年，上海工业生产部门平均每月都要为支援全国煤矿建设生产 700 吨到 1000 吨的设备和器材。

7 月至 1955 年 4 月，上海市总计先后报名要求参加支援国家重点工程建设的共达 2 万人，根据计划批准了 5559 名。

9 月，中央要求上海对重点城市的市政建设进行支援。根据中央要求，上海方面抽调技术人员为洛阳、西安、兰州等重点城市的市政建设进行了积极的支援。

1955 年

2 月，上海市第二商业局会同市劳动局、店员工会组织东北、西北两个访问小组，先后到哈尔滨、兰州等 12 个城市了解服务业需求状况，并提出“适当配备成套的服务人员”以支援相关城市建设的建议。

7 月，上海支援太原市政建设局土建工人 28 名。

7 月，上海方面与洛阳、西安、兰州等城市的代表团签订了初步协议，计划输送相应服务行业以配套当地的重点建设项目。

9 月，上海市专门成立劳动治淮大队。

10 月 18 日，98 名上海知识青年到江西鄱阳湖畔的德安县九仙岭下安家落户，垦荒种田，并成立“共青社”。

12 月，支援淮南矿务局培养采掘工人 117 名。

1956 年

2 月，为洛阳市政工程建设之需要，输送了柏油工和埋管工 58 名。

2 月，支援甘肃省城市建设局制管工和土建工人 468 名。

2 月 19—20 日，上海市有 640 名初中高中毕业生去支援甘肃文教事业建设。

4 月 23 日，中共上海市委办公厅印发《关于正确处理上海工厂内迁问题的通知》。

1957 年

7 月，为了适应客观形势的发展，在中共中央上海局领导下，建立了华东六省一市的经济协作委员会，加强了这一方面工作的领导。

7 月 20 日，上海局召开了上海与福建等六省一市经济协作会议。

1958 年

9 月，上海市计划委员会专门精选干部组建了对外协作处。

11 月，1000 多名上海儿女响应党的号召，为支援内地建设，来到山西，分别组建山西解州电气器材厂、解州冶炼厂、解州印刷机械厂和虞乡五金厂、闻喜巾单厂。

1959 年

2 月 16 日，时任上海市第一书记的柯庆施，在《红旗》杂志上面公开发表了《论全国一盘棋》的署名文章，系统而明确地论述了以强调“全国平衡”为方针的一盘棋式的经济发展理念。

2 月 20 日，时任国务院副总理的邓小平在上海市委工业会议上讲话时就对上海首倡的“全国一盘棋”理念进行了评价，并对上海的工作做出了指示。

2 月 24 日，《人民日报》发表了题为《全国一盘棋》的社论，力倡全国范围的“一盘棋”理念。

1960 年

3 月，上海市首先将三星糖果厂南迁福建省三明市。

1964 年

4 月 20—21 日，上海团市委召开上海市下乡上山知识青年积极分子代表会议。

5 月 17 日，上海 1 万多人集会欢送参加新疆建设事业的知识青年，时任上海市副市长的宋日昌到会讲话，时任中共上海市委书记处书记石西民、新疆生产建设兵团干部部部长邱舟以及团市委书记张浩波参加会议。

1965 年

4 月 8 日，中共中央华东局通过了《华东区 1965—1967 年基本建设规划（草案）》，确定江西省小三线建设项目共 57 项。

7 月，周恩来总理和陈毅副总理出国访问归来路过新疆时，视察了石河子垦区，期间还特地接见了杨永清等 11 名上海知识青年，合影留念，并对上海知识青年参加新疆建设给予了极大的肯定和鼓舞。

7 月 5 日，中共中央华东局正式下达《1965—1967 年华东区各省、市后方建设规划》，确定江西小三线建设项目为 67 项，总投资 30115 万元。

7 月 13 日，由时任中共中央华东局书记的韩哲一主持，在上海召开两省、市领导参加的专门会议，确定了上海支援江西小三线建设的一系列规划。

7 月 13 日，福建省为了解决一部分市场需要，发展闽西、闽北山区建设，根据和战结合原则，拟利用福建省丰富的林产资源和一部分下马厂房，从上海市迁出 11 个工厂，职工人数 4354 人。

1966 年

3 月 2 日，中共上海市委下发通知，正式成立“支援内地建设工作领导小组”，由宋季文、周璧、周炳坤、马一行、马天水、高宗智、翁默清、曹荻秋、陶植等组成，曹荻秋为组长，马天水、宋季文为副组长，领导小组下设办公室，宋季文为办公室主任，周炳坤、高宗智、翁默清、陶植等为副主任。

1968 年

1 月，上海包建的江西小三线项目，已有 11 个厂土建基本完成，设备已安装；江西钢厂、江西工具厂、东风制药厂 3 个项目已基本投入生产；其他几个包建工厂的土建也已全面开工。

1970 年

2 月 26 日，上海市包建江西小三线的各有关工业局、公司革命委员会负责同志与江西省革命委员会国防工业办公室协商，除宜春第一机械厂（高射机枪厂）还有一些问题需要进一步协商外，其余各厂的问题都已协商一致。

7 月，江西省基本建设第二指挥部正式宣布工作结束，撤销建制，指挥部的上海派出人员除罗兴华留下外，其余全部回上海原工作单位，包建各厂经过验收达标并划归于江西省，这也标志着上海市支援江西小三线的建设任务正式圆满完成。

1976 年

7 月 29 日上午，上海市首批支援唐山大地震抗震救灾医疗队出发。

8 月 3 日，上海市通知上海冶金局，负责支援唐山钢铁公司修复 630 中型轧钢厂的抗震救灾任务。

1982 年

12 月，国务院出于落实全国以城市为重点的经济体制改革，同时更好挖掘重点城市辐射功能的考虑，做出了建立以上海为中心范围包括长三角部分中、小城市在内的“上海经济区”的决定。

1983 年

4 月，时任上海市市长的汪道涵在上海市第八届人民代表大会一次会议上，在其所作的政府工作报告里总结和部署了内联协作的相关问题，并明确了新时期上海市发展横向经济联合的原则。

年底，上海市与云南、宁夏、新疆、西藏等地的 40 余州、县确定了长期协作关系，并完成 3000 多个扶贫或经济技术协作项目。

1984 年

12 月，国务院又决定扩大上海经济区的范围，把原来的长江三角洲 10 个市扩大为包括上海市、江苏省、浙江省、安徽省、江西省的一市四省。

1986 年

3 月，经国务院批准，福建省也加入上海经济区，上海经济区扩大为一市五省。

3 月，全国城市改革工作会议之后，上海市的内联协作进入了新的阶段。

1990 年

4 月，中共中央、国务院宣布开发开放浦东的决策后，上海把横向经济联合的重点放在改善投资环境，吸引内资共同开发浦东，推动双向联合上。

2008 年

5 月 12 日，汶川大地震发生后，上海市委市政府当天连夜召开紧急会议，动员和部署救灾事宜。

5 月 13 日，上海市派出的救援队伍赶赴灾区。

5 月 26 日，第一批 140 位灾区伤病员乘机抵达上海并进入指定医院接受治疗。

5 月 26 日，上海市政府号召全市机关公务员厉行节约，把节约下来的每一分钱都用来援助灾区人民。

6 月 9 日，国务院公布《汶川地震灾后恢复重建条例》，上海负责对口支援都江堰市。

6 月 18 日，经收治医院的全力抢救和精心治疗，首批 25 名从地震灾区转送来沪的伤员已经康复出院。

2010 年

8 月 15 日，上海市与都江堰市签署了“长效机制框架协议”。

后　记

本书内容是我在博士学位论文的基础上修改而成的。文稿虽只有区区稚嫩的20多万字，但却凝聚了众多师长与亲友的关爱和支持！

博士学位论文从选题到框架建构，甚至是具体史料的选择和处理，都倾注了导师忻平教授的心血。在我攻读博士学位的三年里，无论是治学还是为人方面，我都从忻老师那里受益良多。陶飞亚、谢维扬、汪朝光等上海大学历史系的其他老师也在为学之法上给过我深刻而有效的指导和启发。

在上述各位老师关爱的基础上，三年学业的顺利完成也离不开我家人的支持。我的妻子独自承担起了家务劳动和照顾幼子的重任，年迈而患病的母亲也时常给我鼓励，作为三年学业成果集中体现的这份文稿，也应该有属于她们的一份！

回顾往昔，在攻读博士学位的三年时光中，除了妻子和母亲的支持以外，儿子的可爱与懂事更是给了我不断前行的责任驱动。回溯2011年3月上海大学博士生入学考试之情景，来自儿子的那份亲情温暖交织而成的责任驱动，至今想来仍让我回味无穷。

小家伙是2010年12月13日出生的，到2011年3月12日上海大学博士生入学考试的时候不足百天，所以整个备考的过程我基本上都是每天一手奶瓶、一手书本度过的。甚至有的时候小家伙因为睡眠日夜颠倒而经常伴我挑灯夜读。实事求是地说，夜读的过程是枯燥而难熬的，但每当我看到儿子那稚嫩而可爱的小脸，我便就一次又一次地振作了精神，决心要为自己的学术前程和儿子将来可以有更好的成长环境去努力拼搏。

虽然整个备考的过程中我因缺乏睡眠而“顺利减肥”十多斤，但最终仍如愿以偿，顺利成为一名上海大学 2011 年秋季入学的博士研究生！现在想来，从 2010 年 12 月到 2011 年 3 月之间，一边要承担原工作单位繁重的教学任务，一边要照顾剖腹产手术后的妻子，还要协助带儿子，同时又要全力以赴地备考，我经常一方面感慨人生难免会有“分身乏术”的窘迫，又暗自惊奇“人的潜力是无穷的”这句话之伟大！当然，沉心静思，当时自己之所以能够最终克服“分身乏术”的窘迫而践行了“人的潜力是无穷的”这句话的真谛，主要还得感谢儿子给我的那份“初为人父”的责任之感！

在三年脱产攻读博士学位的过程中，我虽因错过了许多陪伴儿子的甜蜜时光而深以为憾，但每当电话里或电脑聊天视频里传来他那奶声奶气的叫“爸爸”的声音，我总能立刻甩掉满心的写作疲惫而精神抖擞、斗志昂扬！所以，为表达对小家伙的感谢，借此书付梓之际，我也想在此对他表达一些寄望。

当初为儿子取名过程中我之所以力排各位亲友之众议，最终选择“雨桐”二字，主要是为表达自己对已故著名学者周予同教授学识的钦敬之情，但为讳先贤之名，故以“予同”的谐音而为儿子取名为“雨桐”。其中第一层意思是希望小家伙可以像雨水滋润下的梧桐树那样快乐而滋润的茁壮成长，另一层意思则是希望小家伙的成长过程中可以借一点先贤的学识和才气。

最后，在博士学位论文写作资料查阅的过程中，上海市档案馆、上海市图书馆的相关工作人员也给予了周到而热情的服务，在此也一并表示感谢。

作　者

2016年8月于山西大学坞城校区文瀛湖畔